R2014
한글판

MATLAB®
PROGRAMMING BASICS

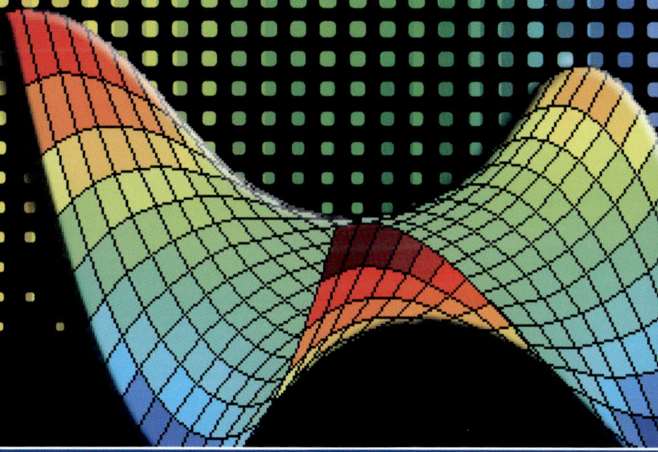

"실습을 통한"

MATLAB® 입문

여 영구 역
GDEISAT • LILLEY 저

ELSEVIER

A-JIN 도서출판 아진

MATLAB 도서전문출판사

MATLAB® BY EXAMPLE
PROGRAMMING BASICS

MUNTHER GDEISAT • FRANCIS LILLEY

"내가 가는 길을 그가 아시나니 그가 나를 단련하신 후에는
내가 순금 같이 되어 나오리라 (욥23 : 10)"

this edition of **MATLAB® BY EXAMPLE PROGRAMMING BASICS** by **MUNTHER GDEISAT • FRANCIS LILLEY** is published by arrangement with Elsevier Inc., New York, USA

ISBN : 978-0-12-405212-3
Transkated Edition ISBN : 978-89-5761-374-0

Translated by A-jin Publishing Co.
Printed in Korea

머리말

무언가가 쉽게 읽힐 수 있다면 그걸 쓰는 데에는 많은 노력이 투입된 것이다.

Enrique Jardiel Poncela

MATLAB®은 과학과 공학사회에서 널리 채택되고 광범위하게 이용되어 온 강력한 소프트웨어 패키지이다. MATLAB은 사용이 편리함은 물론 사용자가 최소의 프로그래밍 작업으로 복잡한 행렬, 수학, 그리고 그래프 조작들을 수행할 수 있다. MATLAB은 또한 그래픽 사용자 인터페이스 능력을 이용하여 완전히 독자적인 적용 시스템을 구축하는 데에 사용될 수 있다. 이 때문에 세계의 대부분의 대학교에서는 공학 및 과학을 전공하는 학생들에게 MATLAB을 가르치고 있다. 이는 아마도 여러분이 MATLAB을 익히기 위하여 이 책을 읽는 이유가 될 것이다.

이 책은 여러분을 단계적인 방식에 따라 MATLAB 프로그램을 작성하는 방법으로 안내하여 주도록 고안되었다. 여러분이 이전에 프로그래밍 경험을 지니고 있다고 간주하고 있는 것은 아니다. 이 책을 읽은 후에는 여러분의 MATLAB을 이용하는 프로그래밍 능력이 짧은 기간 동안에 몰라보게 향상된 것을 알게 될 것이다. 비록 이 책이 새로운 사용자들에게 도움이 되기 위해 쓰여지긴 했지만 숙달된 MATLAB 전문가들도 이 책 내용의 상당부분이 온라인 MATLAB 도움말 기능, 혹은 MATLAB에 관한 대부분의 다른 책과 입문서들보다 유용하며 활용이 더욱 쉽다는 것을 알게 될 것이다.

프로그램 방법을 익히는 가장 좋은 길은 보기들을 통하는 방법이다. 보기들을 이용하지 않고 프로그램 언어의 원리들을 익히는 것은 프로그램 언어에 대한 이해를 어렵게 하고 또 쉽게 잊어버리게 된다. 이 책에서는 보기들이 지니는 능력을 이용하여 MATLAB 프로그래밍의 개념들을 소개하고 있다. 이에 따라 MATLAB의 복잡한 측면들이 간단해지며 여러분 스스로의 용도를 위한 적용을 쉽게 하여 준다.

프로그래밍은 자동차를 운전하는 것과 유사하다; 매뉴얼을 읽거나 다른 사람이 하는 것을 보는 것이 아니라 직접 실습하여 봄으로써 이를 익히게 된다. 따라서 이 책을 읽어 가면서 MATLAB 개념들을 계속 실습해 나간다면 여러분의 프로그래밍 능력이 눈에 띄게 향상될 것이며 MATLAB에서 접하게 되는 수많은 개념들의 숙지에도 도움이 될 것이다. 실습을 대체할 만한 것은 없으며 공자가 "들으면 곧 잊어버리고 보면 기억하게 되지만 실제로 행하면 이해하게 된다" 라고 설파한 것을 상기하자.

이 책은 10개의 장들로 구성되어 있으며 각 장은 레슨들로 나누어져 있다. 모든 레슨은 학습목표와 주제들로 시작된다. 목표는 여러분이 그 레슨을 학습함으로써 실제로 무엇을 익히게 될 것인가를 알게 하여 준다. 주제는 그 레슨에서 어떤 MATLAB 관련 주제들이 다루어지고 있는가를 보여준다.

이 책은 많은 보기들과 연습문제들을 포함하고 있는데 이들은 여러분의 MATLAB 프로그래밍 기법을 축적시키고 대부분의 새로운 MATLAB 사용자들이 닥치게 되는 함정들을 극복하도록 도움을 준다. 이 책에서는 MATLAB 버전 7.12 (R2011a)를 이용하여 그림들을 작성하였다. 그러나 이 책은 대부분의 다른 MATLAB 버전에서도 이용될 수 있다.**(번역서 2014a 한글판)**

여러분이 이 책을 잘 읽고 이 책이 유용하다는 것을 알게 되기를 바라고 있다. 조언이나 코멘트가 있다면 기꺼이 듣기를 희망한다.
우리들의 이메일 주소 gdeisat@hotmail.com를 통하여 서로 접촉할 수 있을 것이다.

감사

이 책을 쓰겠다는 생각을 처음으로 하게 된 것은 Liverpool John Moores 대학교에서 프로그램 경험이 전무한 학생들에게 MATLAB을 강의할 때였다. 학생들에게 MATLAB을 가르칠 때 이용하기 위하여 서적이나 입문자료 등과 같은 많은 다양한 교육자료들을 탐색하여 보았지만 도움이 될 만한 것을 별로 찾을 수 없었다. 따라서 우리 학생들은 물론 MATLAB 사용방법을 배우고 싶지만 뚜렷한 프로그래밍 배경이 없는 다른 MATLAB 사용자들에게도 두루 도움이 되도록 우리들 스스로 책을 만들기로 하였다. 우리 학생들은 이미 이 책의 일부 내용을 이용하여 MATLAB을 학습하였는데 그들에 따르면 보기를 활용하는 이러한 방법을 이용하는 경우 MATLAB 학습이 훨씬 더 쉬워지게 되는 것을 알았다고 하였다.

이에 따라 우리는 Liverpool John Moores 대학교의 학생들, 특히 우리가 가르친 학생들 가운데 특히 실력이 약한 학생들이 이 책의 전개에 대한 조언들을 제시함으로써 이어지는 내용이 다른 사람들에게 더 쉬워지도록 하여준 것에 대하여 고마움을 표하고자 한다.

이 책을 검토하고 소중한 조언을 제시해 준 경험 많은 프로그래머 Gary Johnson에게 감사를 드린다.

아울러 이 책을 검토하고 다양한 프로그램 연습문제들의 해결에 시간을 할애해 준 Laila Mahasneh 박사에게 감사를 드리고자 한다. 그녀는 치과의사로서 그의 분야는 MATLAB 프로그래밍과는 아무런 관련이 없었다. 그러므로 완전한 초보자로서 그녀의 관점과 조언들은 초심자들을 위한 이 책의 가독성을 향상시키는 데에 매우 유익하였다.

이 책은 왜 다른가

MATLAB® 프로그래밍을 교육시키기 위하여 수많은 책들과 입문서들이 쓰여졌다. 이들 가운데 많은 책들은 MATLAB의 기본적인 내용을 다루고 있으며 다른 책들은 좀 더 고급 주제들을 다루고 있다. 여기에서 두 가지 질문을 제기할 수 있다: 이 책을 다른 MATLAB 책들과 구별지우는 특성은 무엇인가? 그리고 이 책은 다른 유사한 책들이나 입문서들보다 얼마나 더 MATLAB 신참자들에게 도움을 줄 수 있는가?

우리는 MATLAB의 사용과 교육에 오랜 경험을 지니고 있으며 십여 년 이상 이 주제를 가르쳐 왔다. 이 기간 동안에 학생들의 교육을 위해 다양한 책들과 인터넷 자료들을 사용해 보았으며 출판된 자료들에서 많은 결점들을 발견하였다. 대부분의 책들과 자료들에서는 독자들이 MATLAB이 아닌 다른 언어를 이용한 프로그래밍 경험을 지니고 있는 것으로 간주한다. 달리 말하면 그러한 책들과 자료들에서는 벡터, 배열, while/for 루프, 그리고 if 문 등과 같은 기본적인 프로그래밍 원리들이 자세히 소개되지 않고 있으며 독자들이 이러한 사항들을 이미 알고 있을 것이라고 간주하고 있다. 이 때문에 컴퓨터 프로그래밍에 경험이 없는 초보자가 그러한 책들을 읽는 것은 어려운 일이다. 이러한 단점을 극복하기 위하여 우리는 MATLAB 프로그래밍 초보자를 교육시키기 위한 이 책을 쓰기로 결정하였다.

MATLAB® 주제들을 설명하는 대부분의 책이나 자료들은 독자들의 MATLAB 프로그래밍 기술을 향상시키기 위한 연습문제나 질문들을 제공하지 않고 있다. 우리가 가르치는 중에 대부분의 학생들은 기본적인 MATLAB 원리들을 잘 숙지하고 있지만 종종 그러한 지식을 이용하여 시험이나 숙제 및 프로젝트에서의 문제들을 해결하는 능력은 떨어지는 것을 알았다. 이러한 간극을 채우기 위하여 우리는 많은 보기들과 연습문제들을 포함시켜 독자들이 MATLAB에 대한 새로운 지식을 공고히 다지도록 하였다. 연습문제들 가운데 일부는 이 책에서 소개된 내용만을 필요로 하는 반면에 다른 일부는 MATLAB의 온라인 도움말을 이용한 문제의 해결을 요구하고 있다. 이는 독자가 MATLAB의 온라인 도움말 기능을 효율적으로 활용하여 프로그래밍 문제들을 해결할 수 있을 것을 확실하게 하여 준다. 또한 우리는 연습문제들을 난이도에 따라 세 가지 레벨로 등급을 정하였다: 기초, 중급, 그리고 고급에 따라 각각 "1", "2", 그리고 "3"으로 나타내었는데 "1"은 가장 간단한 문제이며 "3"은 가장 도전적인 문제이다. 이러한 등급들은 연습문제 번호의 위첨자로 표시될 것이다. 예를 들면 연습문제 2^3 은 2번 연습문제가 고급 수준의 작업임을 의미한다. 선택된 연습문제들에 대한 풀이가 각 장의 말미에 주어져 있다.

이 책에서 우리는 다수의 도전적인 프로젝트들을 포함시켰다. 이 프로젝트들에 대한 풀이는 구분된 두 단계들을 포함한다. 첫 번째 단계는 이 문제를 직접 어떻게 해결할 것인지를 생각해 보는 단계이며 두 번째 단계는 풀이과정을 프로그램하여 보는 단계이다. 이 프로젝트들의 프로그래밍은 MATLAB의 다양한 측면들에 대한 이해를 필요로 하는데 이는 여러분의 MATLAB 사용기술을 상당히 향상시켜줄 것이다. 이 책에 제시된 프로젝트들을 이용하여 여러분의 MATLAB 사용기술을 테스트하여 볼 것을 권한다.

비록 많은 신참 학생들이 이미 탁월한 논리적 프로그래밍 기법을 지니고 있지만 그들의 MATLAB 코드를 보면 때로는 제대로 조직화되어있지 않다. 이는 코드의 이해를 어렵게 하여 준다. 따라서 우리는 학생들에게 우수한 프로그래밍 스타일의 사용을 교육시키는 방식으로 이 책을 저술하였다. 이에 따라 이를테면 적절한 간격과 의미가 담긴 변수 이름들을 사용하여 MATLAB 코드에 코멘트를 붙임으로써 그들이 작성한 코드가 그들 자신뿐만 아니라 다른 사람들에게도 두루 "읽힐 수 있게 될" 것이다.

우리가 이 책을 쓰게 된 또 다른 동기는 학생들에게 MATLAB 통합개발 환경(integrated development environment, IDE)에 대하여 교육시킬 필요성이다. MATLAB은 프로그래밍 문제들을 해결하고 코드를 최적화시키며 코드의 가독성을 높이는 데에 도움이 되도록 고안된 고급 IDE를 지니고 있다. 대부분의 기존 MATLAB 책들은 IDE의 중요한 특성들에 대하여 소개하는 작업을 전적으로 무시하고 있다. MATLAB 교육에 대한 우리의 경험을 통하여 학생들은 종종 어떤 핵심적인 IDE 특성들을 발견하고 이를 효율적으로 사용하기 위해서 상당한 양의 시간을 필요로 함을 목격하였다.

우리는 여러분에게 이 책을 제공함으로써 MATLAB 프로그래밍을 익히는 작업을 간단하게 만들기 위해 최선을 다했다고 믿고 싶다. 여러분이 이 책을 잘 읽기를 기대하는 바이다.

이 책은 어떻게 구성되어 있는가?

이 책은 10개의 장들로 구성되어 있다. 각 장은 여러분에게 프로그래밍과 MATLAB 사용 기법을 향상시키기 위한 중요한 면을 알려주고 있다.

제 1장은 MATLAB 통합개발 환경(IDE)을 다루고 있다. MATLAB IDE는 프로그램의 작성을 단순하게 하여 주고 코드의 가독성을 향상시키며 코드의 구문오류를 강조하고 프로그램 속도를 증진시키기 위한 제언들을 제시하며 MATLAB 파일들을 조직하는 데에 도움이 되고 또한 변수값들을 살펴볼 수 있도록 고안된 많은 고급 속성들을 지니고 있다. 이러한 중요한 특성들을 처음부터 익히는 것은 여러분이 MATLAB 프로그래밍을 보다 효율적으로 더욱 신속하게 이해하는 데에 도움을 준다.

제 2장은 이전에 어떠한 프로그래밍 경험도 없는 독자들을 위해 쓰여졌다. 이 부분에서 다루고 있는 일부 주제들은 C, Java, 그리고 FORTRAN과 같은 다른 프로그램 언어들에게도 공통적인 것들로서 변수들의 이름 붙이기, 수학적 표현들을 MATLAB 표현들로 전환하기, 실수들을 근사하기 등을 다루고 있다. 약간의 사전 프로그래밍 경험을 지닌 독자들은 이러한 처음 몇몇 주제들을 그냥 지나칠 수 있다. 이 장의 나머지 주제들은 복소수에 대한 연산조작등과 같이 MATLAB에 독특한 것들로서 이전에 다른 언어를 이용한 프로그래밍 경험이 있더라도 그냥 지나쳐서는 안 된다.

제 3장은 MATLAB에서의 벡터에 대한 주제를 다루고 있다. MATLAB이라는 이름은 Matrix Laboratory의 축약에서 비롯된 것이다. 행렬의 처리는 MATLAB 프로그램 언어의 핵심이다. 행렬들은 1D, 2D, 3D 등으로 나눌 수 있다. 1차원(1D) 행렬은 벡터라고 부른다. 이 부분에서 여러분은 벡터를 생성하고 도시하는 것을 익히게 될 것이다. 나아가 벡터 원소들에의 접근과 벡터에 대한 관계, 논리 및 산술 연산들이 보기들을 통하여 모두 설명될 것이다.

제 4장은 그 구성에 있어서 이 책의 세 번째 부분과 유사하지만 벡터가 아닌 배열들을 다루고 있다. 네 번째 부분은 배열에서의 원소들의 접근, 배열들에 대한 관계, 논리 및 산술 연산들과 배열들의 도시에 대하여 설명하고 있다.

제 5장은 구조화 프로그래밍 기법들을 소개하고 있는데 이 기법은 여러분의 코드를

스크립트 파일과 다수의 함수들로 나누는 과정을 의미한다. 함수들의 사용은 코드의 가독성과 재사용 가능성, 그리고 유지 관리능력을 향상시킨다. 이 부분은 또한 프로그래밍에서의 함수의 목적과 MATLAB 함수의 작성방법, 그리고 함수에서의 변수들의 범위를 다루고 있다.

제 6장은 **MATLAB에서의 조건문들을 다루고 있다.** 이 부분은 MATLAB의 두 조건문들인 if와 switch를 소개하고 있다. 이들 두 조건문들의 구문과 사용을 설명하여 주는 다수의 보기들이 여기에 제시되어 있다. 이 부분은 또한 재귀함수들의 원리를 설명하고 있다.

제 7장은 **for와 while 루프문에 대하여 논의하고 있다.** 이 부분은 또한 두 루프문들의 구문을 소개하고 있다. 나아가 프로그래밍 초보자들을 위하여 루프의 사용 뒤에 숨어있는 개념을 설명하기 위한 다수의 보기들이 주어져 있다. 이 부분은 두 개의 프로그래밍 프로젝트들로 마무리된다. 여기에서 여러분은 Conway의 Game of Life를 수행하기 위한 MATLAB 프로그램을 작성하게 될 것이다. 이를 위해서는 루프문과 조건문의 광범위한 사용이 요구된다.

제 8장은 **MATLAB IDE의 중요한 두 가지 툴인 디버깅과 프로파일링을 소개하고 있다.** 디버깅 툴은 프로그래머가 코드의 수행시간 버그를 수정하는 데에 도움을 준다. 디버깅 툴의 보기로서 분기점, 조건 분기점, 스텝 인, 스텝 아웃, 그리고 계속수행 등을 들 수 있다. 프로파일링 툴은 프로그래머가 코드의 수행시간을 재고 긴 수행시간을 필요로 하는 코드 부분을 결정하며 이 부분들을 최적화하는 데에 도움을 준다.

제 9장은 **프로그래밍에서 구조체의 사용을 논의하고 있다.** 구조체는 프로그래밍 작업을 간단하게 하여 주며 프로그램의 가독성을 높여준다. MATLAB에서 구조체의 사용에 따른 장점들과 개념을 설명하기 위해 다수의 보기들이 제시되어 있다. 이 부분은 구조체를 이용한 여우와 토끼 게임을 프로그램하는 것으로 마무리된다.

제 10장은 **MATLAB Symbolic Math 툴박스를 이용하여 미적분 문제를 해결하는 것을 다루고 있다.** 예를 들면 대수 방정식의 풀이, 미분, 적분, 미분방정식, 그리고 라플라스 및 푸리에 변환들이 다루어진다. Symbolic Math 툴박스는 미적분 문제에 대한 적확한 해(방정식)를 제시하여 준다. 이는 대개 수치 데이터를 생성하는 미적분 문제에 대한 수치해와는 다른 것이다.

| 차례 |

MATLAB® 통합개발 환경 (Integrated Development Environment, IDE) 1.

MATLAB® 스칼라변수 2.

Lesson 3.2 벡터에 대한 관계 및 논리연산

Lesson 3.3 벡터 원소의 접근

Lesson 3.4 벡터에 대한 산술연산

Lesson 3.5 벡터의 그래프

MATLAB® 통합개발 환경 (Integrated Development Environment, IDE) 1

이 장의 구성

Lesson 1.1 MATLAB® 통합개발 환경의 기초

목표

1. MATLAB® 초보자들이 프로그래밍 환경에 익숙해지도록 함
2. MATLAB® 을 이용하여 간단한 명령어들을 수행하고 변수들을 생성하며 그 값들을 나타내어 주는 방법을 학습

주제

1.1.1 MATLAB® 통합개발 환경
1.1.2 스칼라 변수의 생성
1.1.3 벡터 변수의 생성
1.1.4 배열 변수의 생성

1.1.1 MATLAB® 통합개발 환경

여기에서는 MATLAB® 버전 7.12(R2011a)[1]를 이용하여 통합개발 환경(IDE)을 설명하고 있다. 여기에서는 이와 같은 특정 버전의 MATLAB이 사용되었지만 이와 동일한 버전을 지니고 있지 않다면 다른 MATLAB 버전을 이용하여 이 책에 제시된 내용을 따라갈 수 있다.

먼저 MATLAB을 연다. MATLAB이 열리면 명령 창, 명령 내역, 작업 공간, 그리고 현재 폴더와 같은 4개의 창을 보게 될 것이다.

1) 역자 주: 이 책의 번역에서는 2014년 6월 현재 가장 최신 버전인 R2014a 버전을 사용하였다.

메뉴 바의 레이아웃을 클릭하여 필요로 하는 창만을 선택하거나 불필요한 창을 감출 수 있다. 예를 들어 명령 창만을 보이도록 하고 싶다면 레이아웃 메뉴에서 "명령창만" 을 선택한다.

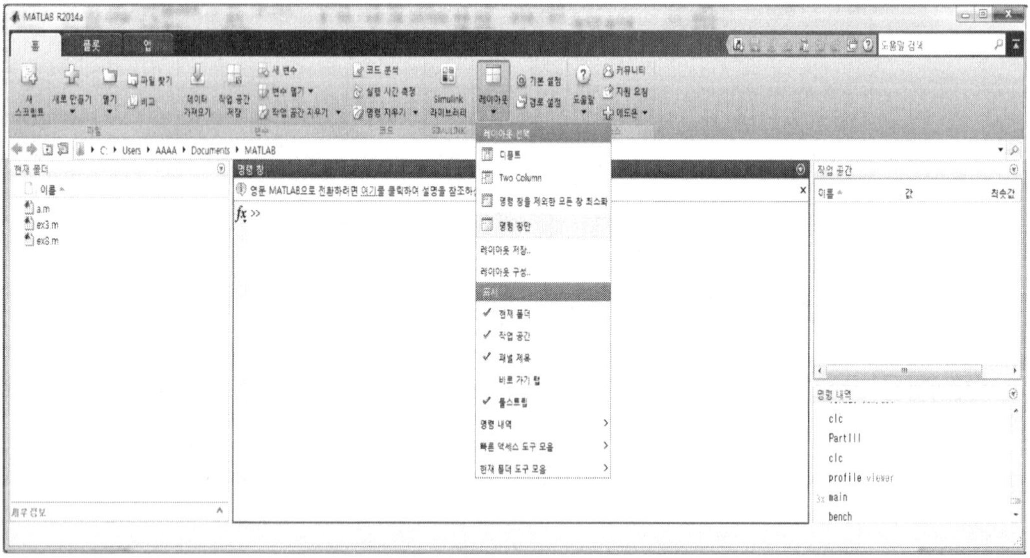

각 창의 오른쪽 상부 구석에 있는 역삼각형▼ 모양의 아이콘을 클릭하여 해당되는 창 만을 따로 떼어(도킹 해제) 나타낼 수 있다.

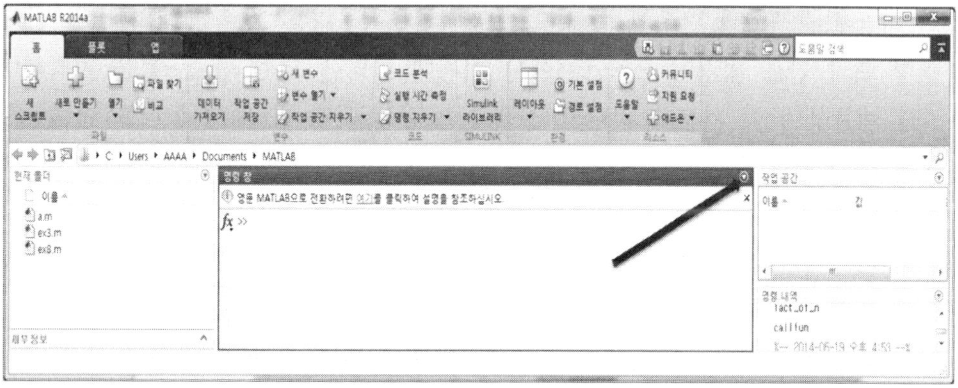

[2]연습문제 1[1]

4개의 창들을 보이도록 하고 이들을 그림에 보인 바와 같이 배열하여라. 4개의 창들은 명령 창, 명령 내역, 작업 공간, 그리고 현재 폴더 창임을 상기하자.

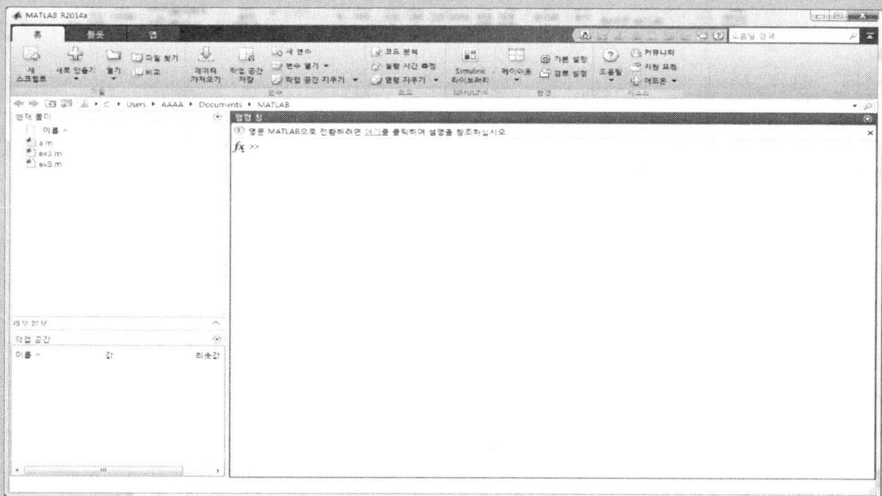

명령어 프롬프트 ">>" 는 명령 창에 나타난다. 명령 창이 활성화되면 프롬프트의 오른쪽에서 커서가 깜박인다. 커서와 프롬프트는 MATLAB이 연산 조작을 수행할 준비가 되어 있음을 의미한다.

작업 공간은 여러분이 지금까지 생성한 모든 변수들과 그 값들을 나열하여 준다.

---

2) 연습문제 번호 뒤의 위첨자는 연습문제의 난이도 수준을 나타낸다: 1은 기초, 2는 중간, 3은 어려운 문제이다.

물론 여기에는 생성된 변수의 최대 및 최소값과 같은 다른 정보도 나타난다.

명령 내역 창은 명령어 프롬프트에서 이전에 입력한 모든 명령어들을 기록한다. 마우스를 이용하여 이 가운데 하나를 선택하고 명령 내역 창 내에서 더블 클릭함으로써 이를 다시 수행할 수 있다.

현재 폴더: MATLAB을 통하여 여러분이 선택한 폴더를 현재 폴더로 설정할 수 있다. 이는 여러분의 작업 폴더로서 프로그램을 여기에 저장할 수 있다.

이들 4개의 창 모두를 포함하는 메인 창은 MATLAB 데스크탑이라고 불린다.

이전에 언급한 바와 같이 MATLAB 데스크탑은 명령 창, 명령 내역, 작업 공간, 그리고 현재 폴더 창과 같은 4개의 창들을 포함한다. 이 창들 가운데 하나가 활성화되면 나머지 창들은 불활성화 되지만 나머지 창들의 내용은 스크립트가 수행되는 경우 여전히 업데이트된다. 활성 창의 타이틀 바는 짙은 청색으로 나타나는 반면에 불활성화된 창의 타이틀 바는 밝은 회색으로 나타난다. 이전의 그림에서는 명령 창이 활성화된 상태이고 다른 창들의 타이틀 바들은 밝은 회색이다(불활성화된 상태).

이전 버전의 MATLAB에서 데스크탑의 메뉴는 선택된 창에 따라 달라진다. 작업 공간 창을 클릭하고 메뉴가 달라지는 것을 살펴보자(이 책에서 이용되고 있는 2014R 버전에서는 메뉴 바가 달라지지 않는다).

1.1.2 스칼라 변수의 생성

MATLAB은 Matrix laboratory를 줄인 약어이다. 이름이 암시하듯이 MATLAB은 행렬 기반 소프트웨어 패키지로서 스칼라 변수를 1×1 행렬로 간주한다. 여기에서 스칼라는 "2" 나 "-100" 과 같은 숫자를 의미한다.

명령창 타이틀 바를 마우스 왼쪽 버튼으로 클릭하여 명령 창을 선택하여 보자. 명령창 프롬프트는 ">>", 혹은 교육용 버전의 경우 "EDU>>" 로 나타난다. 스칼라 변수를 생성하려면 명령어 프롬프트에서 "x=1;" 을 타이프한 다음 Enter 키를 누른다.

```
>> x = 1;
```

이 명령어는 스칼라 변수 x를 생성하고 "1" 을 이 변수에 부여한다. ">>" 는 단순히 명령어 프롬프트임을 상기하자. 세미콜론 ";" 은 MATLAB이 명령 창에 변수 x의 값을 나타내지 않도록 하여준다. 명령어 말미에서 세미콜론을 삭제하면 변수값이 바로 나타나는데 이는 매우 큰 배열들의 경우 때로는 무척 성가실 수 있다. 이와 달리 결과들이 나타나도록 하는 것이 유용할 때가 있다.

명령 창, 명령 내역, 그리고 작업 공간에서 일어난 변화들을 주목하자. 작업 공간은 x 변수와 그 값, 그리고 그 변수의 최대와 최소값들을 보여준다. 명령 내역은 x=1; 명령어를 기록한다.

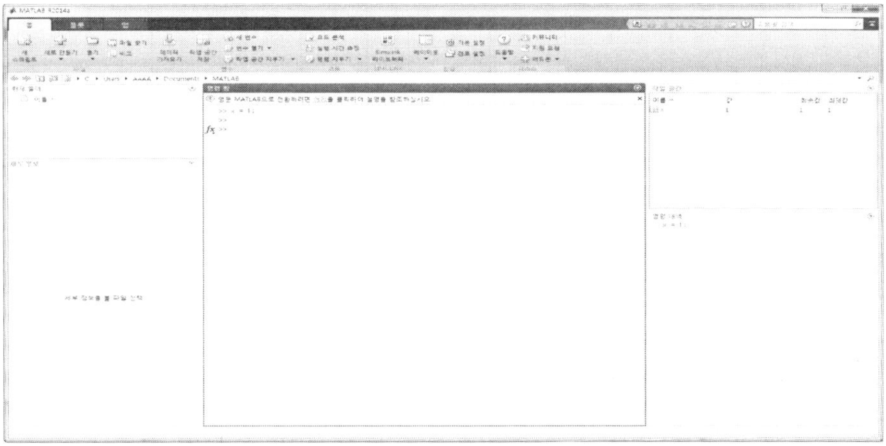

작업 공간에서 변수 x를 더블클릭하여 보자. 변수 편집기가 나타나며 변수값을 볼 수 있다. 변수 x의 값을 바꾸려면 다음 그림에서 화살표가 가리키는 셀을 더블클릭하고 이를테면 "2" 를 타이프함으로써 다른 값으로 바꾼 다음 Enter 키를 누른다. 변수 편집기 창의 오른쪽 상부에서 **X** 를 클릭하여 변수 편집기 창을 닫는다.

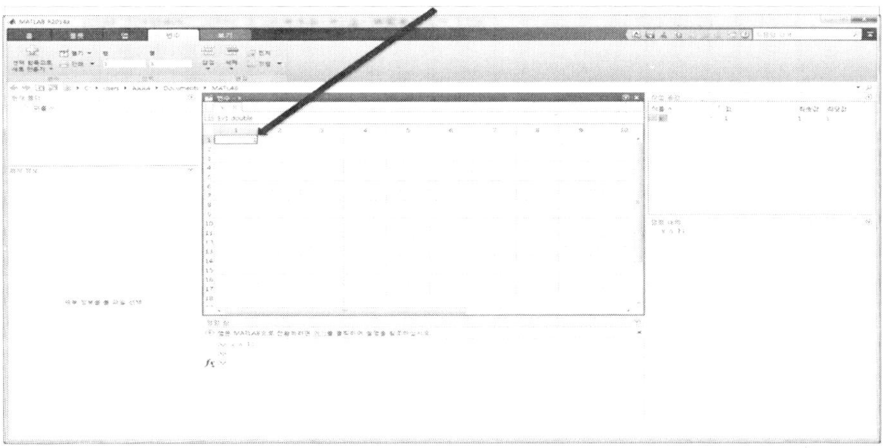

이로부터 다음 그림에 보인 결과를 얻게 될 것이다.

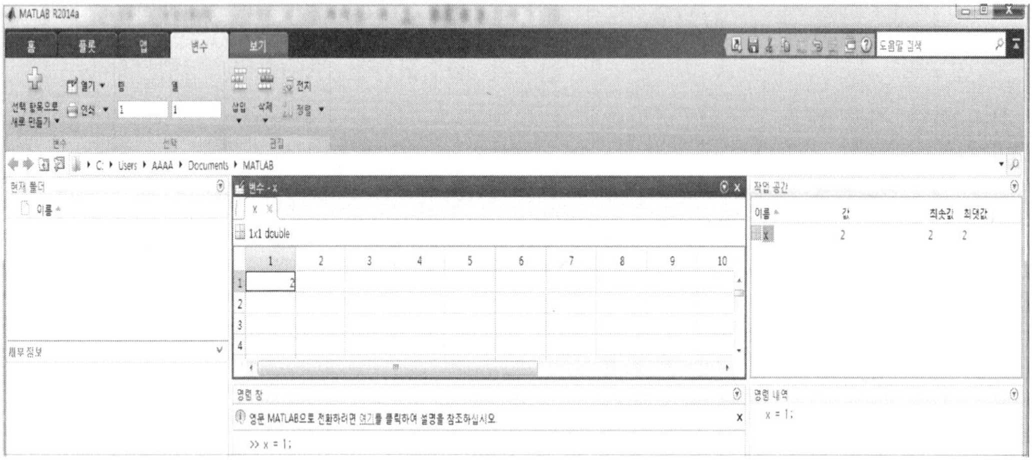

1.1.3 벡터 변수의 생성

벡터 변수를 생성하려면 명령어 프롬프트에서 MATLAB 명령어

```
>> y=[2,3,6,9,11,8,5,3,2,-1];
```

를 타이프하고 Enter 키를 누른다. 이로부터

```
y=[2,3,6,9,11,8,5,3,2,-1]:
```

의 값을 갖는 벡터 변수가 생성된다. MATLAB 데스크탑은 다음 그림에 보인 바와 같이 이 명령어에 반응한다.

연습문제 2[1]

작업공간에서 변수 y를 더블 클릭하여 보자. 변수 편집기 창이 뜨고 이 변수의 값들이 나타날 것이다. 벡터 y의 값을 다음과 같이 변경하여 보라:

```
2,3,6,9,1,8,5,3,2,-1
```

이 벡터를 그려보면 다음 그림을 얻게 될 것이다.

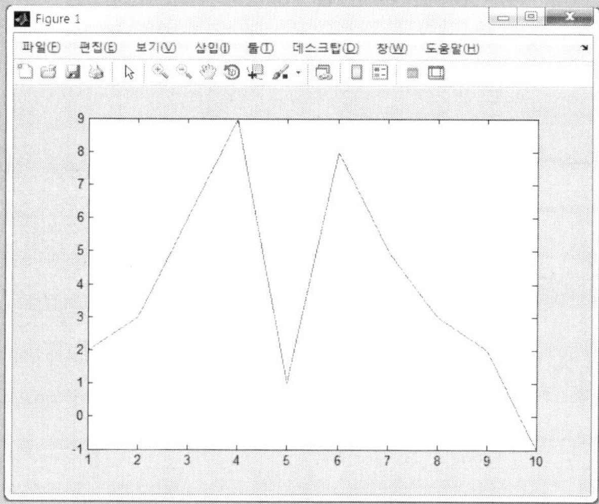

벡터 변수를 그리려면 작업공간에서 y 변수를 클릭하여 다음 그림에 보인 것처럼 이를 강조한 다음 활성화된 플롯 메뉴에 제시되는 그래프 형식들 가운데 적절한 그래프 모양을 마우스로 클릭하여 선택한다. 이로부터 벡터 y의 그래프가 그려진 팝업 창이 나타난다.

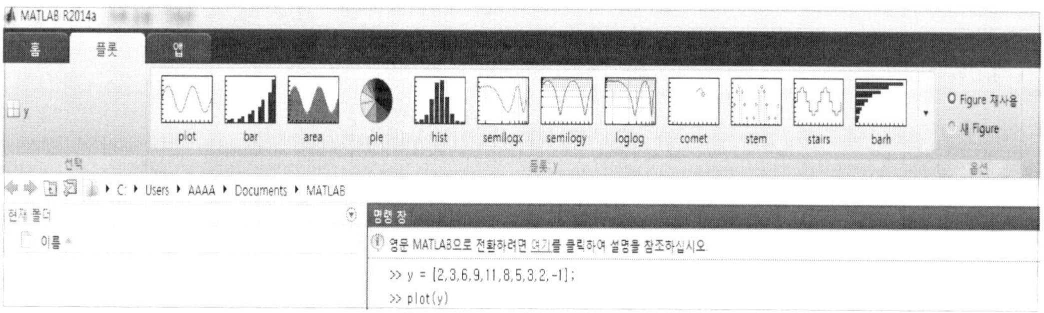

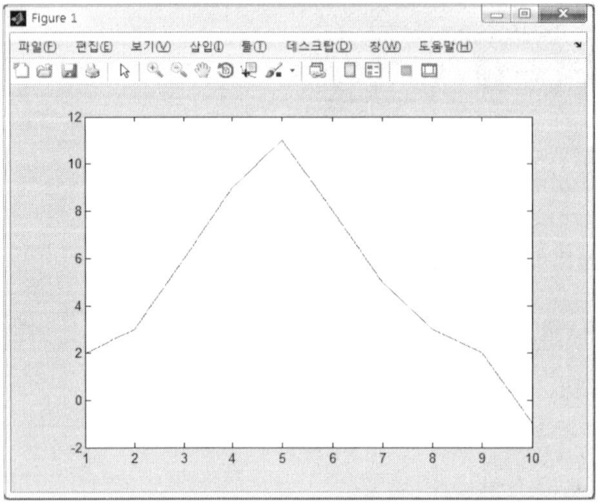

1.1.4 배열 변수의 생성

배열변수를 생성하려면 명령어 프롬프트에서 다음과 같은 MATLAB 명령어를 입력하고 Enter 키를 누른다:

```
>> Z = [1,2;3,4];
```

명령어에서 두 세미콜론과 콤마들을 포함시키는 것을 잊지 말자. 이 명령어로부터 다음 값을 갖는 배열 변수가 생성된다:

```
Z = [1 2
     3 4]
```

MATLAB 데스크탑은 다음 그림에 보인 것처럼 반응한다. 이 책에서 우리는 배열 이름에 대문자를 사용하기로 한다.

배열변수 Z를 그리기 위해서는 작업 공간에서 Z변수를 클릭하여 이를 강조한 다음 플롯 메뉴에서 mesh 메뉴를 클릭하여 선택한다. 이와 달리 작업 공간에서 Z 배열을 클릭한 다음 마우스 오른쪽 버튼을 클릭하여 나타나는 팝업 메뉴에서 mesh(Z)를 선택한다.

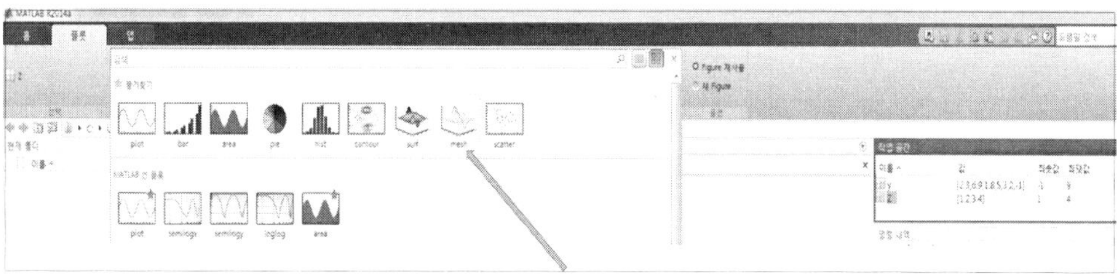

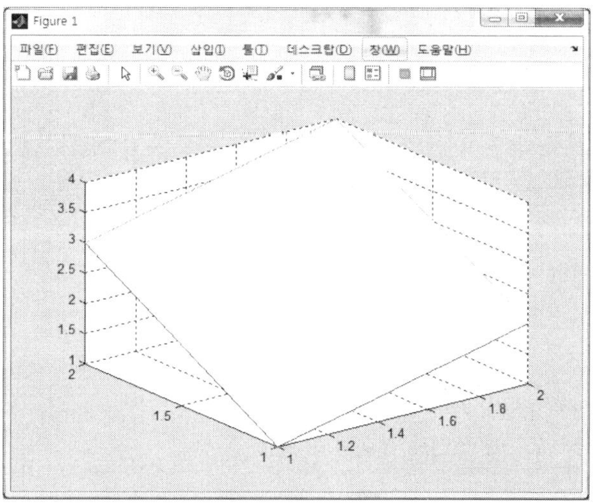

연습문제 3[1]

작업 공간에서 배열 변수 Z를 더블 클릭하여 보라. 변수 편집기 창이 뜨고 변수 값들이 나타날 것이다. 이 변수 값을 다음과 같이 변경하여 보라:

```
Z = [1 6
     3 4];
```

배열 변수 Z를 그려보라. 다음 그림과 같은 결과를 얻게 될 것이다.

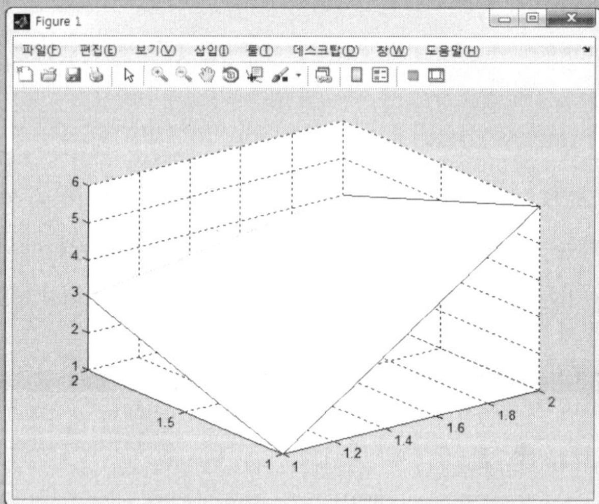

Lesson 1.2 MATLAB® 스크립트 파일

목표

1. MATLAB® 스크립트 파일을 생성하고 이름을 부여하며 저장하고 실행하는 방법을 학습
2. 자신의 코드를 다른 사람들이 읽을 수 있도록 만드는 방법을 학습
3. MATLAB® 코드에 코멘트를 부여하는 방법을 학습 1.2.1 스크립트 파일의 생성

주제

1.2.1 스크립트 파일의 생성
1.2.2 스크립트 파일에 이름 붙이기
1.2.3 스크립트 파일의 저장
1.2.4 스크립트 파일의 실행
1.2.5 MATLAB® 코드의 가독성(Readability)
1.2.6 MATLAB® 코드에 코멘트 부여하기

1.2.1 스크립트 파일의 생성

M-파일은 MATLAB이 순차적으로 수행하는 명령어들의 집합을 포함하는 텍스트 파일이다. 스크립트 파일은 다음과 같은 성질을 갖는다:

- 인수(입력 데이터)를 필요로 하지 않으며 어떤 값도 반환(출력)하지 않는다.
- 스크립트 파일에서 수행되는 명령어들은 그 명령어들이 명령 창에서 수행되는 것과 동일한 효과를 갖는다.
- 스크립트 파일에 의해 생성되는 변수들은 작업 공간 창에 나타난다.

다음과 같은 명령어들을 포함하는 스크립트 파일을 생성한다고 가정하자.

```
x=1;
y=2;
```

이 작업을 수행하려면 다음 과정을 따른다.

MATLAB을 실행하고 홈 메뉴의 "**새로 만들기**" 에서 "**스크립트**" 를 선택한다.

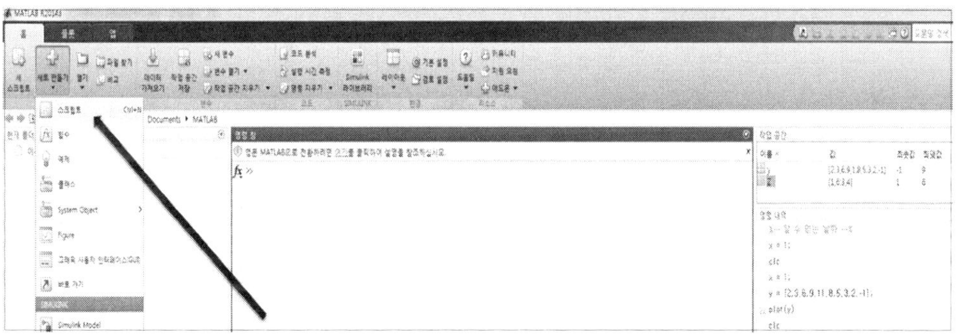

MATLAB 편집기 창이 뜨는데 이 창에서 MATLAB 명령어들을 타이프한다.

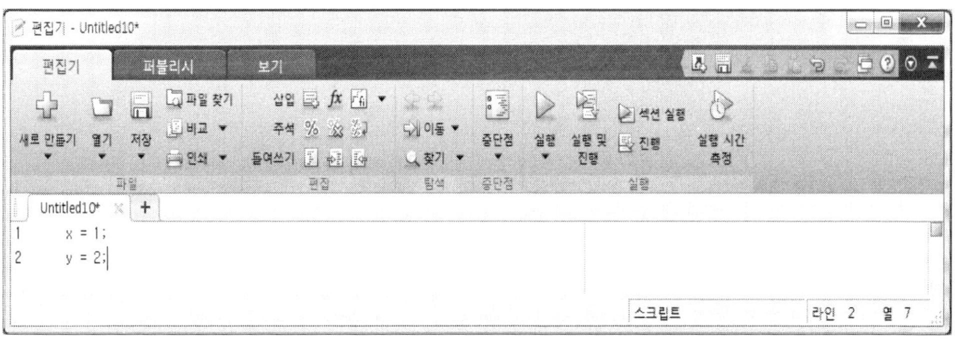

1.2.2 스크립트 파일에 이름 붙이기

이 파일에 대한 이름을 고른다. 파일 확장자는 .m이어야 한다. 스크립트 파일에 이름을 부여할 때에는 다음 사항들을 고려해야 한다.

- 파일 이름에 하이픈(-)을 넣어서는 안된다.
- 파일 이름은 알파벳 문자(a-z, 혹은 A-Z)로 시작해야 한다.
- 파일 이름은 알파벳 문자(a-z, 혹은 A-Z), 숫자(1-9), 혹은 밑줄(_)들만을 포함해야 한다.
- 콤마(,)나 인용부호(')와 같은 구두점들은 대부분 MATLAB에서 특별한 의미를 갖기 때문에 허용되지 않는다.
- 파일 이름은 MATLAB 변수나 MATLAB 내장함수와 같으면 안 된다.
- MATLAB 유보단어를 파일 이름으로 사용하는 것은 허용되지 않는다. MATLAB 유보단어 목록은 다음과 같다.

```
'name'                  'across variable'
'node'                  'build'
'output'                'description'
'parameter'             'descriptor'
'setup'                 'element'
'signal'                'input'
'source'                'interface input'
'terminal'              'interface node'
'through variable'      'interface output'
'variable'              'item type'
                        'local variable'
```

- MATLAB 키워드를 파일 이름으로 사용하는 것은 허용이 안 된다. MATLAB 키워드 목록은 다음과 같다.

```
'break'                 'global'
'case'                  'if'
'catch'                 'otherwise'
'classdef'              'parfor'
'continue'              'persistent'
'else'                  'return'
'elseif'                'spmd'
'end'                   'switch'
'for'                   'try'
'function'              'while'
```

선택한 파일 이름이 MATLAB 키워드이거나 MATLAB 함수이름인지의 여부를 조사하려면 MATLAB 도움말을 이용하여 선택한 파일 이름을 탐색하여 본다. 예를 들어 파일 이름으로 *cat.m*을 선택하였다고 하자. 명령어 프롬프트에서 다음을 입력한다.

```
>> help cat
```

MATLAB은 반응을 보이며 배열들을 이어주는 기능을 수행하는 cat라고 불리는 파일이 이미 존재하고 있음을 알려준다. 따라서 다른 파일 이름을 선택해야 한다(아울러 같은 방식으로 이 이름이 사용이 제한된 이름인지의 여부를 조사하는 것을 잊지 말아야 한다). MATLAB은 MATLAB 키워드인 이름들의 사용에 대하여 경고를 보내지만 이를테면 앞의 *cat* 함수와 같이 어떤 내장함수 이름으로 스크립트를 생성하는 것에 대해서는 경고를 보내지 않는다. 따라서 확신이 가지 않는 사용자 정의 이름에 대해서는 앞에 보인 바와 같이 언제나 도움말 기능을 이용하여 테스트해서 잠재적인 문제들을 피해야 한다.

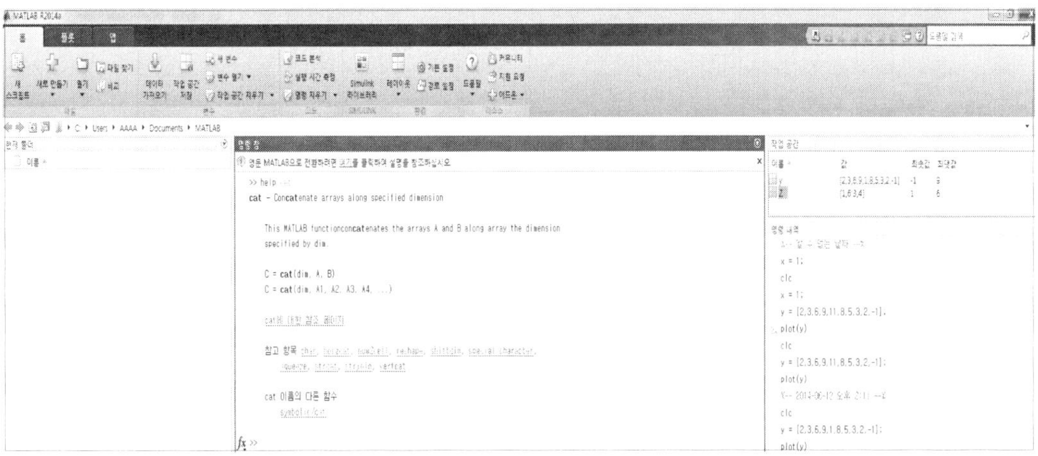

cat1.m 과 같은 다른 이름을 시도하여 보자. 명령어 프롬프트에서 다음을 입력하여 보자.

```
>> help cat1
```

MATLAB은 다음 창에 보인 바와 같이 *cat1*이라고 불리는 내장함수는 없음을 알려준다. 따라서 *cat1.m*이라는 이름으로 파일을 저장할 수 있다.

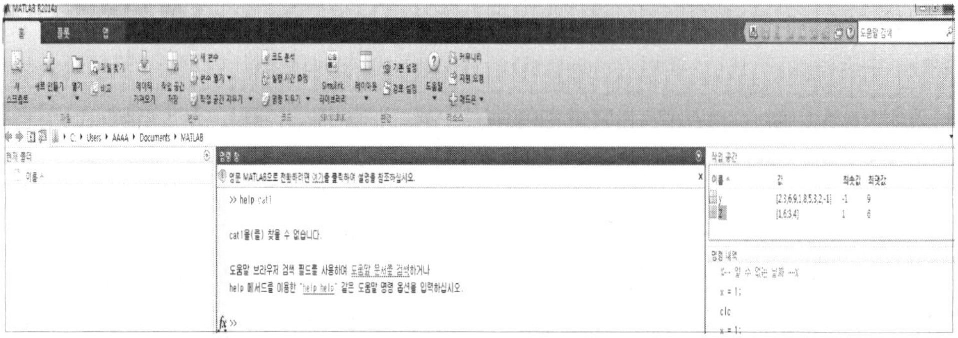

※주의: 의미를 가지거나 설명이 담긴 파일 이름을 이용하는 것이 매우 도움이 될 수 있다.

연습문제 1[1]

다음 중 어느 것이 스크립트 파일을 저장하는 데에 사용될 수 있는 이름으로 적절한가? 그 이유를 설명하여 보라.

1. *det.m* 2. *cars.m* 3. *two jars.m* 4. *2D.m*
5. *r$.m* 6. *_long.m* 7. *-long.m* 8. *for.m*

연습문제 2[3]

다음과 같은 스크립트 파일 이름을 **a.m**으로 정하는 것은 왜 잘못된 것인가?

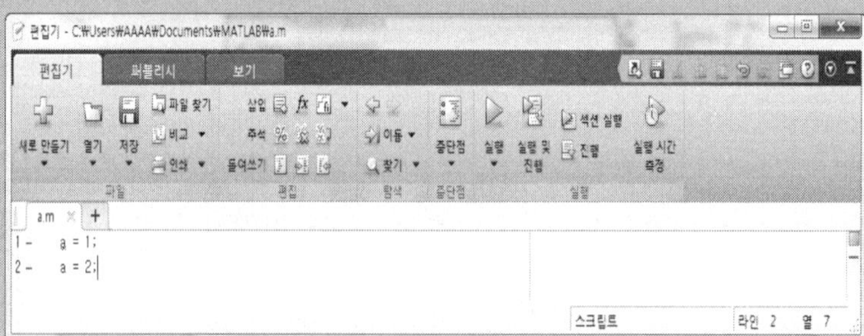

1.2.3 스크립트 파일의 저장

다음 단계는 스크립트 파일을 특정 폴더에 저장하는 단계이다. 홈 메뉴 아래에는 현재 폴더를 나타내는 바가 있다.

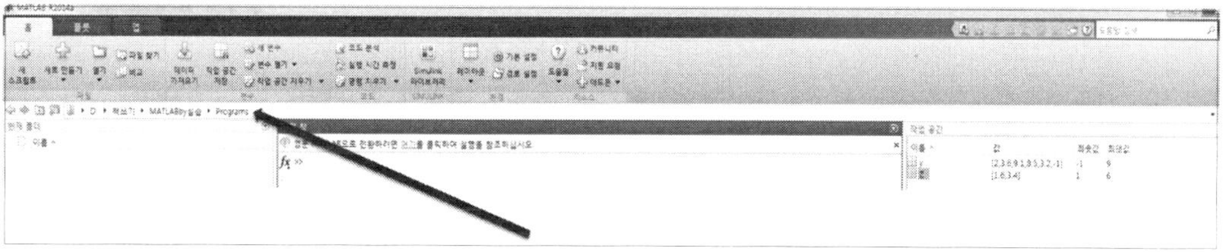

기존의 폴더에 파일을 저장하고 싶다면 홈 메뉴 바로 아래에서 "폴더 찾아보기" 를 나타내는 아이콘( )을 클릭하여 원하는 폴더를 선택한다.

새로운 폴더를 만들고 여기에 스크립트 파일을 저장하고자 한다면 현재 폴더 창 오른쪽 상단의 역삼각형 아이콘을 클릭한다. 이로부터 나타나는 부메뉴에서 "새 폴더" 를 선택한다.

새 폴더를 클릭하고 원하는 폴더 이름을 입력하면 그 이름의 폴더가 현재 폴더 내에 생성된다. 여기에서는 "MATLABby실습\Programs" 라는 이름의 폴더를 생성하여 이를 현재 폴더로 하고 이 폴더에 스크립트 파일을 저장하기로 한다.

파일 이름을 입력하는 박스에 *cat1.m(혹은 cat1)*을 타이프하고 저장 버튼을 클릭한다. 저장된 파일 이름은 현재 폴더 창에 나타난다.

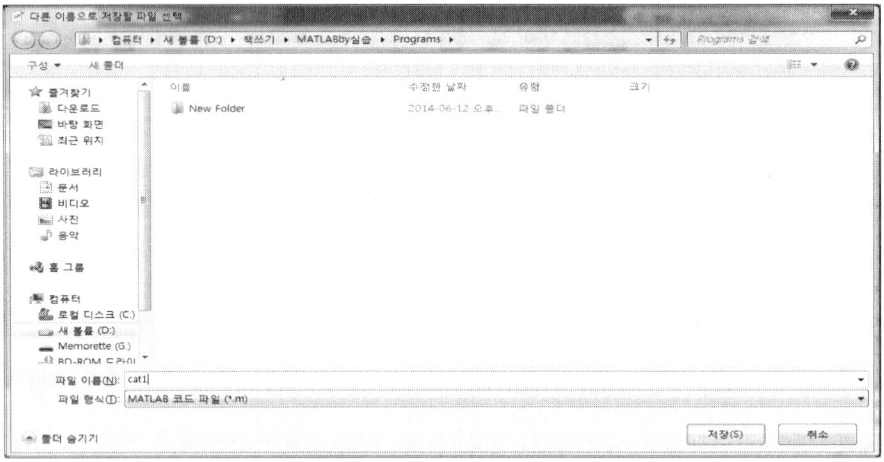

1.2.4 스크립트 파일의 실행

스크립트 파일을 실행하는 방법에는 두 가지가 있다.

방법 ①

첫 번째 방법에서는 MATLAB 편집기 창에서 다음 그림의 화살표가 가리키는 실행 아이콘을 클릭한다.

작업 공간 창에 변화가 일어남을 볼 수 있다.

방법 ②

두 번째 방법은 명령 창의 명령어 프롬프트에서 확장자는 제외한 파일 이름을 입력하는 것이다. 예를 들어 M-파일 *cat1.m*을 실행하려면 명령어 프롬프트에서 다음과 같이 타이프하고 Enter 키를 누른다.

```
>> cat1
```

작업 공간 창에서의 변화를 살펴보자.

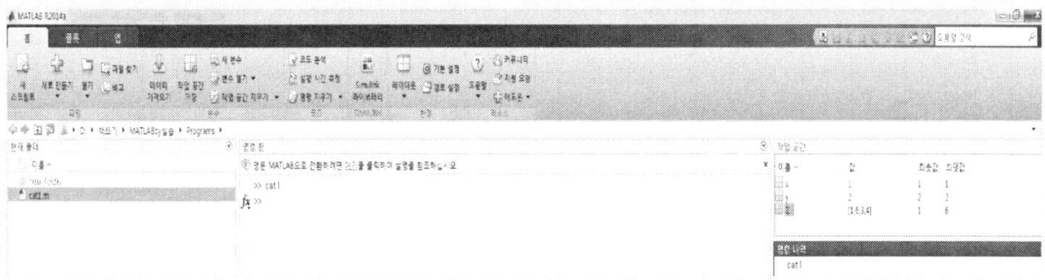

1.2.5 MATLAB® 코드의 가독성(Readability)

말끔하게 정돈되고 설명이 적절하게 제시되어 있는 MATLAB 프로그램을 작성하는 것은 좋은 프로그래밍 습관이다. 이에 따라 작성자와 제 삼자 모두 코드를 이해하기가 쉬워진다. 우리는 간혹 코드를 작성하고는 그에 대한 설명을 붙이는 것을 무시할 때가 있다. 이런 식으로 코드를 작성한다면 나중에 이를 다시 살펴볼 때 이해하는 것이 어려울 것이다. 그 때에 가서는 코드의 우수한 가독성에 대한 중요성을 깨닫게 될 것이다. MATLAB 프로그램을 작성할 때에는 코드의 가독성이 최우선적으로 중요한 것들 가운데 하나가 되어야 한다. 보기를 통하여 좋은 프로그래밍 습관을 익힐 수 있다.

보기 1

변수에 의미를 갖는 이름을 붙이는 것은 좋은 프로그래밍 습관이다. 예를 들어 Chris가 자(ruler) 3개, 지우개(rubber) 2개, 그리고 책(book) 4권을 구입하였다고 하자. 자 하나의 가격은 6파운드, 지우개 하나는 8파운드, 그리고 책 한권의 가격은 25파운드이다. Chris가 지불한 총 비용을 계산하는 MATLAB 프로그램을 작성하여라.

풀이

gha 바의 새로 만들기에서 스크립트를 선택한 다음 편집창에서 다음을 타이프한다.

```
price_of_ruler = 6;
price_of_rubber = 8;
price_of_book = 25;
No_of_rulers = 3;
No_of_rubbers = 2;
No_of_books = 4;
Total_price_paid_by_Chris = ...
  price_of_ruler * No_of_rulers +...
  price_of_rubber * No_of_rubbers +...
  price_of_book * No_of_books
```

코드 자체가 설명을 내포하고 있음을 주목하자. 각 라인의 말미에 있는 연속을 나타내는 문자 "..." 는 코드가 다음 라인으로 계속 이어지도록 하여 준다. 앞의 코드를 가독성 측면에서 다음 코드와 비교하여 보자. 두 프로그램들로부터의 결과는 동일하다.

```
x = 6;
y = 8;
z = 25;
a = 3;
b = 2;
c = 4;
r = x * a + y * b + z * c
```

어느 버전의 코드가 더 이해하기 쉽다고 생각되는가?

1.2.6 MATLAB® 코드에 코멘트 부여하기

방법 ①

라인의 첫머리에 퍼센트 기호 "%" 를 넣어 MATLAB 코드에 코멘트를 추가할 수 있다. 예를 들면

```
% Chris는 자 3개, 지우개 2개, 그리고 책 4권을 구입하였다.
% 자의 가격은 6파운드, 지우개 가격은 8파운드, 책은 25파운드이다.
% 이 MATLAB 프로그램은 Chris가 지불한 총 비용을 계산하여 준다.

price_of_ruler = 6;
price_of_rubber = 8;
price_of_book = 25;
No_of_rulers = 3;
No_of_rubbers = 2;
No_of_books = 4;
Total_price_paid_by_Chris = ...
   price_of_ruler * No_of_rulers +...
   price_of_rubber * No_of_rubbers +...
   price_of_book * No_of_books
```

퍼센트 기호 "%" 를 이용하는 코멘트 부여방법은 편집 창에서 쉽게 수행할 수도 있다. 일단 코멘트들을 타이프한 다음 마우스로 코멘트 라인들을 선택하고 편집기 창의 편집기-> 주석 메뉴에서 주석붙이기 아이콘(%)을 클릭하면 선택된 부분의 라인들 앞에 % 기호가 추가된다. 코멘트 부분을 해제하고 싶다면 코멘트 부분을 마우스로 선택한 다음 편집기->주석 메뉴 옆의 코멘트 해제 아이콘(%)을 클릭한다.

코드 라인에서 MATLAB이 퍼센트 기호 "%" 와 마주치면 MATLAB은 이후 그 라인 끝부분까지의 모든 텍스트를 무시한다. 이러한 코멘트 부여방법은 지루할 수 있으며 많은 코멘트들을 수정하는 것이 성가신 일이 될 수 있다. 그러나 코드에 코멘트를 부여하는 다른 방법도 있다.

방법 ②

코드에 코멘트를 부여하는 좀 더 근사한 방법은 블록 코멘트를 이용하는 것이다. 이 방법에서는 코멘트 첫 줄 앞에 "%{" 을 추가하고 코멘트 마지막 줄 뒤에 "%}" 를 추가한다. 다음 보기를 살펴보자.

```
%{
Chris는 자 3개, 지우개 2개, 그리고 책 4권을 구입하였다.
자의 가격은 6파운드, 지우개 가격은 8파운드, 책은 25파운드이다.
이 MATLAB 프로그램은 Chris가 지불한 총 비용을 계산하여 준다.
%}
price_of_ruler = 6;
price_of_rubber = 8;
price_of_book = 25;
No_of_rulers = 3;
No_of_rubbers = 2;
No_of_books = 4;
Total_price_paid_by_Chris = ...
    price_of_ruler * No_of_rulers +...
  price_of_rubber * No_of_rubbers +...
  price_of_book * No_of_books
```

이 기법은 보다 큰 코멘트 블록들에 가장 적합하다.

Lesson 1.3 MATLAB® 편집기 - 셀 모드

목표

1. MATLAB® 편집기에서 셀 모드 사용방법을 학습

주제

1.3.1 셀 모드의 활성화
1.3.2 프로그램을 셀들로 구분하기
1.3.3 셀에서 코드의 수행

1.3.1 셀 모드의 활성화

새로운 폴더를 만들고 이를 "Programs" 라고 이름붙인 다음 이를 현재 폴더로 선택한다. 3개의 부분들로 나눌 수 있는 다음 프로그램을 고려하여 보자. 아울러 한 번에 한 부분의 코드만을 실행한다고 하자. 편집기 창에서 다음 코드를 타이프하고 *find_y.m*이라는 이름으로 저장한다.

```
clear; clc;
% part 1
x1 = 10
y1 = x1.^2
% part 2
x2 = 20
y2 = 3*x2.^3
% part 3
x3 = 30
y3 = 5*x3.^2
```

편집기에서 섹션 삽입 아이콘( )을 이용하여 코드를 부분들로 나눌 수 있다.

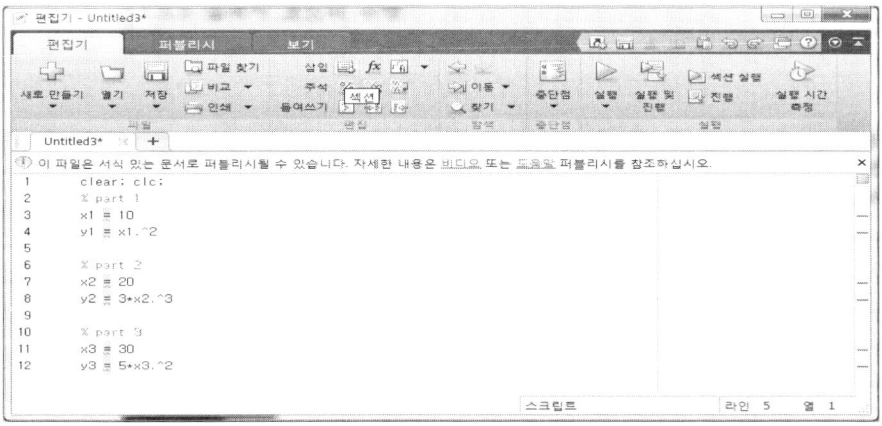

MATLAB R2012a 이하의 버전을 이용하는 사용자는 편집기 창의 Cell 메뉴를 클릭하여 Cell Mode가 활성화되어 있는지를 확인한다. 활성화되어 있지 않으면 이를 클릭하여 셀 모드를 활성화시킨다. 다음 그림의 왼쪽 부분은 Cell Mode가 활성화되어 있지 않은 경우이며 "Enable Cell Mode" 를 클릭하여 이를 활성화시킨다. 오른쪽 부분은 Cell Mode가 활성화되어 있는 상태를 나타낸다.

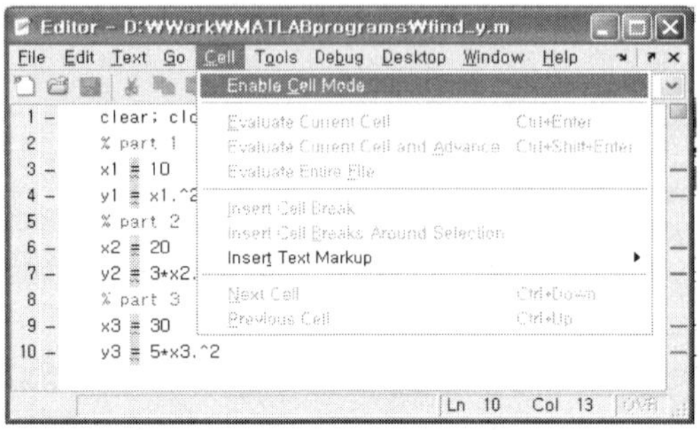

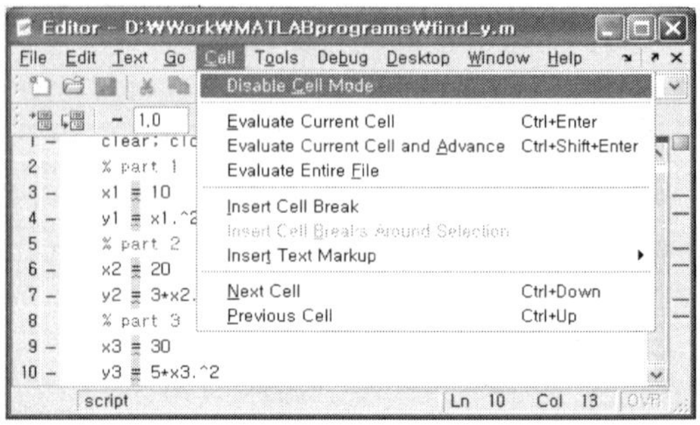

Cell Mode가 활성화되어 있도록 하여 둔다.

MATLAB 명령어 clear는 MATLAB 메모리로부터 모든 변수들을 삭제한다.

MATLAB 명령어 clc는 명령 창을 깨끗이 한다.

MATLAB 프로그램은 이들 두 명령어들로 시작하도록 권하고 싶다.

1.3.2 프로그램을 셀들로 구분하기

마우스를 이용하여 프로그램의 5번째 라인을 클릭한다. 이 위치는 프로그램의 part 1과 part 2를 구분하여 준다. 커서가 5번째 라인(part 2 바로 앞부분)에 위치한 상태에서 편집기의 섹션 삽입 아이콘을 클릭한다.

마찬가지로 커서를 10번째 줄에 위치시키고 편집기의 섹션 삽입 아이콘을 클릭하여 part 2를 구분한다.

MATLAB R2012a 이하의 버전을 이용하는 사용자는 편집기 창의 Cell 메뉴에서 "Insert Cell Break" 를 선택한다.

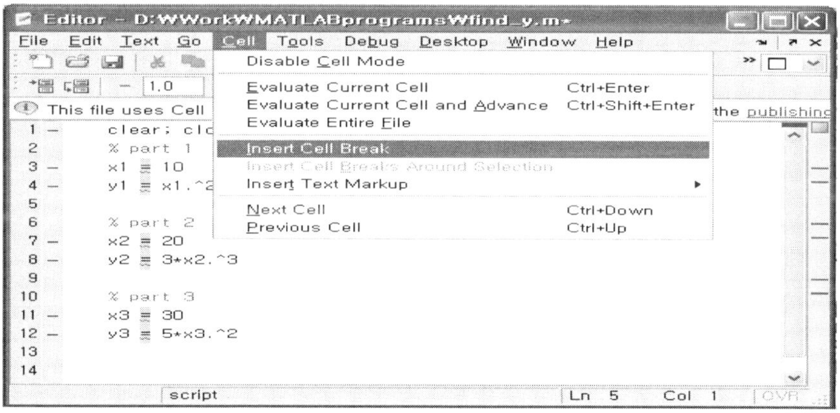

이와 같이 하여 코드를 part 1, part 2, part 3의 세 부분들로 나눌 수 있다.

1.3.3 셀에서 코드의 수행

실행하고자 하는 코드 부분에 커서를 위치시키고 마우스 오른쪽 버튼을 클릭하면 다음 그림과 같은 부메뉴가 나타난다. 이 부메뉴에서 "현재 섹션 실행" 을 선택하면 현재 섹션부분만 실행되고 그 결과가 명령 창에 제시된다.

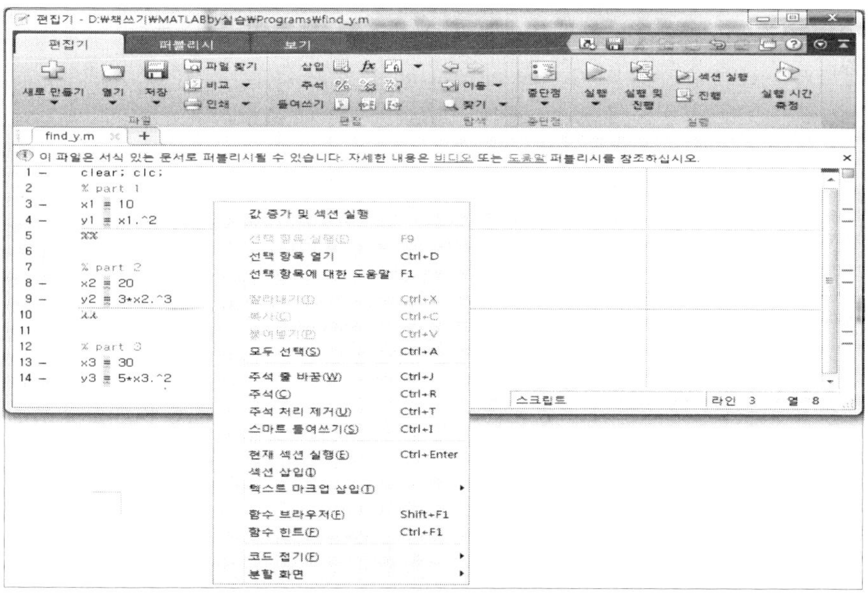

MATLAB R2012a 이하의 버전을 이용하는 사용자는 편집기 창의 Cell 메뉴에서 "Evaluate Current Cell" 을 선택한다.

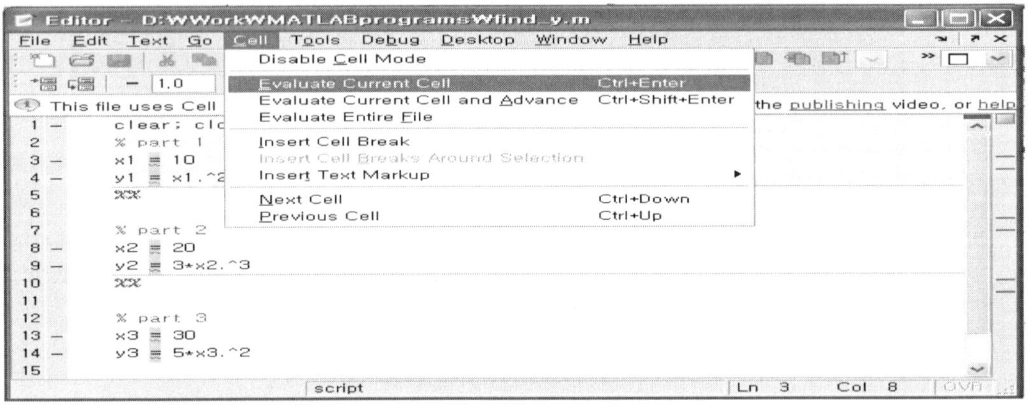

MATLAB은 해당 코드 부분만을 실행하고 그 결과를 명령 창에 제시하여 준다. 다음은 part 1 부분만을 실행하였을 때 명령 창에 나타난 결과이다.

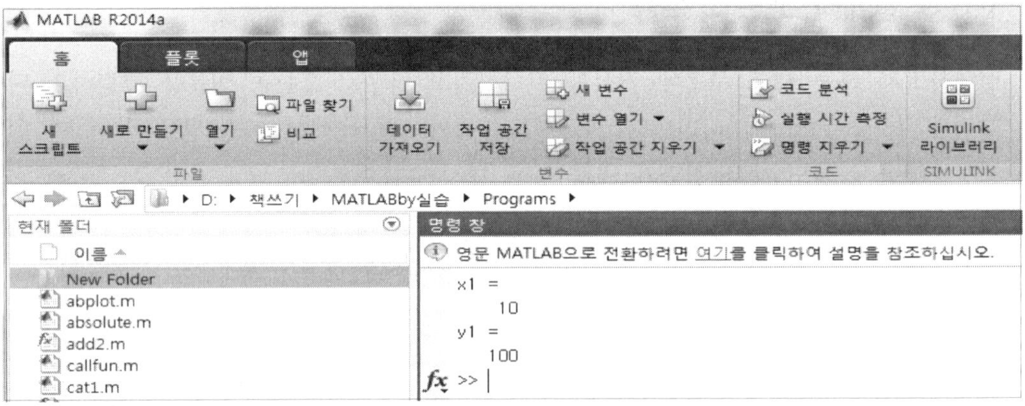

이와 같이 하여 코드의 임의의 셀을 임의의 순서대로 실행할 수 있다. 예를 들면 세 번째 셀을 실행하는 것으로 시작하여 첫 번째 셀, 다음에 두 번째 셀을 실행할 수도 있다.

연습문제 1[1]

앞에서 세 번째 코드부분을 실행하여 본 다음에 두 번째 셀을 실행하여라.

코드 부분들 간의 상호 의존성을 주시하는 것이 중요하다. 예를 들면 다음 프로그램에서는 앞에서 했던 것과 같이 part 1을 실행한 다음에 part 3을 실행할 수 없다. 이는 part 3의 x2는 part 2 부분의 코드에 따라 좌우되기 때문이다.

```
clear; clc;
% part 1
x1=10
y1=x1.^2

% part 2
x2=20
y2=3*x2.^3

% part 3
x3=30
y3=5*x3.^2+4*x2
```

일부 연습문제에 대한 풀이

Lesson 1.2

연습문제 1

1. 불가능. MATLAB에는 ***det*** 라는 이름의 파일이 이미 존재한다.
2. 가능. ***cars*** 는 사용될 수 있는 이름이다. 그렇지만 이 이름을 더 의미있게 할 수 있는지의 여부를 스스로에게 물어보라.
3. 불가능. ***two jars*** 는 빈 칸을 포함하기 때문.
4. 불능. ***2D*** 는 숫자로 시작된다.
5. 불가능. ***r$*** 는 달러 기호를 포함하기 때문.
6. 불가능. ***_long*** 은 밑줄로 시작하기 때문.
7. 불가능. ***-long*** 은 대쉬로 시작하기 때문.
8. 불가능. f***or*** 는 MATLAB 키워드이다.

연습문제 2

스크립트 파일의 이름은 ***a.m*** 이다. 그러나 이 스크립트는 또한 a라고 이름붙인 변수를 생성한다. MATLAB은 이 파일을 단지 한 번만 실행할 수 있다. 두 번째 실행할 때에는 MATLAB은 스크립트 파일 이름과 변수 이름 사이에서 이들이 서로 같으므로 혼동을 겪게 될 것이다.

MATLAB® 스칼라 변수 2

이 장의 구성

Lesson 2.1 MATLAB® 스칼라 변수의 생성과 이름 붙이기

목표

1. MATLAB® 을 이용한 스칼라 변수의 생성방법을 학습
2. MATLAB® 특수변수들과 사용자 정의 변수들 사이를 구별

주제

2.1.1 MATLAB® 특수변수
- 2.1.1.1 MATLAB® 특수변수의 이용
- 2.1.1.2 MATLAB® 특수변수 값의 변경

2.1.2 사용자 정의 변수
- 2.1.2.1 사용자 정의 변수들의 이름붙이기
- 2.1.2.2 MATLAB® 은 대소문자에 민감
- 2.1.2.3 사용자 정이 변수 제거하기

2.1.1 MATLAB® 특수변수

2.1.1.1 MATLAB® 특수변수의 이용

MATLAB에서 생성되는 모든 변수는 어떤 값을 갖는다. 변수들은 MATLAB이나 사용자에 의해 생성되는데 MATLAB에 의해 생성되는 변수들은 특수변수들로 간주되며 그 값들은 MATLAB에 의해 부여된다. 예를 들면 특수변수 `pi`(π)의 값은 3.1416으로 근사

되어 부여된다. 특수변수 pi의 값을 알기 위해서는 명령어 프롬프트에서 pi를 입력한 다음 Enter 키를 누른다.

```
>> pi
```

MATLAB은 다음과 같이 응답할 것이다:

```
ans=
     3.1416
```

이 명령어는 다른 특수변수 ans를 생성하고 여기에 3.1416을 할당한다. 특수변수 ans는 임의의 MATLAB 연산의 결과가 어떤 변수에 구체적으로 할당되지 않는 경우 그 연산의 결과를 저장한다. 예를 들어 명령어 프롬프트에서

```
>> 1+2
```

를 타이프하고 Enter 키를 눌러보자. MATLAB은

```
ans=
      3
```

과 같이 응답한다. 특수변수의 다른 보기로서 i와 j를 들 수 있다. 이들의 값은 $\sqrt{-1}$로 정의된다. 대개 수학자들은 $\sqrt{-1}$을 나타내기 위해 i를 사용하는 반면에 공학자들은 j를 이용하여 $\sqrt{-1}$을 나타낸다. 특수변수 i의 값을 알아보려면 명령어 프롬프트에서

```
>> i
```

를 타이프하고 Enter 키를 누른다. MATLAB은

```
ans =
        0.0000 + 1.0000i
```

와 같이 응답한다. 변수 i에 대한 도움말을 살펴보려면 명령어 프롬프트에서

```
>> help i
```

를 타이프하고 Enter 키를 누른다. MATLAB은 다음과 같이 특수변수 i에 대한 정보를 제공하여 준다.

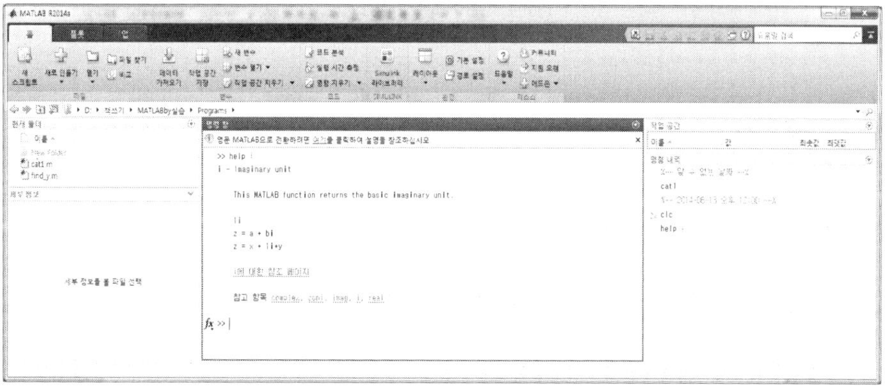

특수변수 j의 값을 알아보려면 명령어 프롬프트에서

```
>> j
```

를 타이프하고 Enter 키를 누른다. MATLAB은

```
ans =
      0.0000 + 1.0000i
```

와 같이 응답한다.

2.1.1.2 MATLAB® 특수변수 값의 변경

사용자는 특수변수의 값을 변경할 수 있다. 예를 들어 명령어 프롬프트에서

```
>> pi=1
```

를 타이프하고 Enter 키를 눌러보자. MATLAB은

```
pi =
     1
```

와 같이 응답한다. 이제 특수변수 pi의 값은 1로 변경되었다. 특수변수 pi의 값을 다시 원상회복하려면 명령어 프롬프트에서

```
>> clear pi
```

를 타이프하고 Enter 키를 누른다. 변수 pi의 값을 보이려면 명령어 프롬프트에서

```
>> pi
```

를 타이프하고 Enter 키를 누른다. MATLAB은

```
pi =
    3.1416
```

와 같이 응답한다.

2.1.2 사용자 정의 변수

2.1.2.1 사용자 정의 변수들의 이름붙이기

사용자는 MATLAB 변수들을 생성하고 이 변수들에 값들을 부여할 수 있다. 변수 이름은 다음 조건들을 만족해야 한다:

- 변수 이름은 빈 칸이나 하이픈(-)을 포함하면 안 된다.
- 변수 이름은 63개까지의 문자들을 포함할 수 있다.
- 변수 이름은 글자(a-z, 혹은 A-Z)로 시작해야 하며 그 다음에는 임의의 수의 글자들이나 숫자(0-9), 혹은 밑줄(_)들을 포함할 수 있다.
- 콤마(,)나 인용부호(')와 같은 구두점들은 MATLAB에서 특별한 의미를 갖기 때문에 허용되지 않는다.
- 변수 이름은 스크립트 M-파일이나 기존의 MATLAB 함수 이름과 같아서는 안 된다.
- MATLAB 유보단어를 변수 이름으로 사용하는 것은 허용되지 않는다. MATLAB 유보단어들의 목록은 다음과 같다.

```
'name'                    'across variable'
'node'                    'build'
'output'                  'description'
'parameter'               'descriptor'
'setup'                   'element'
'signal'                  'input'
'source'                  'interface input'
'terminal'                'interface node'
'through variable'        'interface output'
'variable'                'item type'
'local variable'
```

- MATLAB 키워드의 변수 이름으로의 사용은 허용되지 않는다. MATLAB 키워드들의 목록은 다음과 같다.

```
'break'                   'global'
'case'                    'if'
```

```
'catch'                    'otherwise'
'classdef'                 'parfor'
'continue'                 'persistent'
'else'                     'return'
'elseif'                   'spmd'
'end'                      'switch'
'for'                      'try'
'function'                 'while'
```

다음과 같은 변수이름들은 허용된다.

```
x, y, z, hello, let_us_name_this_variable_x, letter1, letter2
```

다음과 같은 이름들은 변수 이름으로 사용하기에는 적절하지 못하다:

3x: 이 변수이름은 알파벳이 아닌 숫자로 시작된다.

_y: 이 변수이름은 밑줄로 시작한다.

r$: 이 변수이름은 달러화 표시로 시작한다.

sum: 이 변수이름은 MATLAB 내장함수 이름이다. 이를 조사하려면 명령어 프롬프트에서 다음을 입력한다:

```
>> help sum
```

MATLAB은 sum함수에 대한 일부 정보를 보여준다.

2.1.2.2 MATLAB® 은 대소문자에 민감

MATLAB은 대문자와 소문자를 구별하며 대소문자에 민감한 프로그램 언어이다. 변수 이름 x는 X와는 다른 것으로 간주되는데 이는 혼동하기 쉬우므로 주의해야 한다. 예를 들어 명령어 프롬프트에서

```
>> x=1;
```

을 타이프하고 Enter 키를 눌러보자. MATLAB은 변수 x를 생성하고 여기에 "1"의 값을 부여한다. 변수 x의 내용을 보이기 위하여 명령어 프롬프트에서

```
>> x
```

을 타이프하고 Enter 키를 눌러보자. MATLAB은 다음과 같이 변수 x의 값을 제시하는 것으로 응답한다:

```
x =
```

```
     1
```

X 값을 알아보기 위하여 명령어 프롬프트에서

```
>> X
```

을 타이프하고 Enter 키를 눌러보자. MATLAB은 다음 결과를 제시한다:

```
'X'은(는) 정의되지 않은 함수 또는 변수입니다.
정정 제안:
```

```
>> x
```

MATLAB에서 변수 x는 변수 X와 다르다. MATLAB은 대소문자에 민감하다. 예를 들어 cost, Cost, 그리고 COST는 MATLAB에서는 서로 다른 3개의 변수들이다.

2.1.2.3 사용자 정의 변수 제거하기

변수 y를 생성하여 보자:

```
>> y=10;
```

y의 값을 보이려면 명령어 프롬프트에서

```
>> y
```

를 타이프하고 Enter 키를 누른다. MATLAB은 y값을

```
y=
   10
```

와 같이 보여주는 것으로 응답한다. y를 지우려면 명령어 프롬프트에서

```
>> clear y
```

를 타이프하고 Enter 키를 누른다. 변수 y가 지워졌는지를 확인하려면 명령어 프롬프트에서

```
>> y
```

를 타이프하고 Enter 키를 누른다. MATLAB은

```
'y'은(는) 정의되지 않은 함수 또는 변수입니다.
```

와 같이 응답한다.

연습문제 1[1]

다음 MATLAB® 코드가 왜 옳지 않은지 설명하여라.

```
number_of_red_and_new_cars_that_have_been_used_in_the_year_2007_by_Chris_ar
e=10
number_of_red_and_new_cars_that_have_been_used_in_the_year_2007_by_John_are
=11
```

Lesson 2.2 수의 근사와 이산수학 연산

목표

1. MATLAB® 에서 수를 근사하는 방법을 학습
2. MATLAB® 의 몇 가지 이산수학 연산들을 학습

주제

2.2.1 숫자 근사하기
    2.2.1.1 round 함수
    2.2.1.2 fix 함수
    2.2.1.3 ceil 함수
    2.2.1.4 floor 함수
2.2.2 이산수학 연산
    2.2.2.1 숫자의 인수화
    2.2.2.2 최대공약수
    2.2.2.3 최소공배수

2.2.1 숫자 근사하기

실수는 정수부분과 소수부분으로 구성되며 정수로 근사될 수 있다. 예를 들어 실수 2.5는 정수 2로 근사될 수 있다. 이러한 근사과정은 숫자의 소수부분을 제거하는 것을 필요로 하는데 이는 정수부분에도 영향을 미칠 수 있다. MATLAB은 실수를 근사하기 위하여 round, fix, ceil, 그리고 floor와 같은 4가지 함수들을 지원하고 있다.

2.2.1.1 round함수

이 함수는 실수를 가장 근접한 정수를 지향하여 위쪽으로, 혹은 아래쪽으로 반올림하

여 준다. 이 함수의 사용은 보기에 의해 잘 설명될 수 있다. 명령어 프롬프트에서

```
>> x=round(2.51)
```

를 타이프하고 Enter 키를 누른다. MATLAB은

```
x =
    3
```

으로 반응한다. 두 번째 보기로서 명령어 프롬프트에서

```
>> y=round(2.49)
```

를 타이프하고 Enter 키를 누른다. MATLAB은

```
y =
    2
```

로 반응한다.

2.2.1.2 fix함수

이 함수는 실수의 소수 부분을 제거하고 실수부분만을 그대로 남겨둔다. 이 함수의 사용은 보기에 의해 잘 설명될 수 있다. 명령어 프롬프트에서

```
>> x=fix(2.51)
```

를 타이프하고 Enter 키를 누른다. MATLAB은

```
x =
    2
```

으로 반응한다. 두 번째 보기로서 명령어 프롬프트에서

```
>> y=fix(-2.51)
```

를 타이프하고 Enter 키를 누른다. MATLAB은

```
y =
    -2
```

로 반응한다.

2.2.1.3 ceil함수

이 함수는 실수를 더 큰 정수 가운데 가장 가까운 정수로 반올림한다. 예를 들어 명령어 프롬프트에서

```
>> x=ceil(2.51)
```

를 타이프하고 Enter 키를 눌러보자. MATLAB은

```
x =
     3
```

으로 반응한다. 두 번째 보기로서 명령어 프롬프트에서

```
>> y=ceil(2.49)
```

를 타이프하고 Enter 키를 누른다. MATLAB은

```
y =
     3
```

로 반응한다.

2.2.1.4 floor함수

이 함수는 실수를 더 작은 정수 가운데 가장 가까운 정수로 반내림한다. 예를 들어 명령어 프롬프트에서

```
>> x=floor(2.51)
```

를 타이프하고 Enter 키를 눌러보자. MATLAB은

```
x =
     2
```

으로 반응한다. 두 번째 보기로서 명령어 프롬프트에서

```
>> y=floor(2.49)
```

를 타이프하고 Enter 키를 누른다. MATLAB은

```
y =
     2
```

로 반응한다.

연습문제 1[1]

다음 각 경우에 대하여 이 lesson에서 설명한 규칙들에 따라 x의 값을 머릿속으로, 혹은 계산으로 알아내어 보라. 다음에 얻은 결과를 MATLAB 을 사용하여 확인하여라.

1. x = round(pi)
2. x = fix(pi)
3. x = ceil(pi)
4. x = floor(pi)
5. x = round(-pi)
6. x = fix(-pi)
7. x = ceil(-pi)
8. x = floor(-pi)

2.2.2 이산수학 연산

2.2.2.1 숫자의 인수화

factor 함수는 양의 정수를 소수 인수들로 인수화 하여준다. 예를 들어 6을 인수화 하려면 명령어 프롬프트에서

```
>> x=factor(6)
```

를 타이프하고 Enter 키를 누른다. MATLAB은 다음과 같이 x의 소수 인수들을 포함하는 벡터를 반환한다:

```
x =
     2 3
```

2.2.2.2 최대공약수

두 양의 정수들의 최대공약수는 gcd 함수에 의해 계산된다. 예를 들어 6과 9의 최대공약수를 구하려면 명령어 프롬프트에서

```
>> x=gcd(6,9)
```

를 타이프하고 Enter 키를 누른다. MATLAB은

```
x =
     3
```

으로 응답한다. 숫자들의 순서는 여기에서는 중요하지 않다.

2.2.2.3 최소공배수

두 양의 정수들의 최소공배수는 lcm 함수에 의해 계산된다. 예를 들어 6과 9의 최소공배수를 구하려면 명령어 프롬프트에서

```
>> x=lcm(6,9)
```

를 타이핑하고 Enter 키를 누른다. MATLAB은

```
x =
     18
```

로 응답한다. 숫자들의 순서는 여기에서는 중요하지 않다.

Lesson 2.3 MATLAB® 스칼라 변수에 대한 수학적 표현

목표

1. 변수에 값을 할당하는 방법을 학습
2. MATLAB® 에서 수학적 연산들에 대한 우선순위 원리를 학습

주제

2.3.1 변수의 생성
2.3.2 수학적 연산의 우선순위
2.3.3 수학적 표현에서 MATLAB 표현으로
2.3.4 MATLAB® 표현에서 수학적 표현으로
2.3.5 연습문제

2.3.1 변수의 생성

MATLAB에서 생성되는 모든 변수는 어떤 값을 갖는다. 예를 들어 명령어 프롬프트에서 다음과 같은 MATLAB 코드를 입력하여 보자.

```
>> x  =1;
>> y  =2*x;
```

이로부터 두 변수 x와 y가 생성된다. x와 y변수들의 값을 보이려면 명령어 프롬프트에서 다음을 타이프하고 Enter 키를 누른다.

```
>> x,y
```

MATLAB은 다음과 같이 응답할 것이다.

```
x =
    1

y =
    2
```

이제 다음과 같이 x의 값을 4로 바꾸어 보자:

```
>> x=4
```

Enter 키를 누르면 MATLAB은 다음과 같이 응답한다.

```
x =
    4
```

여기에서 x의 값은 1에서 4로 달라졌지만 y는 y=2*x와 같이 x의 함수이면서 그 값은 변하지 않음을 주목하자. 그러나 이 식 y=2*x는 x가 1일 때 계산되었으며 다시 계산된 것은 아니다. 변수 y의 값을 보이려면 명령어 프롬프트에서 다음을 타이프하고 Enter 키를 누른다.

```
>> y
```

MATLAB은 다음과 같이 응답한다.

```
y =
    2
```

새로운 x=4를 이용하여 y의 값을 2*x로 바꾸려면 y=2*x를 다시 실행해야 한다. 이를 위해서 명령어 프롬프트에서 다음을 타이프하고 Enter 키를 누른다.

```
>> y=2*x
```

MATLAB은 다음과 같이 응답한다.

```
y =
    8
```

2.3.2 수학적 연산의 우선순위

MATLAB은 수학적 표현을 왼쪽부터 오른쪽 순으로 실행한다. 수학적 표현은 더하기, 빼기, 곱하기, 나누기, 그리고 소괄호는 물론 지수 연산들을 포함할 수 있다. 이러한 수학적 연산들은 MATLAB에서 다음과 같은 순서로 수행된다:

I. 소괄호, 가장 내부에서 바깥 쪽 방향으로 진행
II. 지수연산
III. 곱하기와 나누기
IV. 더하기와 빼기

2.3.3 수학적 표현에서 MATLAB® 표현으로

보기 1

소괄호를 최소로 사용하여 r을 계산하는 MATLAB 프로그램을 작성하여라.

$$r = x + \frac{y}{z}$$

여기에서 $x = 1,\ y = 2,\ z = 3$이다.

풀이

이 식에서는 나눗셈이 덧셈보다 우선순위가 높다.

$$r = \left\{ x + \left\{ \frac{y}{z} \right\}_1 \right\}_2$$

이 식의 수행은 MATLAB의 수학연산 우선순위를 그대로 따르면 된다. 실제에 있어서나 MATLAB에서나 나눗셈은 덧셈보다 우선순위가 높다. 따라서 여기에서는 소괄호를 사용할 필요가 없다.

```
x=1;
y=2;
z=3;
r=x+y/z;
```

보기 2

소괄호를 최소로 사용하여 r을 계산하는 MATLAB 프로그램을 작성하여라.

$$r = \frac{x+y}{z}$$

여기에서 $x=1,\ y=2,\ z=3$이다.

풀이

이 수학적 표현에서 덧셈연산을 먼저 수행할 필요가 있으며 다음에 나눗셈을 수행한다.

$$r = \left\{ \frac{\{x+y\}_1}{z} \right\}_2$$

연산 $\{\}_2$에 앞서 연산 $\{\}_1$이 먼저 수행되어야 한다. 그러나 방금 알게 된 바와 같이 MATLAB에서 나눗셈은 덧셈보다 우선순위가 높다. 이 순서를 바꾸려면 소괄호를 사용하여 나눗셈보다 덧셈 연산에 우선순위를 부여한다.

```
x=1;
y=2;
z=3;
r=(x+y)/z;
```

보기 3

소괄호를 최소로 사용하여 r을 계산하는 MATLAB 프로그램을 작성하여라.

$$r = \frac{x+y^2}{z^3+y^4}$$

여기에서 $x=1,\ y=2,\ z=3$이다.

풀이

이 수학적 표현에서는 지수계산의 우선순위가 가장 높으며 다음에 덧셈연산, 이어서 나눗셈을 수행하면 된다.

$$r = \left\{ \frac{\{x+\{y^2\}_1\}_2}{\{\{z^3\}_1+\{y^4\}_1\}_2} \right\}_3$$

MATLAB에서 연산이 수행되는 순서는 지수연산, 나눗셈, 다음에 덧셈이다. 따라서 소괄호를 사용하여 나눗셈보다 덧셈 연산에 우선순위를 부여한다.

```
x=1;
```

```
y=2;
z=3;
r=(x+y^2)/(z^3+y^4);
```

보기 4

소괄호를 최소로 사용하여 r을 계산하는 MATLAB 프로그램을 작성하여라.

$$r = \frac{x+y^2}{z^3+y^4} + \frac{x^3+y^3}{x^2}$$

여기에서 $x=1,\ y=2,\ z=3$이다.

풀이

이 수학적 표현의 계산순서는 다음과 같다.

$$r = \left\{\left\{\frac{\{x+\{y^2\}_1\}_2}{\{\{z^3\}_1+\{y^4\}_1\}_2}\right\}_3\right\}_3 + \left\{\frac{\{\{x^3\}_1+\{y^3\}_1\}_2}{\{x^2\}_1}\right\}_3\Bigg\}_4$$

MATLAB에서는 나눗셈이 덧셈보다 우선순위가 높다. 그러나 이 식에서는 두 번의 나눗셈에 앞서 세 번의 덧셈이 먼저 수행되어야 한다. 그러므로 소괄호를 사용하여 두 번의 나눗셈보다 세 번의 덧셈 연산에 우선순위를 부여한다.

```
x=1;
y=2;
z=3;
r=(x+y^2)/(z^3+y^4)+(x^3+y^3)/x^2;
```

보기 5

소괄호를 최소로 사용하여 r을 계산하는 MATLAB 프로그램을 작성하여라.

$$r = \frac{\dfrac{x+y^2}{z^3+y^4} + \dfrac{x^3+y^3}{x^2}}{\dfrac{x^2+1}{y^3}}$$

여기에서 $x=1,\ y=2,\ z=3$이다.

풀이

이 수학적 표현의 계산순서는 다음과 같다.

$$r=\left\{\frac{\left\{\frac{\{x+\{y^2\}_1\}_2}{\{\{z^3\}_1+\{y^4\}_1\}_2}\right\}_3+\left\{\frac{\{\{x^3\}_1+\{y^3\}_1\}_2}{\{x^2\}_1}\right\}_3}{\left\{\frac{\{\{x^2\}_1+1\}_2}{\{y^3\}_1}\right\}_3}\right\}_4$$

MATLAB에서는 나눗셈이 덧셈보다 우선순위가 높다. 그러나 이 식에서는 나눗셈들에 앞서 대부분의 덧셈들이 먼저 수행되어야 한다. 그러므로 소괄호를 사용하여 나눗셈들보다 덧셈 연산들에 우선순위를 부여한다.

```
x=1;
y=2;
z=3;
r=((x+y^2)/(z^3+y^4)+(x^3+y^3)/x^2)/((x^2+1)/y^3);
```

보기 6

소괄호를 최소로 사용하여 r을 계산하는 MATLAB 프로그램을 작성하여라.

$$r=\frac{\frac{x}{z^3+y^4}+\frac{x^3+y^3}{x^2}}{\frac{x^2+1}{y^3}-3}$$

여기에서 $x=1,\ y=2,\ z=3$이다.

풀이

이 수학적 표현의 계산순서는 다음과 같다.

$$r=\left\{\frac{\left\{\left\{\frac{x}{\{\{z^3\}_1+\{y^4\}_1\}_2}\right\}_3+\left\{\frac{\{\{x^3\}_1+\{y^3\}_1\}_2}{\{x^2\}_1}\right\}_3\right\}_4}{\left\{\left\{\frac{\{\{x^2\}_1+1\}_2}{\{y^3\}_1}\right\}_3-3\right\}_4}\right\}_5$$

```
x=1;
y=2;
z=3;
r=(x/(z^3+y^4)+(x^3+y^3)/x^2)/((x^2+1)/y^3-3);
```

보기 7

소괄호를 최소로 사용하여 r을 계산하는 MATLAB 프로그램을 작성하여라.

$$r=\frac{\sin(2x^2+1)}{\cos(x^2-2)+1}$$

여기에서 $x=1$이다.

풀이

이 수학적 표현의 계산순서는 다음과 같다.

$$r=\left\{\frac{\{\sin(\{\{2\{x^2\}_1\}_2+1\}_3)\}_4}{\{\{\cos(\{\{x^2\}_1-2\}_2)\}_3+1\}_4}\right\}_5$$

```
x=1;
r=sin(2*x^2+1)/(cos(x^2-2)+1);
```

보기 8

소괄호를 최소로 사용하여 r을 계산하는 MATLAB 프로그램을 작성하여라.

$$r=\frac{\dfrac{x^2+\sqrt{y}}{z^2+1}+\dfrac{z^2+x^4}{y^3}}{\dfrac{\cos(2x^2+1)\sin(x^2)}{3x^2+2}+\sin^2(x^3)}$$

여기에서 $x=1,\ y=2$이다.

풀이

이 수학적 표현의 계산순서는 다음과 같다.

$$r=\left\{\frac{\left\{\left\{\frac{\{\{x^2\}_1+\{\sqrt{y}\}_1\}_2}{\{\{z^2\}_1+1\}_2}\right\}_3+\left\{\frac{\{\{z^2\}_1+\{x^4\}_1\}_2}{\{y^3\}_1}\right\}_3\right\}_4}{\left\{\left\{\frac{\{\{\cos(\{\{2\{x^2\}_1\}_2+1\}_3)\}_4\{\sin(\{x^2\}_1)\}_2\}_3}{\{\{3\{x^2\}_1\}_2+2\}_3}\right\}_5+\{(\{\sin(\{x^3\}_1)\}_2)^2\}_3\right\}_6}\right\}_7$$

```
x=1;
y=2;
r1=(x^2+sqrt(y))/(z^2+1)+(z^2+x^4)/y^3;
r2=cos(2*x^2+1)*sin(x^2)/(3*x^2+2)+sin(x^3)^2;
r=r1/r2
```

보기 9

소괄호를 최소로 사용하여 r을 계산하는 MATLAB 프로그램을 작성하여라.

$$r = \frac{\log(x^2+1)}{2e^x + \tan^{-1}(x^2)}$$

여기에서 $x=1$이다. *log(x)*는 숫자 x에 대한 기저 10의 로그이다.

풀이

이 수학적 표현의 계산순서는 다음과 같다.

$$r = \left\{ \frac{\{\log(\{x^2\}_1 + 1\}_2)\}_3}{\{\{2\{e^x\}_1\}_2 + \{\tan^{-1}(\{x^2\}_1)\}_2\}_3} \right\}_4$$

```
x=1;
r=log10(x^2+1)/(2*exp(x)+atan(x^2));
```

보기 10

소괄호를 최소로 사용하여 r을 계산하는 MATLAB 프로그램을 작성하여라.

$$r = \frac{\log(x)}{\ln(x)}$$

여기에서 $x=1$이다. *ln(x)*는 숫자 x에 대한 자연로그이다.

풀이

```
x=1;
r=log10(x)/log(x);
```

보기 11

소괄호를 최소로 사용하여 r을 계산하는 MATLAB 프로그램을 작성하여라.

$$r = \frac{\tan^{-1}(x^2-2)}{\cos^{-1}(x) + \sin^{-1}(\sin^3(x^2))}$$

여기에서 $x=1$이다.

풀이

```
x=1;
r=atan(x^2-2)/(acos(x)+asin(sin(x^2)^3));
```

보기 12

소괄호를 최소로 사용하여 r을 계산하는 MATLAB 프로그램을 작성하여라.

$$r=\frac{\sqrt[3]{\log(x^2+1)}}{(2e^x+\tan^{-1}(x^2))^{-0.5}}$$

여기에서 $x=1$이다.

풀이

$$r=\left\{\frac{\left\{\sqrt[3]{\{\log(\{\{x^2\}_1+1\}_2)\}_3}\right\}_4}{\{(\{\{2\{e^x\}_1\}_2+\{\tan^{-1}(\{x^2\}_1)\}_2\}_3)^{-0.5}\}_4}\right\}_5$$

```
x=1;
r=log10(x^2+1)^(1/3)/(2*exp(x)+atan(x^2))^(-0.5);
```

2.3.4 MATLAB® 표현에서 수학적 표현으로

이제 방향을 달리 해서 MATLAB 코드로 나타낸 수학적 표현을 대등한 수식으로 전환시켜 보기로 한다.

보기 13

다음의 MATLAB 코드와 대등한 r을 구하는 수식을 작성하여라. a=2, b=3, c=4, d=5이다.

```
>> r=a+b*(c+d);
```

풀이

$$r=a+b(c+d)$$

보기 14

다음의 MATLAB 코드와 대등한 r을 구하는 수식을 작성하여라. a=2, b=3, c=4, d=5이다.

```
>> r=a+b+c*d;
```

풀이

$$r=a+b+c*d$$

보기 15

다음의 MATLAB 코드와 대등한 r을 구하는 수식을 작성하여라. a=2, b=3, c=4, d=5이다.

```
>> r=(a+b)/(c+d);
```

풀이

$$r=\frac{a+b}{c+d}$$

보기 16

다음의 MATLAB 코드와 대등한 r을 구하는 수식을 작성하여라. a=2, b=3, c=4, d=5, e=6 이다.

```
>> r=(a+b)/(c+d)+e;
```

풀이

$$r=\frac{a+b}{c+d}+e$$

보기 17

다음의 MATLAB 코드와 대등한 r을 구하는 수식을 작성하여라. a=2, b=3, c=4이다.

```
>> r=a*b/c;
```

풀이

$$r=a\left(\frac{b}{c}\right)=\frac{ab}{c}$$

보기 18

다음의 MATLAB 코드와 대등한 r을 구하는 수식을 작성하여라. a=2, b=3, c=4이다.

```
>> r=a/b*c;
```

풀이

$$r=\left(\frac{a}{b}\right)\times c=\frac{ac}{b}$$

보기 18

다음의 MATLAB 코드와 대등한 r을 구하는 수식을 작성하여라. a=2, b=3, c=4이다.

```
>> r=a/b*c;
```

풀이

$$r=\left(\frac{a}{b}\right)\times c=\frac{ac}{b}$$

보기 19

다음의 MATLAB 코드와 대등한 r을 구하는 수식을 작성하여라. a=2, b=3, c=4이다.

```
>> r=a/b/c;
```

풀이

$$r=\frac{a/b}{c}=\frac{a}{bc}$$

보기 20

다음의 MATLAB 코드와 대등한 r을 구하는 수식을 작성하여라. a=2, b=3, c=4이다.

```
>> r=a/(b/c);
```

풀이

$$r=\frac{a}{b/c}=\frac{ac}{b}$$

보기 21

다음의 MATLAB 코드와 대등한 r을 구하는 수식을 작성하여라. a=2, b=3, c=4, d=5이다.

```
>> r=(a/b)/(c/d);
```

풀이

$$r=\frac{a/b}{c/d}=\frac{ad}{bc}$$

보기 22

다음의 MATLAB 코드와 대등한 r을 구하는 수식을 작성하여라. a=2, b=3, c=4, d=5이다.

```
>> r=((a+b)/(c+d)+(a-b)/(c-d))/((a+b+c)/d);
```

풀이

$$r=\frac{\dfrac{a+b}{c+d}+\dfrac{a-b}{c-d}}{\dfrac{a+b+c}{d}}$$

보기 23

다음의 MATLAB 코드와 대등한 r을 구하는 수식을 작성하여라. a=2, b=3, c=4, d=5이다.

```
>> r=((a+b)/(c+d)+(a-b)/(c-d))/((a+b+c)/d)+a;
```

풀이

$$r=\frac{\frac{a+b}{c+d}+\frac{a-b}{c-d}}{\frac{a+b+c}{d}}+a$$

보기 24

다음의 MATLAB 코드와 대등한 r을 구하는 수식을 작성하여라. a=2, b=3, c=4, d=5이다.

```
>> r=((a+b)/(c+d)+(a-b)/(c-d))/((a+b+c)/(d+a));
```

풀이

$$r=\frac{\frac{a+b}{c+d}+\frac{a-b}{c-d}}{\frac{a+b+c}{d+a}}$$

보기 25

다음의 MATLAB 코드와 대등한 r을 구하는 수식을 작성하여라. a=2, b=3, c=4, d=5 이다.

```
>> r=((a+b^2)^3/(c+d)+(a-b)/(c-d))/((a+b+c)^4/(d+a));
```

풀이

$$r=\frac{\frac{(a+b^2)^3}{c+d}+\frac{a-b}{c-d}}{\frac{(a+b+c)^4}{d+a}}$$

보기 26

다음의 MATLAB 코드와 대등한 r을 구하는 수식을 작성하여라. a=2, b=3, c=4, d=5 이다.

```
>> r=((a+b)^2/(c+d)+(a-b)^3/(c-d))/((a+b+c)/d)+a^4;
```

풀이

$$r=\frac{\dfrac{(a+b)^2}{c+d}+\dfrac{(a-b)^3}{c-d}}{\dfrac{a+b+c}{d}}+a^4$$

보기 27

다음의 MATLAB 코드와 대등한 r을 구하는 수식을 작성하여라. a=2, b=3, c=4, d=5 이다.

```
>> r=((a+b)^2/(c+d)+(a-b)^3/(c-d))/((a+b+c)^4/(d+a)^4);
```

풀이

$$r=\frac{\dfrac{(a+b)^2}{c+d}+\dfrac{(a-b)^3}{c-d}}{\dfrac{(a+b+c)^4}{(d+a)^4}}$$

2.3.5 연습문제

소괄호를 최소로 사용하여 r을 계산하기 위한 MATLAB 프로그램을 작성하여라. x=2, y=3, z=4이다.

1. $r=\dfrac{x+\dfrac{y}{z}}{y^2}-1$
2. $r=\dfrac{x+\dfrac{y}{z}}{y^2+3z}-1$
3. $r=\dfrac{e^{\cos(2x)+1}+2x}{\ln(x^2+1)+2}$
4. $r=\tan^{-1}(x\tan(x^{1/3}))$
5. $r=\dfrac{-x+\sqrt{x^2-4yz}}{2y}$

6. $r = \dfrac{\dfrac{\cos(2x+1)+2}{3x^2-4}}{\dfrac{2\sqrt{y}}{\sin^{-1}(0.1z)}}$

다음의 MATLAB 코드와 대등한 r을 구하는 수식을 작성하여라. a=2, b=3, c=4, d=5이다.

7. `r = (a+1)/b^2-3`
8. `r = a+1/b^2-3`
9. `r = a+1/(b^2-3)`
10. `r = a+(1/b^2-3)`
11. `r = a+1/(b^2)-3`
12. `r = (a+b)/(c+d)^2`
13. `r = cos(2*a^2)^3/b-4`
14. `r = log(acos(0.2*b)+sin(a))`
15. `r = log(acos(0.2*b))+sin(a)`

Lesson 2.4 MATLAB® 스칼라 변수의 생성과 이름 붙이기

목표

MATLAB® 의 logical 클래스를 학습
MATLAB® 에서 6가지 주요 관계 연산자들을 학습
MATLAB® 에서 3가지 주요 논리 연산자들을 학습

주제

2.4.1 logical클래스

logical 클래스인 임의의 변수는 true나 false의 값을 갖는다. MATLAB은 true를 1로, false를 0으로 나타낸다. 예를 들어 명령어 프롬프트에서

```
>> r=true
```

를 입력하면 MATLAB은

```
r =
    1
```

로 응답한다. r의 클래스를 조사하려면 명령어 프롬프트에서

```
>> whos r
```

를 입력한다. MATLAB은

```
Name Size  Bytes  Class     Attributes
r    1x1    1      logical
```

로 응답한다. 다른 보기로서 명령어 프롬프트에서

```
>> s=false
```

를 입력하면 MATLAB은

```
s =
    0
```

로 응답한다. s의 클래스를 조사하려면 명령어 프롬프트에서

```
>> whos s
```

를 입력한다. MATLAB은

```
Name Size  Bytes  Class     Attributes
s    1x1   1      logical
```

로 응답한다.

2.4.2 관계 연산자

관계 연산자들은 보통 두 연산자들을 필요로 하며 두 개의 값들을 서로 비교한다. 예를 들면 b 값은 10보다 큰가에 대한 답은 1이나 0이 될 수 있다. 관계 연산자들은

logical 클래스 변수들을 생성한다. 앞에서 언급한 바와 같이 logical 클래스 변수는 true(참)를 1로, false(거짓)를 0으로 나타낸다.

MATLAB은 다음과 같은 6가지의 관계 연산자들을 지니고 있다.

1. ~보다 큰: ">"
2. ~보다 작은: "<"
3. ~이상: ">="
4. ~이하: "<="
5. 대등: "=="
6. 같지 않음: "~="

몇몇 보기들을 통하여 이들 관계 연산자들 가운데 일부를 설명하기로 한다. 먼저 스칼라 변수 x를 생성하고 여기에 1을 부여하여 보자.

```
>> x=1;
```

두 번째 스칼라 변수 y를 생성하고 여기에 2를 부여하여 보자.

```
>> y=2;
```

다음 MATLAB 명령어는 x값이 y값보다 큰지의 여부를 결정한다. 이 비교의 결과는 a라는 변수에 저장된다.

```
>> a=x>y
```

MATLAB은 다음과 같이 a의 값을 보여준다.

```
a =
    0
```

x는 y보다 작으므로 MATLAB 명령어 x>y의 수행은 0을 생성하는데 이는 false(거짓)와 같다. 이러한 비교의 결과는 logical 변수 a에 할당된다. MATLAB 명령어 x>y는 "x가 y보다 큰가?" 라는 질문과 대등하다. MATLAB은 0을 생성하고 이를 a에 할당하는 것으로 응답한다. 0은 false(거짓)와 대등하다.

변수 a는 logical 클래스 변수이다. logical 클래스 a변수의 값은 1이나 0이다. a는 logical 스칼라 변수이므로 MATLAB은 1바이트의 컴퓨터 메모리를 이용하여 a를 저장한다. a의 클래스를 조사하려면 명령어 프롬프트에서 다음을 입력한다.

```
>> whos a
```

MATLAB은 다음과 같이 응답할 것이다.

```
Name    Size   Bytes   Class     Attributes
a       1x1    1       logical
```

연습문제 1[1]

다음과 같은 MATLAB 명령어가 수행하는 연산을 설명하여라.

1. ```
   x = 1;
   y = -2;
   b = x < y;
   ```
2. ```
   x = 1;
   y = 2;
   c = x <= y;
   ```
3. ```
   x = 1;
   y = 2;
   d = x >= y;
   ```
4. ```
   x = -1;
   y = 2;
   e = x == y;
   ```
5. ```
   x = 1;
   y = 2;
   f = x ~= y;
   ```
6. ```
   x = 1;
   f = x ~= 1;
   ```

2.4.3 논리 연산자

MATLAB은 다음과 같은 3가지의 논리 연산자를 지니고 있다.

1. AND "&"
2. OR "|"
3. NOT "~"

논리 연산자들은 `logical` 클래스 변수들을 생성한다.

2.4.3.1 *AND* "&" 논리 연산자

MATLAB의 AND 논리 연산자 &는 두 피연산자들을 갖는다. 이 연산자는 두 피연산자들이 모두 0이 아닌 값들을 갖는 경우 1을, 그렇지 않으면 0을 생성한다. 이는 다음 표에 나타나 있다.

피연산자 1	피연산자 2	&
0	0	0
0	0이 아님	0
0이 아님	0	0
0이 아님	0이 아님	1

0이 아닌 값을 갖는 논리 연산자의 피연산자는 true(참)로 간주된다. 음의 값을 갖는 피연산자 역시 true(참)로 간주된다. 0의 값을 갖는 논리 연산자의 피연산자는 false(거짓)로 간주된다. 예를 들면

```
x=1;
y=2;
g=x&y
```

에 대하여 MATLAB은 다음과 같이 응답한다.

```
g =
    1
```

다른 보기로서

```
x=1;
y=0;
h=x&y
```

에 대하여 MATLAB은 다음과 같이 응답한다.

```
h =
    0
```

다른 보기로서

```
x=1;
y=-1;
k=x&y
```

에 대하여 MATLAB은 다음과 같이 응답한다.

```
k =
    1
```

다른 보기로서

```
x=0;
y=0;
m=x&y
```

에 대하여 MATLAB은 다음과 같이 응답한다.

```
m =
    0
```

연습문제 2[1]

다음 표를 적절한 답으로 완성하여라. 처음에는 MATLAB을 사용하지 않고 작성하여 본 다음 얻은 결과를 MATLAB으로 확인하여 보라.

x	y	x & y
1	0	0
–1	–1	
0	3	
0	0	

2.4.3.2 OR "|" 논리 연산자

MATLAB의 OR 논리 연산자 "|"는 두 피연산자들을 갖는다. 이 연산자는 피연산자들 가운데 어느 하나가 0이 아닌 값들을 갖는 경우 1을 생성한다. 이는 다음 표에 나타나 있다.

x	y	x | y
0	0	0
0	0이 아님	1
0이 아님	0	1
0이 아님	0이 아님	1

예를 들면

```
x=1;
y=2;
n=x|y
```

에 대하여 MATLAB은 다음과 같이 응답한다.

```
n =
    1
```

다른 보기로서

```
x=1;
y=0;
p=x|y
```

에 대하여 MATLAB은 다음과 같이 응답한다.

```
p =
    1
```

다른 보기로서

```
x=0;
y=0;
q=x|y
```

에 대하여 MATLAB은 다음과 같이 응답한다.

```
q =
    0
```

다른 보기로서

```
x=0;
y=1;
r=x|y
```

에 대하여 MATLAB은 다음과 같이 응답한다.

```
r =
    1
```

2.4.3.3 NOT "~" 논리 연산자

NOT "~" 논리 연산자는 하나의 피연산자를 가지며 이 피연산자가 0이면 1을 생성한다. 예를 들면

```
x=0;
z=~x;
```

에 대하여 MATLAB은 다음과 같이 응답한다.

```
z =
    1
```

NOT "~" 논리 연산자는 피연산자가 0이 아닌 값을 가지면 0을 생성한다. 예를 들면

```
x=1;
w=~x;
```

에 대하여 MATLAB은 다음과 같이 응답한다.

```
w =
    0
```

다른 보기로서

```
x=-1;
y=~x;
```

에 대하여 MATLAB은 다음과 같이 응답한다.

```
y =
    0
```

2.4.4 논리 및 관계 연산자들의 조합

논리 및 관계 연산자들은 서로 조합될 수 있다. 예를 들면

```
x=1;
y=2;
n=(x<3)&(y<0)
```

에 대하여 MATLAB은 다음과 같이 응답한다.

```
n =
    0
```

관계표현 x<3은 x가 3보다 작으므로 1을 생성한다.
관계표현 y<0은 y가 0보다 크므로 0을 생성한다.

연습문제 3[1]

다음 MATLAB 명령어의 연산을 설명하여라.

```
x=-1;
y=2;
r=x&~y;
```

연습문제 4[1]

다음 MATLAB 명령어의 연산을 설명하여라.

```
x=1;
y=2;
m=(x>y)|(y<-x);
```

연습문제 5[1]

다음 MATLAB 명령어의 연산을 설명하여라.

```
x=1;
y=-2;
n=(x>y)&(y<x);
```

연습문제 6[1]

다음에서 x의 값을 구하여 보라. 처음에는 MATLAB을 사용하지 않고 구하여 본 다음 얻은 결과를 MATLAB으로 확인하여 보라.

1. `x = (1 < 2) & (3 > 4)`
2. `x = 1 < 2 & 3 > 4`
3. `x = -1 & -1`
4. `x = ~-1`
5. `x = ~1`
6. `x = (1 < 2) | (3 > 4)`

Lesson 2.5 복소 스칼라 변수

목표

1. MATLAB® 에서 복소 스칼라 변수를 생성하는 방법을 학습
2. MATLAB® 을 이용하여 복소 스칼라 변수들에 대한 산술연산을 수행하는 방법을 학습

주제

2.5.1 서론
2.5.2 복소 스칼라 변수의 생성
2.5.3 복소수의 덧셈
2.5.4 복소수의 뺄셈
2.5.5 복소수의 곱셈
2.5.6 복소수의 나눗셈
2.5.7 켤레 복소수
2.5.8 복소수의 크기와 위상각
2.5.9 직교좌표에서의 복소수의 그래프
2.5.10 극좌표에서의 복소수의 그래프

2.5.1 서론

MATLAB은 복소수를 처리하기 위한 내장기능을 지니고 있다. MATLAB을 이용하면 복소수, 복소벡터, 그리고 복소배열의 생성이 매우 간단하게 이루어진다. 나아가 복소수에 대한 덧셈, 뺄셈, 곱셈, 그리고 나눗셈 역시 MATLAB에서 매우 쉽게 수행할 수 있다. 복소수의 크기나 위상각 계산과 같은 다른 연산들도 MATLAB을 통하여 간단하게 수행할 수 있다.

2.5.2 복소 스칼라 변수의 생성

MATLAB에서 복소수 `1+i2`를 생성하고 이를 변수 `z`에 할당하려면 명령어 프롬프트에서 다음을 입력한다.

```
>> z=1+2i
```

MATLAB은 다음과 같이 응답한다.

```
z =
```

```
    1.0000+2.0000i
```

i 대신 j를 사용하여 $\sqrt{-1}$ 을 나타낼 수 있다. 예를 들면

```
>> z=1+2j
```

복소수를 생성하는 세 번째 방법은

```
>> z=1+2*i
```

와 같으며 네 번째 방법은

```
>> z=1+2*j
```

와 같다. 이들 네 가지 방법들은 모두 대등하다. 1은 복소수의 실수부분이며 복소수의 허수부분은 2이다. 이들 두 부분을 모두 복소수라고 칭한다.

i나 j를 사용하여 복소수를 생성할 수 있다. i와 j들은 MATLAB에서 특수한 변수들이며 이들의 값은 $\sqrt{-1}$ 과 같음을 주목하자. 수학자들은 보통 i를 이용하여 $\sqrt{-1}$ 을 나타내는 반면에 공학자들은 j를 이용하여 $\sqrt{-1}$ 을 나타낸다.

MATLAB은 사용자가 구체적으로 값들을 바꾸지 않는 한 i와 j변수들을 $\sqrt{-1}$ 이라고 간주한다. 다음 보기에서 i 값은 1로 변경된다. 이 경우 i를 이용하여 복소수를 생성할 수 없다. 명령어 프롬프트에서 다음을 입력하여 보자.

```
>> i=1;
>> z=1+2*i
```

MATLAB은 다음과 같이 응답할 것이다.

```
z =
    3
```

다른 보기로서 명령어 프롬프트에서 다음을 입력하여 보자.

```
>> j=2;
>> x=1+2*j
```

MATLAB은 다음과 같이 응답할 것이다.

```
x =
    5
```

i와 j를 $\sqrt{-1}$ 을 나타내는 원래의 MATLAB 변수로 환원하려면 명령어 프롬프트에서 다음을 입력한다.

```
>> clear i,j
```

따라서 i와 j를 변수 이름이나 루프 지수 등으로 사용하지 않도록 각별히 주의해야 한다. 그렇지 않으면 복소수 사용에 있어서 예기치 않은 오류가 발생될 것이다.

2.5.3 복소수의 덧셈

MATLAB에서 두 복소수를 더하는 것은 두 실수를 더하는 것과 유사하다. 예를 들어 두 복소수 z1과 z2를 더하려면 명령어 프롬프트에서 다음을 입력한다.

```
>> z1=1+2i;
>> z2=3+4i;
>> z=z1+z2
```

MATLAB은 다음과 같이 응답할 것이다.

```
z =
    4.0000+6.0000i
```

수학적으로 두 복소수 $z_1 = x_1 + iy_1$과 $z_2 = x_2 + iy_2$의 덧셈은

$$z = z_1 + z_2 = (x_1 + x_2) + i(y_1 + y_2)$$

와 같다.

2.5.4 복소수의 뺄셈

MATLAB에서 두 복소수를 빼는 것은 두 실수를 빼는 것과 유사하다. 예를 들어 복소수 z1으로부터 z2를 빼려면 명령어 프롬프트에서 다음을 입력한다.

```
>> z1=1+2i;
>> z2=3+4i;
>> z=z1-z2
```

MATLAB은 다음과 같이 응답할 것이다.

```
z =
    -2.0000-2.0000i
```

수학적으로 두 복소수 $z_1 = x_1 + iy_1$과 $z_2 = x_2 + iy_2$의 뺄셈은

$$z = z_1 - z_2 = (x_1 - x_2) + i(y_1 - y_2)$$

와 같다.

2.5.5 복소수의 곱셈

MATLAB에서 두 복소수를 곱하는 것은 매우 쉽다. 예를 들어 두 복소수 z1과 z2를 곱하려면 명령어 프롬프트에서 다음을 입력한다.

```
>> z1=1+2i;
>> z2=3+4i;
>> z=z1*z2
```

MATLAB은 다음과 같이 응답할 것이다.

```
z =
    -5.0000+10.0000i
```

수학적으로 두 복소수 $z_1 = x_1 + iy_1$과 $z_2 = x_2 + iy_2$의 곱셈은

$$z = z_1 z_2 = (x_1 + iy_1)(x_2 + iy_2) = (x_1 x_2 - y_1 y_2) + i(x_1 y_2 + y_1 x_2)$$

와 같다.

2.5.6 복소수의 나눗셈

MATLAB에서 두 복소수를 나누는 것은 매우 쉽다. 예를 들어 복소수 z1을 z2로 나누려면 명령어 프롬프트에서 다음을 입력한다.

```
>> z1=1+2i;
>> z2=3+4i;
>> z=z1/z2
```

MATLAB은 다음과 같이 응답할 것이다.

```
z =
    0.4400+0.0800i
```

수학적으로 두 복소수 $z_1 = x_1 + iy_1$과 $z_2 = x_2 + iy_2$의 나눗셈은

$$z=\frac{z_1}{z_2}=\frac{x_1+iy_1}{x_2+iy_2}=\frac{x_1+iy_1}{x_2+iy_2}\frac{x_2-iy_2}{x_2-iy_2}$$
$$=\frac{(x_1x_2+y_1y_2)+i(x_2y_1-x_1y_2)}{x_2^2+y_2^2}=\frac{(x_1x_2+y_1y_2)}{x_2^2+y_2^2}+i\frac{(x_2y_1-x_1y_2)}{x_2^2+y_2^2}$$

와 같다.

2.5.7 켤레 복소수

복소수 z의 켤레 복소수는 허수부분의 부호를 바꾸어 얻어지며 z^*로 나타낸다. 예를 들어 $z=1+2i$의 켤레 복소수는 $z^*=1-2i$이다. MATLAB에서는 명령어 conj를 이용하여 켤레 복소수를 구한다. 예를 들어 명령어 프롬프트에서 다음을 입력하여 보자.

```
>> z=1+2i;
>> z1=conj(z)
```

MATLAB은 다음과 같이 응답할 것이다.

```
z =
   1.0000-2.0000i
```

2.5.8 복소수의 크기와 위상각

수학적으로 복소수 $z=x+yi$의 크기는 $\sqrt{x^2+y^2}$로 주어진다. 복소수 z의 위상각은 다음과 같이 나타낼 수 있다.

$$\measuredangle(x+iy)=\begin{cases}\tan^{-1}\left(\frac{y}{x}\right) & : x>0,\ y>0\\ \pi-\tan^{-1}\left(\frac{y}{|x|}\right) & : x<0,\ y>0\\ -\left\{\pi-\tan^{-1}\left(\frac{y}{|x|}\right)\right\} & : x<0,\ y<0\\ -\tan^{-1}\left(\frac{|y|}{x}\right) & : x>0,\ y<0\end{cases}$$

위에서 첫 번째 식은 제 1 사분면에 해당하며 두 번째 식은 제 2 사분면에 해당된다. 다른 식들도 마찬가지이다. $|y|$는 y의 절대값을 나타낸다. 예를 들면 $|-3|=3$이다.

MATL에서 복소수 z의 크기는 명령어 abs로부터 얻어진다. 예를 들어 명령어 프롬프트에서 다음을 입력하여 보자.

```
>> z=3+4i;
>> a=abs(z)
```

MATLAB은 다음과 같이 응답할 것이다.

```
a =
    5
```

MATLAB 복소수 z의 위상각을 계산하려면 명령어 angle을 사용한다. 예를 들어 명령어 프롬프트에서 다음을 입력하여 보자.

```
>> b=angle(z)
```

MATLAB은 다음과 같이 응답할 것이다.

```
b =
    0.9273
```

여기에서 각은 라디안으로 주어짐을 주목하자. 각을 라디안으로부터 도로 바꾸려면 $180/\pi$를 곱하여 준다. 예를 들면

```
>> angle_in_degrees=angle(z)*180/pi
angle_in_degrees =
    53.1301
```

2.5.9 직교좌표에서의 복소수의 그래프

복소수 z를 직교좌표 상에 나타내려면 다음과 같이 plot명령어를 이용한다. 명령어 프롬프트에서 다음을 입력하여 보자.

```
>> z = 3+4i;
>> plot(z,'o');
>> xlabel('Real axis');
>> ylabel('Imaginary axis');
```

MATLAB은 다음 그림으로 응답한다. 여기에서 복소수는 plot명령어 인수로 제공된 "o"로 표시된 원(소문자 o이며 숫자 0이 아니다)으로 나타난다. x축은 복소수의 실수 부분에 해당되며 y축은 허수 부분에 해당됨을 주목하자.

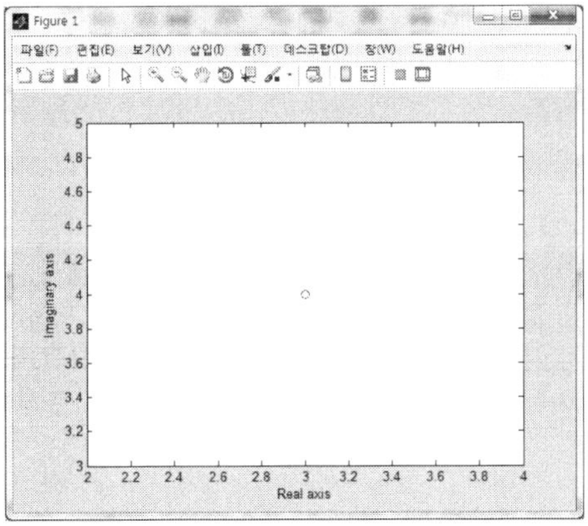

2.5.10 극좌표에서의 복소수의 그래프

복소수 z를 극좌표 상에 나타내려면 compass명령어를 이용한다. 명령어 프롬프트에서 다음을 입력하여 보자.

```
>> z = 3+4i;
>> compass(z);
```

MATLAB은 다음 그림으로 응답한다. 화살표의 길이는 복소수 z의 크기에 해당되며 여기에서는 5이다. 화살표의 각도는 복소수 z의 위상각에 해당되며 여기에서는 53.1301° 이다.

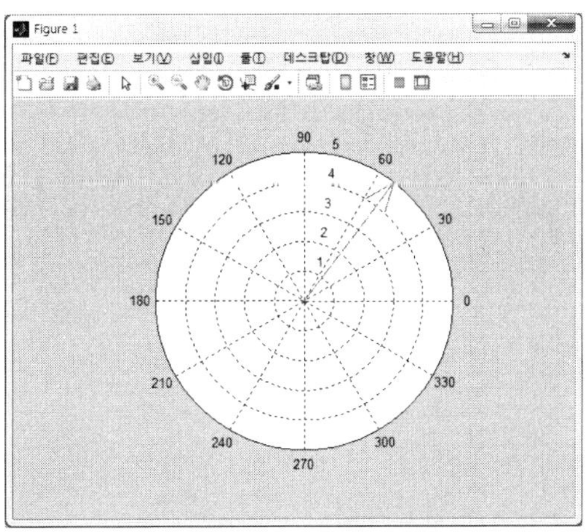

일부 연습문제에 대한 풀이

Lesson 2.1

연습문제 1

두 변수이름들은 길이가 모두 63 문자 이상이다. MATLAB은 처음 63개의 문자들만을 변수 이름으로 간주하고 나머지 문자들은 무시할 것이다. 따라서 MATLAB은 두 변수들을 하나의 동일한 변수로 간주할 것이다. 이를 확인하려면 MATLAB 프롬프트에서 다음을 입력하여 보라.

```
clear
number_of_red_and_new_cars_that_have_been_used_in_the_year_2007_by_Chris
_are=10
number_of_red_and_new_cars_that_have_been_used_in_the_year_2007_by_John_
are=11
whos
```

MATLAB은 다음과 같이 응답할 것이다.

```
Name
number_of_red_and_new_cars_that_have_been_used_in_the_year_2007
Size    Bytes   Class   Attributes
1x1     8       double
```

MATLAB 메모리에 단지 하나의 변수만 존재함을 알려준다. 이 변수의 값은 두 번째 값 11이 될 것이다. 이는 두 번째 할당되는 값이 첫 번째 할당된 값에 덧쓰여지기 때문이다.

Lesson 2.4

연습문제 1

소괄호를 최소로 사용하여 r을 계산하는 MATLAB 프로그램을 작성하여라. x=2, y=3, z=4.

1. $r=\dfrac{x+\dfrac{y}{z}}{y^2}-1$

```
x = 2;y = 3;z = 4;
r = (x+y/z)/y^2-1
```

2. $r=\dfrac{x+\dfrac{y}{z}}{y^2+3_z}-1$

```
x = 2;y = 3;z = 4;
r = (x+y/z)/(y^2+3*z)-1
```

3. $r = \dfrac{e^{\cos(2x)+1} + 2x}{\ln(x^2+1)+2}$

```
x = 2;y = 3;z = 4;
r = (exp(cos(2*x)+1)+2*x)/(log(x^2+1)+2)
```

4. $r = \tan^{-1(x tan(x^{1/3})}$

```
x = 2;y = 3;z = 4;
r = atan(x*tan(x^(1/3)))
```

5. $r = \dfrac{-x + \sqrt{x^2 - 4yz}}{2y}$

```
x = 2;y = 3;z = 4;
r = (-x+sqrt(x^2-4*y*z))/(2*y)
```

6. $r = \dfrac{\dfrac{\cos(2x+1)+2}{3x^2-4}}{\dfrac{2\sqrt{y}}{\sin^{-1}(0.1z)}}$

```
x = 2;y = 3;z = 4;
r = ((cos(2*x+1)+2)/(3*x^2-4))/(2*sqrt(y)/asin(0.1*z))
```

연습문제 2

다음의 수식을 대등한 r을 구하는 MATLAB코드를 작성하여라. a=2, b=3, c=4, d=5이다.

7. $r = \dfrac{a+1}{b^2} - 3$

8. $r = a + \dfrac{1}{b^2} - 3$

9. $r = a + \dfrac{1}{b^2 - 3}$

10. $r = a + \dfrac{1}{b^2} - 3$

11. $r = a + \dfrac{1}{b^2} - 3$

12. $r = \dfrac{a+b}{(c+d)^2}$

13. $r = \dfrac{\cos(2a^2)^3}{b} - 4$

벡터 3

이 장의 구성

Lesson 3.1 벡터의 생성

목표

1. MATLAB® 에서 4가지의 서로 다른 방법들을 이용한 벡터의 생성방법을 학습

주제

3.1.1 서론

이전의 lesson들에서 설명한 바와 같이 MATLAB은 하나의 숫자들인 스칼라 변수들을 생성할 수 있다. MATLAB은 또한 벡터 변수들을 생성할 수 있다. 벡터는 하나의 행이나 열만을 포함하는 하나의 배열이다. 예를 들면 행벡터는

```
x=[1,2,3,4]
```

와 같고 열벡터는

```
y=[5
   6
   7
   8]
```

와 같다. 벡터는 4가지의 상이한 방법들로 생성할 수 있으며 이번 lesson은 이 방법들을 모두 다루고 있다.

3.1.2 방법 1: 수동적인 벡터의 생성

3.1.2.1 수동적인 행벡터의 생성

행벡터 x=[2, 3, 5]를 생성하려면 MATLAB 명령어 프롬프트에서 다음을 입력한다.

```
>> x=[2,3,5];
```

이로부터 x라는 이름의 행벡터 변수가 생성된다. 이 벡터의 첫 번째 원소는 2이고 두 번째 원소는 3이며 세 번째 원소는 5이다. x의 내용을 보이려면 MATLAB 명령어 프롬프트에서 다음을 입력한다.

```
>> x
```

MATLAB은 다음과 같이 응답한다.

```
x =
```

```
  2 3 5
```

벡터 x에 대한 추가적인 정보를 얻으려면 MATLAB 명령어 프롬프트에서 다음을 입력한다.

```
>> whos x
```

MATLAB은 다음과 같이 응답한다.

```
Name  Size  Bytes  Class   Attributes
x      x3   24      double
```

MATLAB은 x가 행이 하나이고 3개의 열을 갖는 하나의 벡터임을 알려준다. MATLAB은 Matrix laboratory의 약어로서 행렬기반 소프트웨어 패키지이다. 스칼라 변수는 MATLAB에서 1X1 행렬로 간주되며 벡터 x는 1X3 행렬로 간주된다.

3.1.2.2 수동적인 열벡터의 생성

열 벡터

```
y=[4
   9
   7
   12]
```

를 생성하려면 MATLAB 명령어 프롬프트에서 다음을 입력한다.

```
>> y=[4;9;7;12];
```

여기에서 세미콜론을 반복적으로 사용하고 있음을 주목하자. 이는 이름이 y인 열벡터 변수를 생성하여 준다. 이 벡터의 첫 번째 원소는 4이고 두 번째 원소는 9이며 세 번째 원소는 7이다. y의 내용을 보이려면 MATLAB 명령어 프롬프트에서 다음을 입력한다.

```
>> y
```

MATLAB은 다음과 같이 응답한다.

```
y =
     4
     9
     7
     12
```

열벡터 y에 대한 추가적인 정보를 얻으려면 MATLAB 명령어 프롬프트에서 다음을 입력한다.

```
>> whos y
```

MATLAB은 다음과 같이 응답한다.

```
Name  Size  Bytes  Class   Attributes
y     4x1   32     double
```

MATLAB은 y가 행이 4개이고 열이 1개인 하나의 벡터임을 알려준다. MATLAB은 행렬기반 소프트웨어임을 다시 한번 상기하자. 열벡터 y는 4X1 행렬로 간주된다.

3.1.2.3 전치연산

다음과 같은 3원소 열벡터 x를 고려하여 보자.

```
x=[2
   3
   4]
```

수학적으로 우리는 3원소 열벡터 x를 3원소 행벡터의 전치 형태로, 즉 $x=[2,3,4]^T$로 간주할 수 있다. 여기에서 T는 행렬에 대한 전치연산을 나타낸다. 이 연산은 행렬의 모든 행들을 열들로, 모든 열들을 행들로 바꾸어준다.

전치연산을 벡터에 적용하면 행벡터가 열벡터로, 열벡터가 행벡터로 변화된다. 행벡터 x=[2, 3, 5]를 전치시키려면 명령어 프롬프트에서 다음을 입력한다.

```
>> x=[2,3,5];
>> x=x';
```

위에서 (')은 MATLAB의 전치연산을 나타낸다. 열벡터 x의 내용을 나타내려면 명령어 프롬프트에서 다음을 입력한다.

```
>> x
```

MATLAB은 다음과 같이 응답한다.

```
x =
    2
    3
    5
```

3.1.2.4 벡터에서 원소 수의 결정

MATLAB 명령어 length()는 벡터 원소들의 수를 구하는 데에 사용된다. 예를 들어 벡터 x의 원소 수를 구하려면 명령어 프롬프트에서 다음을 입력한다.

```
>> x = [2,3,5];
>> n = length (x)
```

MATLAB은 다음과 같이 결과를 제시하여 준다.

```
n =
     3
```

연습문제 1[1]

다음 벡터들을 생성하여라.

1. x=[1, 2, 3, 4, 5]
2. y=[1, 2, 3, 4, 5]^T

연습문제 2[1]

MATLAB을 이용하여 벡터 x와 y의 원소 수를 구하여라.

연습문제 3[1]

MATLAB 명령어 x = [1 2 3];을 설명하여라. 여기에서 벡터 원소들은 콤마가 아닌 빈 칸으로 구분되어 있다.

3.1.2.5 벡터를 열벡터로 전환

MATLAB 콜론 연산자 ":"를 이용하여 벡터를 열벡터로 전환시킬 수 있다. 예를 들면 행벡터

```
>> y=[1,2,3,5];
```

는 다음과 같이 열벡터로 전환될 수 있다.

```
>> y=y(:)
```

MATLAB은 다음과 같이 결과를 제시하여 준다.

```
y =
     1
     2
     3
     4
     5
```

3.1.3 방법 2: 선형방법을 이용한 벡터의 생성

선형방법을 이용하여 원소들의 간격이 선형적으로 이루어진, 즉 이어지는 두 원소들 사이의 차이가 일정한 행벡터를 생성할 수 있다. 이 방법으로 벡터를 생성하려면 벡터의 초기값, 증가분, 그리고 최종값을 정할 필요가 있다. 예를 들면 벡터 x=[0, 2, 4, 6, 8, 10]에서 초기값은 0, 증분은 2, 최종값은 10이다. 이어지는 두 원소들 사이의 차이가 증분임을 상기하자: 2-0=2, 4-2=2, 6-4=2 등.

x 벡터의 첫 번째 원소는 초기값으로서 0이다. 두 번째 원소를 계산하려면 첫 번째 원소에 증분을 더해서 2를 얻는다. 세 번째 원소는 두 번째 원소에 증분을 더하여 얻으며 4가 된다. 4번째 원소는 세 번째 원소에 증분을 더하여 얻으며 6이 된다. 이러한 연산은 최종값에 이르거나 최종값을 초과하지 않을 때까지 계속된다.

벡터 x=[0, 2, 4, 6, 8, 10]을 생성하려면 명령어 프롬프트에서 다음을 입력한다.

```
>> x=0:2:10
```

초기값은 0, 증분은 2, 최종값은 10임을 유의하자. 명령어가 세미콜론으로 끝나지 않았으므로 MATLAB은 벡터 x를 보여주고 다음 결과를 제시한다.

```
x =
    0 2 4 6 8 10
```

선형방법을 이용하여 벡터 y=[10, 8, 6, 4, 2, 0]을 생성하여 보자. 여기에서 초기값은 10, 증분은 8-10=-2로서 연속된 두 원소들 간의 차이이다. 최종값은 0이다. 벡터 y를 생성하려면 명령어 프롬프트에서 다음을 입력한다.

```
>> y=10:-2:0;
```

벡터 y의 내용을 나타내려면 명령어 프롬프트에서 다음을 입력한다.

```
>> y
```

MATLAB은 다음 결과를 제시한다.

```
y =
   10 8 6 4 2 0
```

연습문제 4[1]

선형 방법을 이용하여 다음 벡터들을 생성하는 MATLAB 명령어를 써보라.

1. x=[-5, -4, -3, -2, -1, 0, 1, 2, 3, 4, 5].
2. y=[5, 4, 3, 2, 1, 0, -1, -2, -3, -4, -5].
3. z=[10, 8, 6, 4, 2, 0, -2, -4].

연습문제 5[1]

다음의 두 MATLAB 명령어로부터 동일한 결과가 얻어지는 이유를 설명하여라.

1. x = 1:2:9;
2. y = 1:2:10;

연습문제 6[1]

선형방법을 이용하여 10과 20 사이의 짝수들의 벡터를 생성하는 MATLAB 명령어를 작성하여라.

연습문제 7[1]

선형방법을 이용하여 11과 21 사이의 홀수들의 벡터를 생성하는 MATLAB 명령어를 작성하여라.

연습문제 8[1]

다음의 두 MATLAB 명령어로부터 동일한 결과가 얻어지는 이유를 설명하여라.

1. x = 1:10;
2. y = 1:1:10;

3.1.4 방법 3: 선형간격 방법을 이용한 벡터의 생성

MATLAB 함수 `linspace(x1,x2,N)`을 이용하여 행벡터를 생성할 수 있다. 이 명령어는 다음과 같은 3개의 인수들을 갖는다.

- `x1`: 초기값
- `x2`: 최종값
- `N`: 벡터의 원소 수

예를 들어 벡터 `x = [0, 2, 4, 6, 8, 10]`을 생성하려면 명령어 프롬프트에서 다음을 입력한다.

```
>> x=linspace(0, 10, 6)
```

MATLAB은 다음과 같은 결과를 제시한다.

```
x =
    0 2 4 6 8 10
```

연습문제 9[1]

선형간격 방법을 이용하여 다음 벡터들을 생성하는 MATLAB 명령어를 써보라.

1. `x=[-5, -4, -3, -2, -1, 0, 1, 2, 3, 4, 5].`
2. `y=[5, 4, 3, 2, 1, 0, -1, -2, -3, -4, -5].`
3. `z=[10, 8, 6, 4, 2, 0, -2, -4].`
4. `r=[1/2, 1/4, 1/6, 1/8].`
5. `s=[0, 1/2, 2/3, 3/4, 4/5].`

연습문제 10[1]

선형간격 방법을 이용하여 10과 20 사이의 짝수들의 벡터를 생성하는 MATLAB 명령어를 작성하여라.

연습문제 11[1]

선형간격 방법을 이용하여 11과 21 사이의 홀수들의 벡터를 생성하는 MATLAB 명령어를 작성하여라.

3.1.5 방법 4: 로그간격 방법을 이용한 벡터의 생성

`logspace(a1,a2,N)` 함수는 10^{a1}과 10^{a2} 사이에서 로그간격이 균일한 점들의 행벡터를 생성한다. 이 함수는 다음과 같이 벡터의 생성을 정해주는 3개의 인수들을 취한다.

1. 생성되는 벡터의 초기값은 10^{a1}.
2. 생성되는 벡터의 최종값은 10^{a2}.
3. 생성되는 벡터의 원소 수는 N.

예를 들어 벡터 x=[10, 100, 1000, 10000, 100000]를 생성하려면 MATLAB 명령어 프롬프트에서 다음을 입력한다.

```
>> x=logspace(log10(10), log10(100000),5)
```

MATLAB은 다음과 같은 결과를 제시한다.

```
x =
    10   100   1000   10000   100000
```

벡터 x가 로그간격이 균일함을 보이려면 명령어 프롬프트에서 다음을 입력한다.

```
>> y=log10(x)
```

MATLAB은 다음과 같이 응답한다.

```
y =
    1 2 3 4 5
```

수학적으로 $x = 10^y$이면 $y = \log_{10}(x)$임을 상기하자.

연습문제 12[1]

로그간격 방법을 이용하여 다음 벡터를 생성하는 MATLAB 명령어를 써보라.

```
x=[1.0000, 1.2915, 1.6681, 2.1544, 2.7826, 3.5938, 4.6416, 5.9948, 7.7426,
10.0000]
```

연습문제 13[1]

MATLAB 명령어 logspace(0,pi,10)로부터 얻어지는 결과에 대하여 설명하여라.

3.1.6 빈 벡터

빈 벡터는 어떤 원소도 포함하지 않는 벡터이다. 빈 벡터를 생성하려면 명령어 프롬프트에서 다음을 입력한다.

```
>> x=[];
```

빈 벡터는 MATLAB에서 프로그래밍을 단순화시키는 데에 매우 유용하다.

3.1.7 벡터들의 연결

두 벡터들을 연결하여 하나의 벡터로 만들 수 있다. 예를 들면 벡터 x1=[1, 2, 3]과 x2=[4, 5, 6]의 연결은 MATLAB에서 다음과 같이 수행될 수 있다. 명령어 프롬프트에서 다음을 입력한다.

```
>> x1 = [1,2,3];
>> x2 = [4,5,6];
>> x = [x1,x2]
```

MATLAB은 다음과 같은 결과를 제시한다.

```
x =
   1 2 3 4 5 6
```

연습문제 14[1]

다음 MATLAB 명령어가 수행하는 연산에 대하여 설명하여라.

```
x1 = [1,2,3];
x2 = [4,5,6];
 x = [x2 x1]
```

연습문제 15[1]

다음 MATLAB 명령어가 수행하는 연산에 대하여 설명하여라.

```
x1 = [1,2,3];
x2 = [4,5,6];
 x = [x1;x2]
```

연습문제 16[1]

다음 MATLAB 명령어가 수행하는 연산에 대하여 설명하여라.

```
y1 = [1,2,3];
y2 = [4,5,6];
y3 = cat(1,y1,y2)
y4 = cat(2,y1,y2)
```

연습문제 17[1]

다음 MATLAB 명령어가 수행하는 연산에 대하여 설명하여라.

```
s1 = [1;2;3];
s2 = [4;5;6];
s3 = [s2,s1]
```

연습문제 18[1]

다음 MATLAB 명령어가 수행하는 연산에 대하여 설명하여라.

```
x1 = [1 2 3];
x2 = [4,5,6];
x3 = [x2;x1]
```

3.1.8 복소수 벡터의 생성

수학적으로 $c = a + ib$로 표시되는 복소수 c를 고려하여 보자. c는 MATLAB에서 c=a+ib로 표시된다. 예를 들면 복소수 1+i2는 MATLAB에서 1+2i로 표시된다.

MATLAB을 이용하여 복소수 벡터를 생성할 수 있다. 복소수 벡터는 행벡터와 열벡터로 분류된다. 복소수 벡터들은 다음에 소개하는 3가지 방법으로 생성될 수 있다.

3.1.8.1 방법 1: 수동적인 복소수 벡터의 생성

3.1.8.1.1 수동적인 복소수 행벡터의 생성

복소수 행벡터 x=[2+i2, 3+i4, 5+i6]을 생성하려면 명령어 프롬프트에서 다음을 입력한다.

```
>> x=[2+2i,3+4i,5+6i];
```

x를 보이려면 MATLAB 명령어 프롬프트에서 다음을 입력한다.

```
>> x
```

MATLAB은 다음과 같이 응답할 것이다.

```
x =
    2.0000+2.0000i  3.0000+4.0000i  5.0000+6:0000i
```

3.1.8.1.2 수동적인 복소수 열벡터의 생성

복소수 열벡터

```
y = [4+i3
     9+i4
     7+i5
     12+i11]
```

를 생성하려면 명령어 프롬프트에서 다음을 입력한다.

```
>> y=[4+3i; 9+4i; 7+5i; 12+11i];
```

이로부터 이름이 y인 열벡터 변수가 생성된다. 이 벡터의 첫 번째 원소는 4+i3이다. 두 번째 원소는 9+i4이며 세 번째 원소는 7+i5등과 같다. y를 보이려면 MATLAB 명령어 프롬프트에서 다음을 입력한다.

```
>> y
```

MATLAB은 다음과 같이 응답할 것이다.

```
y =
     4.0000 +3.0000i
     9.0000 +4.0000i
     7.0000 +5.0000i
    12.0000 +11.0000i
```

열벡터 y에 대한 추가적인 정보를 얻으려면 MATLAB 명령어 프롬프트에서 다음을 입력한다.

```
>> whos y
```

MATLAB은 다음과 같이 응답할 것이다.

```
Name  Size  Bytes  Class   Attributes
y     4x1   64     double  complex
```

MATLAB은 y가 4개의 행과 1개의 열을 갖는 복소수 벡터임을 알려준다. MATLAB은 행렬기반 소프트웨어임을 상기하자. 열벡터 y는 4×1 행렬로 간주된다.

3.1.8.1.3 전치연산

복소수 벡터에 전치연산을 적용하면 행을 열로, 열을 행으로 바꿀 뿐만 아니라 벡터 원소들에 대한 켤레복소수를 취한다. 켤레 연산은 복소수 벡터에서 허수부분들의 부호를 바꾸어 줌을 상기하자. 행벡터 x=[2+i, 3-i2, 5+i3]를 전치시키려면 MATLAB 명령어 프롬프트에서 다음을 입력한다.

```
>> x = [2+i,3-2i,5+3i];
>> z = x';
```

위에서 (')는 전치연산을 나타낸다. 열벡터 z의 내용을 보이려면 MATLAB 명령어 프롬프트에서 다음을 입력한다.

```
>> z
```

MATLAB은 다음과 같이 응답할 것이다.

```
z =
     2.0000 - 1.0000i
     3.0000 + 2.0000i
     5.0000 - 3.0000i
```

연습문제 19[1]

다음 MATLAB 명령어가 수행하는 연산에 대하여 설명하여라.

```
y = [4-3i;9+4i;7-5i;12+11i];
z = y.';
```

명령어 y.' 는 행을 열로, 열을 행으로만 바꾸어 주며 벡터 y의 원소들에 대한 켤레 복소수를 취하지는 않는다.

3.1.8.2 방법 2: 선형방법을 이용한 복소수 벡터의 생성

벡터 x=[0+i2, 2+i3, 4+i4, 6+i5, 8+i6, 10+i7]을 생성하려면 MATLAB 명령어 프롬프트에서 다음을 입력한다.

```
>> x=(0:2:10)+i*(2:1:7)
```

실수부분의 경우 초기값은 0이고 증분은 2이며 최종값은 10이다. 허수부분의 경우 초기값은 2이고 증분은 1이며 최종값은 7이다. 이 명령어는 세미콜론으로 끝나지 않았으므로 MATLAB은 벡터 x의 내용을 보여주며 다음 결과를 제시할 것이다.

```
x =
    0.0000 + 2.0000i  2.0000 + 3.0000i  4.0000 + 4.0000i
    6.0000 + 5.0000i  8.0000 + 6.0000i  10.0000 + 7.0000i
```

연습문제 20[1]

선형방법을 이용하여 다음 벡터를 생성하는 MATLAB 명령어를 작성하여라.

```
1. x=[-5+i5, -4+i4, -3+i3, -2+i2, -1+i].
2. y=[1/2, 1/4+i1/2, 1/6+i2/3, 1/8+i3/4, 1/10+i4/5].
```

3.1.8.3 방법 3: 선형간격 방법을 이용한 복소수 벡터의 생성

MATLAB 함수 `linspace(x1,x2,N)`을 이용하여 복소수 행벡터를 생성할 수 있다. 이 명령어는 다음과 같은 3개의 인수들을 갖는다.

- x1: 초기값
- x2: 최종값
- N: 벡터의 원소 수

예를 들어 벡터 x=[0+i0.1, 2+i0.2, 4+i0.3, 6+i0.4]을 생성하려면 MATLAB 명령어 프롬프트에서 다음을 입력한다.

```
>> x=linspace(0+0.1i, 6+0.4i, 4)
```

MATLAB은 다음과 같이 응답할 것이다.

```
x =

  0.0000 + 0.1000i 2.0000 + 0.2000i 4.0000 + 0.3000i 6.0000 +
   0.4000i
```

연습문제 21[1]

선형간격 방법을 이용하여 다음 벡터를 생성하는 MATLAB 명령어를 작성하여라.

1. x=[-5+i5, -4+i4, -3+i3, -2+i2, -1+i1].
2. y=[1/2, 1/4+i1/2, 1/6+i2/3, 1/8+i3/4, 1/10+i4/5].

연습문제 22[1]

다음 코드를 이용하여 복소수 $r = 1 + i2$를 나타내는 것이 왜 옳은지를 설명하여라.

```
>> r=1+2*i;
```

연습문제 23[1]

다음 코드를 이용하여 복소수 $r = 1 + i2$를 나타내는 것이 왜 옳은지를 설명하여라.

```
>> r=1+2*j;
```

연습문제 24[1]

다음 코드를 이용하여 복소수 $r = 1 + i2$를 나타내는 것이 왜 옳은지를 설명하여라.

```
>> r=1+2j;
```

연습문제 25[1]

다음 코드를 이용하여 복소수 $r = 1 + i2$를 나타내는 것이 왜 틀린 것인지를 설명하여라.

```
>> i = 1;
>> r=1+2*i;
```

Lesson 3.2 벡터에 대한 관계 및 논리연산

목표

1. 벡터에 대한 6가지의 주요 관계 연산자들을 학습
2. 벡터에 대한 3개의 주요 논리 연산자들을 학습
3. MATLAB® 의 `logical` 클래스를 학습

주제

3.2.1 벡터에 대한 관계 연산

lesson 2.4에서 학습한 바와 같이 다음과 같은 6가지의 관계 연산자들을 지니고 있다.

1. ~보다 큰: ">"
2. ~보다 작은: "<"
3. ~ 이상: ">="
4. ~ 이하: "<="
5. 대등: "=="
6. 같지 않음: "~="

여기에서 우리는 보기들을 통하여 벡터에 대한 이들 관계 연산자들의 사용을 설명하고자 한다. 먼저 다음과 같이 벡터 x를 생성한다.

```
>> x=[2,4,7,9,-1,2];
```

아울러 다음과 같이 두 번째 벡터 y를 생성한다.

```
>> y=[-1,4,8,1,-4,6];
```

다음 MATLAB 명령어는 벡터 x의 각 원소값이 벡터 y의 해당되는 원소보다 큰지의 여부를 결정한다. 이 비교의 결과는 벡터 z에 저장된다.

```
>> z=x>y
```

MATLAB은 다음과 같이 z의 원소들을 보여준다.

```
z =
    1 0 0 1 1 0
```

x의 첫 번째 원소는 2이며 y의 첫 번째 원소는 -1이다. 명령어 z=x>y의 수행은 MATLAB에게 "벡터 x의 원소들은 벡터 y의 원소들보다 큰가?" 라는 질문을 던지는 것과 같다. 이에 대한 답은 x와 y벡터에서 첫 번째 원소의 경우 2는 -1보다 크므로 true(1)이다. 따라서 MATLAB은 z의 첫 번째 원소값으로 참을 의미하는 1을 부여한다.

z의 두 번째 원소값을 정하기 위하여 MATLAB은 벡터 x와 y의 두 번째 원소값을 서로 비교하여 논리표현 x>y를 수행한다. x의 두 번째 원소값은 4이고 y의 두 번째 원소값 역시 4이므로 이들은 서로 같다. 따라서 논리표현 x>y의 수행결과는 false (거짓)이다. 그러므로 MATLAB은 z의 두 번째 원소값으로 거짓을 의미하는 0을 부여한다.

벡터 x와 y의 나머지 원소들에 대해서도 동일한 연산이 반복된다. 벡터 z는 logical 클래스이다. logical클래스 벡터의 값들은 1이나 0이다. z는 6원소 logical 벡터이므로 MATLAB은 6 바이트의 컴퓨터 메모리를 사용하여 z를 저장한다. z의 클래스를 알아보려면 MATLAB 명령어 프롬프트에서 다음을 입력한다.

```
>> whos z
```

MATLAB은 다음과 같이 응답한다.

```
Name  Size  Bytes  Class    Attributes
z     1x6   6      logical
```

연습문제 1[1]

두 벡터 x와 y가

```
x=[2,4,7,9,-1,2], y=[-1,4,8,1,-4,6]
```

와 같이 주어졌을 때 다음 MATLAB 명령어가 수행하는 연산에 대하여 설명하여라.

1. z = x < y
2. z = x == y
3. z = y < x
4. z = x <= y
5. z = y >= x

3.2.2 벡터에 대한 논리 연산

lesson 2.4에서 학습한 바와 같이 MATLAB은 다음과 같은 3개의 논리 연산자들을 지니고 있다.

1. AND "&"
2. OR "|"
3. NOT "~"

3.2.2.1 AND "&" Logical Operator

AND 논리 연산자 "&"는 두 피연산자들이 모두 참이면 true를 생성한다. 예를 들어 다음과 같이 두 벡터 x와 y를 생성하여 보자. MATLAB 명령어 프롬프트에서 다음을 입력한다.

```
x=[0,4,7,0,-1,2];
y=[1,2,8,0,-4,6];
z=x&y
```

MATLAB은 다음 결과를 생성한다.

```
z =
    0 1 1 0 1 1
```

MATLAB은 표현 x&y를 수행하고 그 결과를 벡터 z에 저장한다. z의 첫 번째 원소는 다음과 같이 정해진다. 벡터 x의 첫 번째 원소는 0이며 이는 false로 간주된다. y의 첫 번째 원소는 1이며 이는 true로 간주된다. "&" 논리연산 false&true로부터 "&" 논리 연산자의 첫 번째 피연산자가 false이므로 결과로서 false가 생성된다. 따라서 거짓을 의미하는 0이 벡터 z의 첫 번째 원소에 부여된다.

z의 두 번째 원소는 다음과 같이 정해진다. 벡터 x의 두 번째 원소는 4이며 이는 true로 간주된다. y의 두 번째 원소는 2이며 이는 true로 간주된다. "&" 논리 연산자의 두 피연산자들이 true이므로 "&" 논리연산의 결과로서 true가 생성된다. 따라서 참을 의미하는 1이 벡터 z의 두 번째 원소에 부여된다. 나머지도 이와 같이 수행된다.

관계 및 논리 연산자들에 대한 입력은 0이 아닌 값인 경우 true로 간주되며 0의 값을 갖는 경우 false로 간주된다. 입력이 음의 값인 경우에는 true로 간주된다.

3.2.2.2 OR "|" 논리 연산자

OR 논리 연산자 "|"는 피연산자들 가운데 어느 하나가 true인 경우 true를 생성한다. 예를 들어 MATLAB 명령어 프롬프트에서 다음을 입력하여 보자.

```
x=[0,4,7,0,-1,2];
y=[1,2,8,0,-4,6];
z=x | y
```

MATLAB은 다음 결과를 생성한다.

```
z =
    1 1 1 0 1 1
```

MATLAB은 표현 x|y를 수행하고 그 결과를 벡터 z에 할당한다.

3.2.2.3 NOT "~" 논리 연산자

NOT "~" 논리 연산자는 하나의 피연산자만을 가지며 그 피연산자가 0의 값을 갖는 경우 true를 생성하고 0이 아니면 false를 생성한다. 예를 들어 MATLAB 명령어 프롬프트에서 다음을 입력하여 보자.

```
x=[0,4,7,0,-1,2];
w=~x
```

MATLAB은 다음 결과를 생성한다.

```
w =
    1 0 0 1 0 0
```

연습문제 2[1]

두 벡터 x와 y가

```
x=[2,4,7,9,-1,2], y=[-1,4,8,1,-4,6]
```

와 같이 주어졌을 때 다음 MATLAB 명령어가 수행하는 연산에 대하여 설명하여라.

1. z = x & (~y)
2. z = (~x) & y
3. z = x & y | x
4. z = x & y | ~x

3.2.3 논리와 관계 연산자들의 조합

논리와 관계 연산자들은 결합될 수 있다. 예를 들어 MATLAB 명령어 프롬프트에서 다음을 입력하여 보자.

```
x=[0,4,7,0,-1,2];
y=[1,2,8,0,-4,6];
z=(x<3)&(y<0)
```

MATLAB은 다음과 같이 응답할 것이다.

```
z =
     0 0 0 0 1 0
```

연습문제 3[1]

두 벡터 x와 y가

```
x=[2,4,7,9,-1,2], y=[-1,4,8,1,-4,6]
```

와 같이 주어졌을 때 다음 MATLAB 명령어가 수행하는 연산에 대하여 설명하여라.

1. `z = (x > y) | (y < x)`
2. `z = (x > y) & (y < x)`

Lesson 3.3 벡터 원소의 접근

목표

1. 인덱스에 따른 벡터 원소들에의 접근방법을 학습
2. 값에 따른 벡터 원소들에의 접근방법을 학습
3. 관계 및 논리 연산자들을 이용한 벡터 원소들에의 접근방법을 학습

주제

3.3.1 인덱스를 이용한 벡터의 개별 원소들에의 접근
3.3.2 인덱스를 이용한 벡터의 원소들 그룹에의 접근
3.3.3 값을 이용한 벡터의 원소들에의 접근
3.3.4 관계 및 논리 연산자를 이용한 벡터의 원소들에의 접근

3.3.1 인덱스를 이용한 벡터의 개별 원소들에의 접근

일단 벡터를 생성하였다면 그 벡터 내의 개별적인 원소에 접근할 수 있다. 이 과정을 예시하기 위하여 먼저 다음과 같이 벡터 x = [3, 6, 9, 12, 15, 18]을 생성하여 보자.

```
>> x=3:3:18
```

MATLAB은 다음과 같이 응답할 것이다.

```
x =
    3 6 9 12 15 18
```

다음 표는 x의 인덱스와 그에 해당되는 값을 보인 것이다.

인덱스	1	2	3	4	5	6
값	3	6	9	12	15	18

벡터의 첫 번째 원소, 혹은 인덱스=1인 원소에 접근하려면 MATLAB 명령어 프롬프트에서 다음을 입력한다.

```
>> x(1)
```

여기에서 1은 그곳에 저장된 값이 아니라 원소의 인덱스를 지칭한다. C와 같은 어떤 프로그래밍 언어에서는 벡터의 첫 번째 원소는 원소 0으로 지칭된다. 그러나 MATLAB에서는 벡터의 첫 번째 원소는 언제나 원소 1로 지칭된다. MATLAB은 다음과 같이 응답할 것이다.

```
ans =
      3
```

이 명령어는 벡터의 첫 번째 원소를 프린트하여 준다. ans로 불리는 새로운 특수 변수가 생성되었음을 주목하자. 특별한 할당을 포함하지 않는 기능을 수행할 경우 MATLAB은 언제나 그 결과를 특수변수 ans에 저장한다. 벡터 x의 세 번째 원소에 접근하려면 MATLAB 명령어 프롬프트에서 다음을 입력한다.

```
>> r=x(3)
```

MATLAB은 다음과 같이 응답할 것이다.

```
r =
    9
```

이 명령어는 벡터의 세 번째 원소를 스칼라 변수 r에 저장한다. 벡터의 마지막 원소에 접근하려면 MATLAB 명령어 프롬프트에서 다음을 입력한다.

```
>> s=x(end);
```

여기에서 end는 마지막 인덱스를 나타내는 데에 사용된다. 혹은 명령어

```
>> s=x(6);
```

는 벡터의 마지막 원소를 변수 s에 저장한다. 변수 s의 내용을 보이려면 MATLAB 명령어 프롬프트에서 다음을 입력한다.

```
>> s
```

MATLAB은 다음과 같이 응답할 것이다.

```
s =
    18
```

다음과 같이 벡터 x의 일곱 번째 원소에 접근하여 보자.

```
>> x(7)
```

MATLAB은 다음과 같이 오류 메시지로 응답할 것이다.

```
Index exceeds matrix dimensions.
```

연습문제 1[1]

다음 MATLAB 명령어가 수행하는 연산과 그 결과에 대하여 설명하여라.

```
x=2:10;
y=x(length(x));
```

3.3.2 인덱스를 이용한 벡터의 원소들 그룹에의 접근

일단 벡터를 생성하였다면 그 벡터 내의 원소들의 그룹에 접근할 수 있다. 이 과정을 예시하기 위하여 먼저 다음과 같이 벡터 y를 생성하여 보자.

```
>> y=2:3:18
```

MATLAB은 다음과 같이 응답할 것이다.

```
y =
    2 5 8 11 14 17
```

벡터 y의 처음 세 원소들에 접근하려면 MATLAB 명령어 프롬프트에서 다음을 입력한다.

```
>> a=y(1:3);
```

벡터 y의 마지막 세 원소들에 접근하려면 MATLAB 명령어 프롬프트에서 다음을 입력한다.

```
>> b=y(end-2:end);
```

벡터 y의 두 번째, 세 번째 및 네 번째 원소들에 접근하려면 MATLAB 명령어 프롬프트에서 다음을 입력한다.

```
>> c=y(2:4);
```

혹은

```
>> c=y([2,3,4]);
```

벡터 y의 두 번째, 네 번째 및 여섯 번째 원소들에 접근하려면 MATLAB 명령어 프롬프트에서 다음을 입력한다.

```
>> d=y(2:2:6);
```

혹은

```
>> d=y([2,4,6]);
```

벡터 y의 여섯 번째, 네 번째 및 두 번째 원소들에 접근하려면 MATLAB 명령어 프롬프트에서 다음을 입력한다.

```
>> e=y(6:-2:2);
```

혹은

```
>> e=y([6,4,2]);
```

벡터 y의 첫 번째, 두 번째 및 네 번째 원소들에 접근하려면 MATLAB 명령어 프롬프트에서 다음을 입력한다.

```
>> f=y([1,2,4]);
```

연습문제 2[1]

벡터 x=[0, 2, 4, 6, 8, 10, 12, 14, 16, 18, 20]를 생성하여라.

연습문제 3[1]

위의 연습문제 2에서 생성한 벡터 **x**에 대하여 다음을 수행하는 MATLAB 명령어를 작성하여라.

1. 벡터 **x**의 처음 4 원소들에 접근.
2. 벡터 **x**의 마지막 4 원소들에 접근.
3. 벡터 **x**의 첫 번째, 네 번째 및 마지막 원소들에 접근.
4. 벡터 **x**의 첫 번째, 세 번째, 다섯 번째 및 일곱 번째 원소들에 접근.
5. 벡터 **x**에서 홀수 인덱스 원소들, 즉 첫 번째, 세 번째, 다섯 번째 등의 원소들에 접근.
6. 벡터 **x**에서 짝수 인덱스 원소들, 즉 두 번째, 네 번째, 여섯 번째 등의 원소들에 접근.

연습문제 4[1]

위의 연습문제 3에서 MATLAB 명령어들이 벡터의 길이에 관계없이 올바르게 작용하는지 확인하여라. 예를 들면 벡터 `x`의 길이가 11이므로 MATLAB 명령어 `x(11)`은 벡터 `x`의 마지막 원소에 접근한다. 그러나 벡터 `x`에 새로운 원소를 추가한다고 가정하면 명령어 `x(11)`은 그 벡터의 마지막 원소에 접근하는 데에 더 이상 적절하지 않다. 그러므로 벡터 `x`의 마지막 원소에 접근하려면 명령어를 `x(11)` 대신 `x(end)`로 쓰는 것이 더 적절하다.

연습문제 5[2]

벡터 `x`를 뒤집고 그 결과를 새로운 벡터 변수 `z`에 할당하는 MATLAB 명령어를 써보라. `z`의 값은

z=[20,18,16,14,12,10,8,6,4,2,0]가 될 것이다.

이 문제에서 MATLAB 명령어들은 벡터 `x`의 길이에 관계없이 올바르게 작용하는지 확인하여라.

3.3.3 값을 이용한 벡터의 원소들에의 접근

MATLAB에서는 벡터에서 그 값에 따라 개별 원소나 원소들의 그룹을 쉽게 탐색할 수 있다. 이 과정을 예시하기 위하여 먼저 다음과 같이 벡터 `y`를 생성하여 보자.

```
>> y=[2,3,5,5,7,10,12];
```

그 값이 5인 원소들의 인덱스를 구하려면 MATLAB 명령어 프롬프트에서 다음을 입력한다.

```
>> a=find(y==5)
```

이중 등호 "==" 는 값 5를 벡터 y에 할당하는 것을 의미하는 것이 아님을 유의하자. 이 부호는 벡터 y의 원소들의 값이 5와 같은지의 여부를 조사함을 의미한다. 이 명령어를 수행하고 나면 MATLAB은 다음과 같이 응답한다.

```
a =
    3 4
```

이는 벡터 y의 세 번째와 네 번째 원소의 값이 5임을 의미한다. 벡터 y에서 그 값이 7보다 큰 원소들의 인덱스를 구하려면 MATLAB 명령어 프롬프트에서 다음을 입력한다.

```
>> b=find(y>7)
```

MATLAB은 다음과 같이 응답한다.

```
b =
    6 7
```

그 값이 9이하인 원소들의 인덱스를 구하려면 MATLAB 명령어 프롬프트에서 다음을 입력한다.

```
>> c=find(y<=9)
```

MATLAB은 다음과 같이 응답한다.

```
c =
    1 2 3 4 5
```

다른 명령어가 그 앞의 명령어와 조합되어 9 이하인 벡터 y의 원소들의 값을 찾는 데에 이용될 수 있다. MATLAB 명령어 프롬프트에서 다음을 입력한다.

```
>> d=y(c)
```

MATLAB은 다음과 같이 응답한다.

```
d =
    2 3 5 5 7
```

연습문제 6[1]

다음 MATLAB 명령어가 수행하는 연산과 그 결과에 대하여 설명하여라.

1.
```
x = 2:20;
a = find(x > 2, 4);
b = x(a);
```
2.
```
c = find(x >= 10, 4, 'first');
d = x(c);
```
3.
```
e = find(x ~= 2, 12, 'last');
f = x(e);
```

힌트: MATLAB에서 "~=" 기호는 "~와 같지 않음"을 의미한다.

연습문제 7[3]

주어진 벡터 x = [3, 11, -9, -13, -1, 1, -11, 9, -6, -2]에 대하여 다음을 수행하는 MATLAB 명령어를 작성하여라. 힌트: MATLAB 함수 find를 사용한다.

1. 3의 배수인 x의 값들을 3으로 설정한다.
2. 짝수인 x 값들에 5를 곱하여라.
3. 10보다 큰 x값들을 추출하여 y라는 벡터에 저장한다.
4. x의 평균보다 작은 x값들을 0으로 설정한다.
5. 평균보다 큰 x값들을 평균과의 차이로 설정한다.
6. 양의 x값들을 –1로 설정한다.

힌트: MATLAB 함수 rem을 사용한다.

3.3.4 관계 및 논리 연산자를 이용한 벡터의 원소들에의 접근

MATLAB은 관계 및 논리 연산들을 흥미롭게 이용하여 벡터의 원소들에 접근한다. 예를 들어 MATLAB 명령어 프롬프트에서 다음을 입력하여 보자.

```
x = [0,4,7,0,-1,2];
y = [1,3,8,0,-4,6];
x > 3
```

MATLAB은 다음과 같이 응답한다.

```
ans =
```

```
     0 1 1 0 0 0
```

이제 MATLAB 명령어 프롬프트에서 다음을 입력하여 보자.

```
>> r=y(x>3)
```

MATLAB은 다음과 같이 응답한다.

```
r =
     3 8
```

여기에서 명령어 y(x>3)은 벡터 x에서 원소값이 3보다 큰 원소들의 위치와 동일한 위치에 있는 벡터 y의 원소들을 출력으로 내보낸다; 즉 x가 3보다 큰 위치에 해당되는 y의 원소들이 출력이 된다. 이 보기에서는 벡터 x에서 두 번째와 세 번째 원소들이 3보다 크므로 명령이 y(x>3)은 벡터 y에서 두 번째와 세 번째 위치의 원소들을 선택하고 이들을 새로운 벡터 r에 할당한다.

연습문제 8[2]

주어진 두 벡터 x=[2,4,7,9,-1,2]과 y=[-1,4,8,1,-4,6]에 대하여 다음 명령어로부터 생성되는 결과를 구하여라. 처음에는 MATLAB을 사용하지 않고 수행한 다음 얻어진 답을 MATLAB을 이용하여 검증하여 보라.

1. x(y < 0)
2. y(x < 0)
3. x(x < 0)
4. x((x < 2) | (x >= 8))
5. x((x < 2) & (~(x >= 8)))

연습문제 9[3]

주어진 벡터 x = [3, 11, -9, -13, -1, 1, -11, 9, -6, -2]에 대하여 다음을 수행하는 MATLAB 명령어를 작성하여라. MATLAB 함수 find를 사용하지 말라.

1. 3의 배수인 x의 값들을 3으로 설정한다.
2. 짝수인 x값들에 5를 곱하여라.
3. 10보다 큰 x값들을 추출하여 y라는 벡터에 저장한다.
4. x의 평균보다 작은 x값들을 0으로 설정한다.
5. 평균보다 큰 x값들을 평균과의 차이로 설정한다.
6. 양의 x값들을 –1로 설정한다.

힌트: MATLAB 함수 rem을 사용한다.

Lesson 3.4 벡터에 대한 산술연산

목표

1. MATLAB® 을 이용하여 벡터들에 대한 덧셈, 뺄셈, 곱셈, 나눗셈을 수행하는 방법을 학습
2. MATLAB® 에서 원소끼리의 산술연산과 행렬 산술연산을 구분

주제

3.4.1 벡터의 덧셈과 뺄셈

3.4.1.1 벡터의 덧셈

MATLAB을 이용하여 벡터들을 더하는 방법을 예시하기 위하여 두 벡터 x와 y를 생성하고 이들을 더하는 것으로 시작하기로 한다. MATLAB 명령어 프롬프트에서 다음을 입력한다.

```
x = [1,2,3];
y = [4,5,6];
```

두 벡터들을 더한 다음 그 결과를 새로운 벡터 z에 저장하려면 MATLAB에서 다음을 입력한다.

```
>> z=x+y
```

MATLAB은 자동적으로 벡터 z를 생성하고 덧셈의 결과를 이 벡터에 저장한다.

MATLAB은 위의 명령어에 다음과 같이 응답한다.

```
z =
    5 7 9
```

두 벡터들의 덧셈은 원소끼리의 연산으로 수행됨을 주목하자. 이는 벡터 z의 첫 번째 원소는 벡터 x의 첫 번째 원소를 벡터 y의 첫 번째 원소와 더하여 얻어짐을 의미한다. 벡터 z의 두 번째 원소는 벡터 x의 두 번째 원소를 벡터 y의 두 번째 원소와 더하여 얻어진다. 나머지 원소들도 마찬가지이다. 벡터 x와 y의 차원은 서로 같아야 함을 상기하자. 즉 두 벡터들의 행과 열들의 수는 서로 같아야 한다. 그렇지 않다면 MATLAB은 오류 메시지를 내보낸다.

3.4.1.2 벡터의 뺄셈

x로부터 y를 뺀 다음 그 결과를 새로운 벡터 s에 저장하려면 MATLAB에서 다음을 입력한다.

```
>> s=x-y
```

MATLAB은 벡터 s를 생성하고 뺄셈의 결과를 이 벡터에 저장한다. MATLAB은 위의 명령어에 다음과 같이 응답한다.

```
s =
    -3 -3 -3
```

여기에서도 뺄셈은 원소끼리 수행된다. 즉 s(1)은 x(1)로부터 y(1)을 빼어 얻어지며 s(2)는 x(2)로부터 y(2)를 빼어 얻어지는 식이다. 여기에서도 벡터 x와 y의 차원은 서로 같아야 함을 상기하자.

3.4.1.3 숫자를 벡터에 더하기

MATLAB에서는 또한 숫자를 벡터에 더할 수 있다. 벡터 x의 모든 원소들에 10을 더한 다음 그 결과를 새로운 벡터 s에 저장한다고 하자. MATLAB 명령어 프롬프트에서 다음을 입력한다.

```
x = [1,2,3];
s = x+10
```

MATLAB은 다음과 같이 응답한다.

```
s =
   11 12 13
```

3.4.1.4 벡터로부터 숫자를 빼기

MATLAB에서는 또한 유사한 방법으로 벡터로부터 숫자를 뺄 수 있다. 벡터 x의 모든 원소들로부터 2를 뺀 다음 그 결과를 새로운 벡터 t에 저장한다고 하자. MATLAB 명령어 프롬프트에서 다음을 입력한다.

```
x = [1,2,3];
t = x-2
```

MATLAB은 다음과 같이 응답한다.

```
t =
   -1 0 1
```

연습문제 1[1]

다음 MATLAB 명령어가 수행하는 연산과 그 결과에 대하여 설명하여라.

```
1. x = [1, 2, 3, 4];
   y = [5, 6, 7, 8];
   z = x-y;
2. x = [1, 2, 3, 4];
   y = [5, 6, 7, 8];
   s = y-x;
```

연습문제 2[1]

다음 MATLAB 명령어를 수행할 경우 오류 메시지가 나타나는 이유에 대하여 설명하여라.

```
1. x = [1, 2];
   y = [4, 5]';
   z = x+y;
2. a = [1, 2];
   b = [4, 5, 6];
   z = a+b;
```

연습문제 3[1]

다음 MATLAB 명령어가 수행하는 연산과 그 결과에 대하여 설명하여라.

```
1. x = [1, 2, 3];
   y = 4;
   z = x+y;
2. x = [1, 2, 3];
   y = 4;
   z = x-y;
```

3.4.2 벡터에 대한 행렬 및 원소끼리의 산술연산

앞에서 언급한 바와 같이 MATLAB은 행렬기반 소프트웨어이다. MATLAB에서 스칼라는 실제로는 1×1 행렬로 간주되며 벡터는 행이 하나이거나 열이 하나인 행렬로 간주된다. MATLAB을 이용하여 벡터에 대하여 수행되는 산술연산들은 원소끼리의 연산과 행렬연산으로 구분할 수 있다. 보기를 이용하여 이 개념을 예시하여 보기로 한다.

두 벡터 x=[1, 2, 3]과 y=[4, 5, 6]가 주어졌다고 하자. 벡터 x와 y에 대하여 원소끼리의 곱셈을 수행한 다음 그 결과를 z에 저장한다면 결과로서 벡터 z=[1x4, 2x5, 3x6]=[4, 10, 18]이 얻어진다.

벡터 a=[1, 2, 3]과 b=$[4, 5, 6]^T$가 주어졌다고 하자. 벡터 x와 y에 대하여 행렬 곱셈을 수행한 다음 그 결과를 c에 저장한다면 결과로서 하나의 스칼라 변수 c=1x4+2x5+3x6=32를 얻는다.

위의 보기로부터 원소끼리의 연산과 행렬 연산이 서로 매우 다르며 차원이 다른 상이한 결과를 생성함이 명백해졌을 것이다. 따라서 벡터에 대하여 산술연산들을 수행하는 경우 원소끼리의 연산과 행렬 연산을 서로 구분하는 것이 매우 중요하다.

3.4.3 벡터의 곱셈

벡터를 곱하는 데에는 원소끼리의 곱셈과 행렬 곱셈의 두 가지 방법이 있다.

3.4.3.1 벡터에 대한 원소끼리의 곱셈

MATLAB을 이용하여 두 벡터들을 서로 곱하는 방법을 예시하기 위하여 두 벡터 x와 y를 생성하는 것으로 시작하기로 한다. MATLAB 명령어 프롬프트에서 다음을 입력한다.

```
x = [1,2,3];
y = [4,5,6];
```

두 벡터 x와 y를 원소끼리 곱한 다음에 그 결과를 새로운 벡터 z에 저장하려면 다음을 수행한다.

```
>> z = x.*y
```

마침표 문자(.)가 별표(*) 앞에 추가되어 있음을 주목하자. 이는 MATLAB에게 곱셈을 원소끼리 수행하도록 지시하고 있다. MATLAB은 다음과 같이 응답한다.

```
z =
    4 10 18
```

여기에서 벡터 x와 y는 차원이 서로 같아야 함을 상기하자.

3.4.3.2 벡터에 대한 행렬 곱셈

3.4.3.2.1 수학적 배경

두 벡터 x와 y에 대한 행렬곱셈을 수행한다고 하고 그 결과를 z에 저장한다고 하자. 즉 z=xy로 주어진다. 여기에서 x는 곱셈자로 불리고 y는 피곱셈자로 불리며 z는 곱이라고 불린다. 벡터에 대한 행렬곱셈을 바르게 수행하려면 벡터 x의 열들의 수가 벡터 y의 행들의 수와 같아야 한다. 변수 z의 행의 수는 벡터 x의 행의 수와 같고 열의 수는 벡터 y의 열의 수와 같을 것이다.

다음 그림은 행벡터 x와 열벡터 y를 곱하는 경우(z=xy)를 보인 것이다. x의 열들의 수는 y의 행들의 수와 같아야 한다. 여기에서의 곱셈과정에 의해 하나의 값을 갖는 스칼라 변수 z가 생성됨을 알 수 있다.

$$
\begin{bmatrix} x_1 & x_2 & x_3 & x_4 & \cdots & x_n \end{bmatrix} \times \begin{bmatrix} y_1 \\ y_2 \\ y_3 \\ y_4 \\ \vdots \\ y_n \end{bmatrix} = \begin{bmatrix} z = x_1y_1 + x_2y_2 + x_3y_3 + x_4y_4 + \cdots + x_ny_n \end{bmatrix}
$$

다음 그림은 다른 방식으로, 즉 열벡터 y에 행벡터 x를 곱하는(z=yx) 경우를 보인 것이다. y의 열의 수는 x의 행의 수와 같아야 한다. 곱셈과정은 앞에서와 매우 다르며 이번에는 정방행렬이 얻어진다.

$$
\begin{bmatrix} y_1 \\ y_2 \\ y_3 \\ y_4 \\ \vdots \\ y_n \end{bmatrix} \times \begin{bmatrix} x_1 & x_2 & x_3 & x_4 & \cdots & x_n \end{bmatrix} = \begin{bmatrix} y_1x_1 & y_1x_2 & y_1x_3 & y_1x_4 & \cdots & y_1x_n \\ y_2x_1 & y_2x_2 & y_2x_3 & y_2x_4 & \cdots & y_2x_n \\ y_3x_1 & y_3x_2 & y_3x_3 & y_3x_4 & \cdots & y_3x_n \\ y_4x_1 & y_4x_2 & y_4x_3 & y_4x_4 & \cdots & y_4x_n \\ \cdots & \cdots & \cdots & \cdots & \cdots & \cdots \\ y_nx_1 & y_nx_2 & y_nx_3 & y_nx_4 & \cdots & y_nx_n \end{bmatrix}
$$

주의: 행렬곱셈에서 $xy \neq yx$ 임을 유의하자.

3.4.3.2.2 벡터에 대한 행렬 곱셈

MATLAB을 이용하여 두 벡터를 곱하는 방법을 예시하기 위하여 두 벡터 x와 y를 생성하는 것으로 시작하기로 한다. MATLAB 명령어 프롬프트에서 다음을 입력한다.

```
x = [1,2,3];
y = [4;5;6];
```

여기에서 x는 1×3행벡터로서 원소들이 콤마로 구별되어 있으며 y는 3×1열벡터로서 그 원소들이 세미콜론으로 구별되어 있음을 주목하자. 다음 명령어는 두 벡터에 대한 행렬곱셈을 수행하고 그로부터 얻어지는 스칼라 결과를 변수 z에 저장한다.

```
>> z=x*y
```

여기에서는 별표(*) 앞에 마침표 문자(.)가 추가되지 않았음을 주목하자. 이는 MATLAB이 원소끼리의 곱셈 대신 행렬곱셈을 수행하도록 알려주는 것이다. MATLAB은 다음과 같이 응답할 것이다.

```
z =
     32
```

이 행렬곱셈에서는 1x4+2x5+3x6=32의 연산이 수행된다.

이제 곱셈을 R=y*x와 같이 다른 식으로 수행하여 보자. MATLAB에서 다음을 입력한다.

```
>> R=y*x
```

MATLAB은 다음과 같이 응답할 것이다.

```
R =
     4  8 12
     5 10 15
     6 12 18
```

이번에는 벡터 곱셈으로부터 3×3행렬이 얻어진다.

3.4.3.3 벡터에 숫자 곱하기

MATLAB에서는 벡터에 숫자를 곱할 수도 있다. 벡터 x에 10을 곱한 다음 그 결과를 s라는 새로운 벡터에 저장한다고 하자. MATLAB 명령어 프롬프트에서 다음을 입력한다.

```
x = [1,2,3];
s = x*10
```

MATLAB은 다음과 같이 응답할 것이다.

```
s =
     10 20 30
```

연습문제 4[1]

다음 MATLAB 명령어가 수행하는 연산과 그 결과에 대하여 설명하여라.

1.
```
x = [1, 2, 3];
y = [4, 5, 6, 7];
z = x.*y(1:3);
```
2.
```
x = [1, 2, 3];
y = [4, 5, 6, 7];
z = x*(y(2:4))';
```
3.
```
x = [1, 2, 3];
y = [4, 5, 6, 7];
z = y(2:4)*x';
```
4.
```
x = [1, 2, 3];
y = [4, 5, 6, 7];
z = y(2)*x';
```
5.
```
x = [1, 2, 3];
y = [4, 5, 6, 7];
z = y(2)*x;
```

연습문제 5[1]

다음 명령어를 수행하는 경우 MATLAB이 오류 메시지를 내보내는 이유를 설명하여라.

1.
```
x = [1, 2, 3];
y = [4, 5, 6];
z = x*y;
```
2.
```
x = [1, 2, 3];
y = [4; 5; 6];
z = y*x';
```
3.
```
x = [1, 2, 3];
y = [4; 5; 6];
z = y'*x;
```

연습문제 6[1]

다음에서 벡터 r을 계산하는 MATLAB 명령어를 써 보라.

```
r = 0.2x+0.3y+0.4z
x = [1, 2, 3, 4, 5],
y = [2, 4, 6, 8, 10],
z = [10, 20, 30, 40, 50]
```

3.4.4 벡터 나눗셈

3.4.4.1 벡터에 대한 원소끼리의 나눗셈

MATLAB을 이용하여 두 벡터들을 나누는 과정을 예시하기 위하여 두 벡터 x와 y를 생성하는 것으로 시작하기로 한다. MATLAB 명령어 프롬프트에서 다음을 입력한다.

```
x = [1,2,3];
y = [4,5,6];
```

다음 명령어는 벡터 x를 벡터 y로 원소끼리 나눈 다음 그 결과를 새로운 벡터 z에 저장한다.

```
>> z=x./y
```

나눗셈 기호(/) 앞에 마침표(.)가 추가되어 있음을 주목하자. 이는 MATLAB에게 나눗셈 연산을 원소끼리 수행할 것을 지시하고 있다. MATLAB은 다음과 같이 응답한다.

```
z =
    0.2500 0.4000 0.5000
```

두 벡터 x와 y차원이 같아야 함을 잊지 말자.

연습문제 7[2]

벡터 x가 `x = [1, 2, 3, 4, 5, 6, 7, 8, 9, 10]`와 같다고 하자. 다음을 수행하는 MATLAB 명령어(들)를 써보라.

1. x의 각 원소에 10을 더하고 그 결과를 새로운 벡터 m에 할당한다.
2. x의 홀수번 째 원소들에 3을 더하고(이 결과는 `[4, 2, 6, 4, 8, 6, 10, 8, 12, 10]`와 같을 것이다) 그 결과를 새로운 벡터 r에 할당한다.
3. x의 각 원소의 제곱근을 계산하고 그 결과를 새로운 벡터 s에 할당한다.
4. x의 각 원소의 제곱을 계산하고 그 결과를 새로운 벡터 t에 할당한다.

연습문제 8[2]

두 열벡터를 `x = [1; 2; 3; 4]` 및 `y = [5; 6; 7; 8]`이라고 하자. 다음을 수행하는 MATLAB 명령어(들)를 써보라.

1. x의 원소들의 합을 벡터 y에 더한 다음 그 결과를 새로운 벡터 m에 할당한다.
2. x의 각 원소들을 y에 해당되는 원소만큼 멱급수 계산을 수행하고 그 결과를 새로운 벡터 s에 할당한다.

3. y의 각 원소를 x의 해당되는 위치의 원소로 나눈 다음 그 결과를 새로운 벡터 z에 할당한다.
4. x의 각 원소에 y의 상응하는 원소를 곱한 다음 그 결과를 새로운 벡터 r에 할당한다.
5. x의 원소들의 합을 구한 다음 그 결과를 변수 t에 할당한다.
6. x'*y-t를 계산한다.

연습문제 9[2]

벡터 t = 1:0.2:2가 주어졌다고 하자. 다음을 수행하는 MATLAB 문장을 써보라.

1. $\ln(2+t+t^2)$. MATLAB 함수 log를 사용한다.
2. $\log(2+t+t^2)$. MATLAB 함수 log10을 사용한다.
3. $e^{1+\cos(3t)}$. MATLAB 함수 exp를 사용한다.
4. $\cos^2(t)+\sin^2(t)$
5. $\tan^{-1}(t)$. MATLAB 함수 atan을 사용한다.
6. cot(t).
7. $\sec^2(t)+\cot(t)-1$.

3.4.4.2 벡터에 대한 행렬 나눗셈

벡터에 대한 행렬 나눗셈은 수학적 의미가 없으므로 여기에서는 다루지 않기로 한다.

3.4.4.3 벡터를 숫자로 나누기

MATLAB에서는 벡터를 숫자로 나눌 수도 있다. 벡터 x를 10으로 나눈 다음 그 결과를 w라는 새로운 벡터에 저장한다고 하자. MATLAB 명령어 프롬프트에서 다음을 입력한다.

```
x = [1,2,3];
w = x/10
```

MATLAB은 다음과 같이 응답한다.

```
w =
    0.1 0.2 0.3
```

Lesson 3.5 벡터의 그래프

목표

1. MATLAB® 을 이용하여 벡터의 그래프를 작성하는 방법을 학습

주제

3.5.1 벡터의 그래프

MATLAB은 2차원 그래픽 수행을 위한 탁월한 소프트웨어 패키지이다. MATLAB에서 벡터를 그래프로 나타내는 것은 곧 알게 되는 바와 같이 아주 쉽다. 예를 들어 [-3, 3]의 x 범위에서 함수 $y = x^2$의 그래프를 그려 보자. 먼저 x를 나타내는 벡터를 생성한다.

```
>> x = -3:1:3
```

MATLAB은 다음과 같이 벡터 x를 생성한다.

```
x =
     -3    -2    -1     0     1     2     3
```

다음에 아래와 같이 y를 계산한다.

```
>> y = x.^2
```

MATLAB은 다음과 같이 벡터 y를 생성한다.

```
y =
     9     4     1     0     1     4     9
```

벡터 x에 대한 벡터 y의 그래프를 그리려면 MATLAB 명령어 프롬프트에서 다음을 입력한다.

```
>> plot(x,y)
```

이로부터 다음 그림이 생성된다. plot 함수는 7개의 점들을 도시하는데 이들은 벡터 x의 원소의 수이다. 다음에 이 점들을 직선으로 이어준다. 이에 따라 함수는 연결된 선분들의 형태로 나타난다.

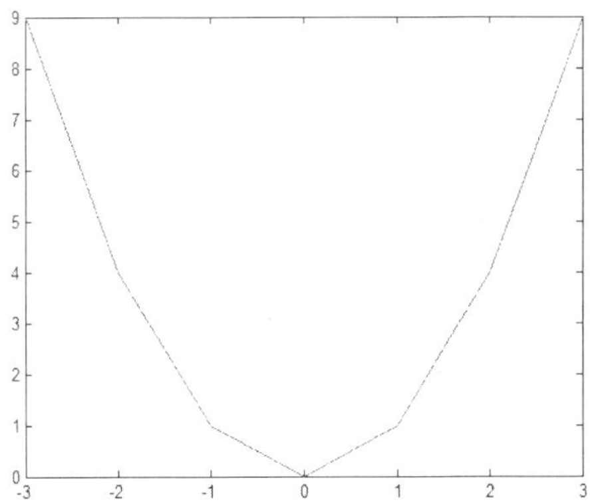

3.5.2 그래프 해상도의 변경

그래프의 해상도를 향상시키려면 x 벡터의 점들의 수를 증가시킬 필요가 있다. 이어서 y를 계산한 다음에 벡터 x에 대한 벡터 y의 그래프를 그린다. 이 단계들은 다음과 같이 수행된다.

```
>> x = -3:0.1:3;
>> y = x.^2;
>> plot(x,y)
```

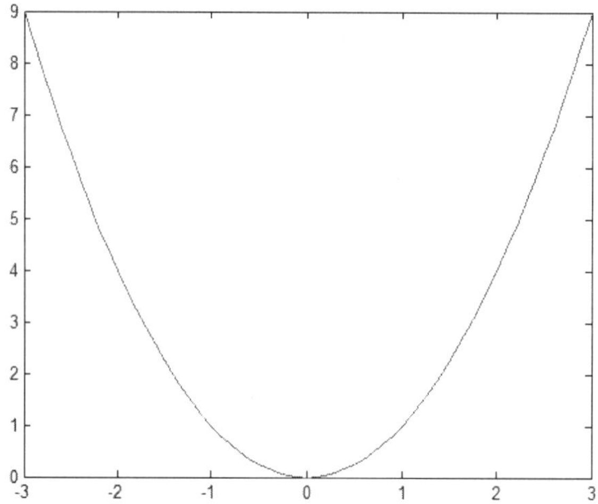

x 벡터의 점들의 수는 7로부터 61로 증가되었다.

3.5.3 그래프 색상의 변경

함수 $y=x^2$를 나타내는 곡선의 색상을 바꿀 수 있다. 예를 들어 곡선의 색상을 빨간색으로 바꾸려면 MATLAB 명령어 프롬프트에서 다음을 입력한다.

```
>> plot(x,y,'r')
```

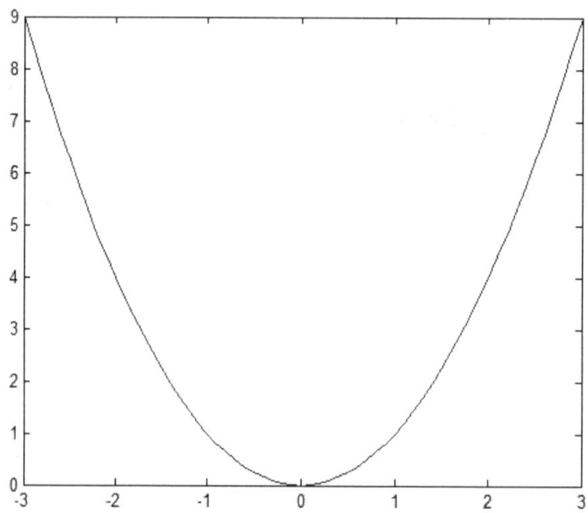

MATLAB은 빨간색 "r", 녹색 "g", 청색 "b", 청록색(cyan) "c", 자홍색(magenta) "m", 노란색 "y", 흰 색 "w", 그리고 검정색 "b" 들을 지원한다.

3.5.4 함수를 점들로 나타내기

함수 $y = x^2$를 다음과 같이 연결되어 있지 않은 점들만으로 나타낼 수 있다. 여기에서 각 점들을 별표 "*"로 나타내기로 한다.

```
>> plot(x,y,'*')
```

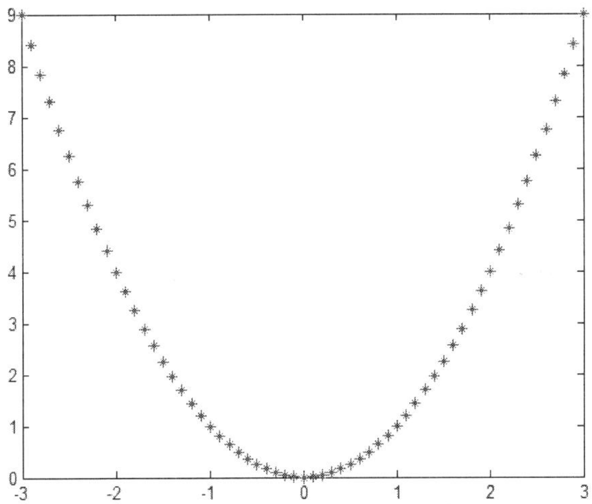

MATLAB은 곡선의 점들을 나타내는 데에 사용될 수 있는 "+", "o", 혹은 "x" 와 같은 다수의 기호들을 지원한다. 이에 대한 추가의 정보를 얻으려면 MATLAB 명령어 프롬프트에서 다음을 입력한다.

```
>> help plot
```

3.5.5 x와 y축 라벨붙이기

MATLAB에서는 x와 y축들에 라벨을 붙일 수 있다. 예를 들어 x와 y축 각각에 라벨을 붙이려면 다음과 같은 MATLAB 명령어들을 입력한다.

```
>> xlabel('Input data')
>> ylabel('System output')
```

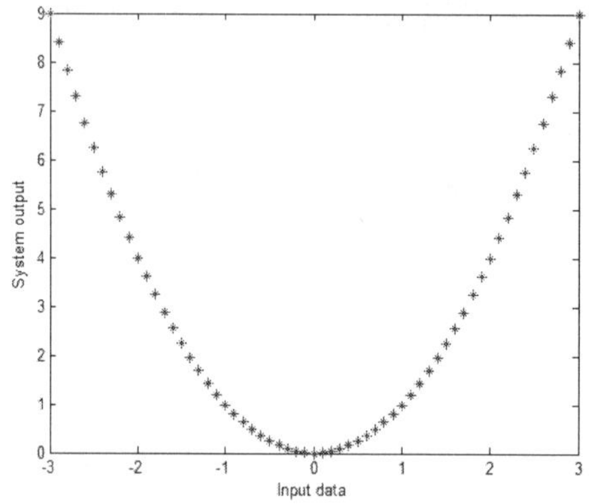

3.5.6 그림에 타이틀 추가하기

그래프에 타이틀을 추가할 수 있다. 예를 들면

```
>> title('y=x^2')
```

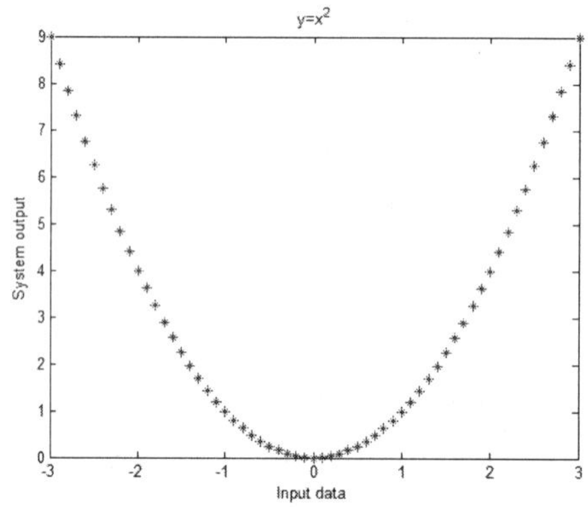

MATLAB에서는 텍스트를 포맷할 수 있다. 여기에서 우리는 "^" 기호를 사용하여 x의 제곱을 나타내는 2가 위첨자로 나타나도록 하였다.

연습문제 1^2

함수 $y = \sin(x)$의 그래프를 그려보라. x의 범위는 $[-\pi, \ \pi]$이다.

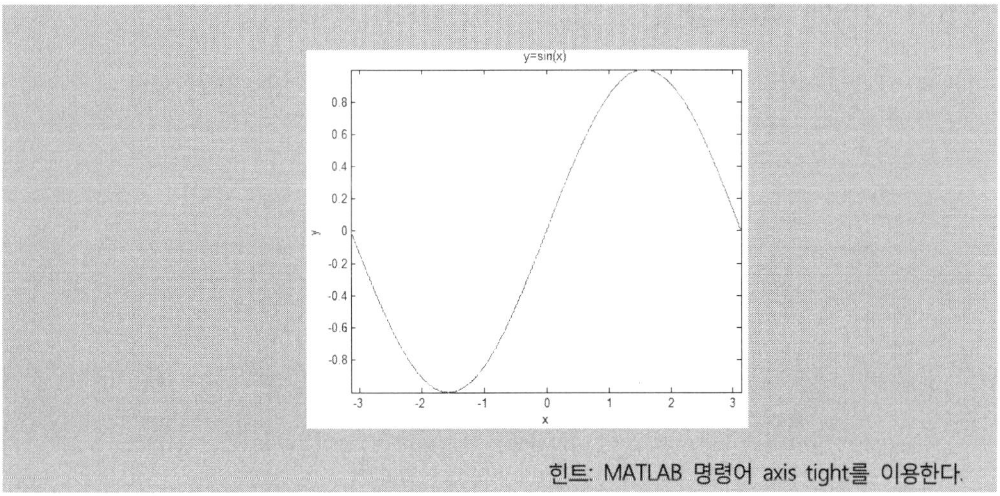

3.5.7 그리이스 문자의 사용

그리이스 문자들을 이용하여 축에 라벨을 붙이거나 그림에 타이틀을 붙일 수 있다. 예를 들어 함서ㅜ $\beta=\alpha^3$의 그래프를 그려 보자. α의 범위는 [-2,2]로 한다. 아울러 그리이스 문자를 이용하여 축 들에 라벨을 붙이고 타이틀을 추가하여 보자.

```
>> alpha = -2:0.1:2;
>> beta = alpha.^3;
>> plot(alpha,beta)
>> xlabel('\alpha')
>> ylabel('\beta')
>> title('\beta=\alpha^3')
```

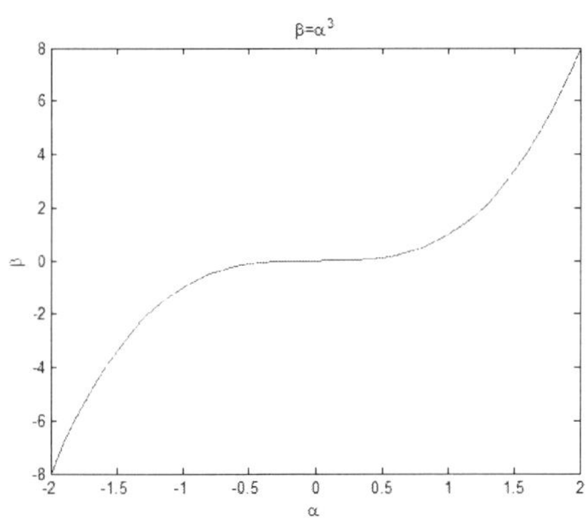

3.5.8 그림에 격자 넣기

그림에 격자를 넣는 것은 아주 쉽다. MATLAB에서 다음을 입력하면 된다.

```
>> grid on
```

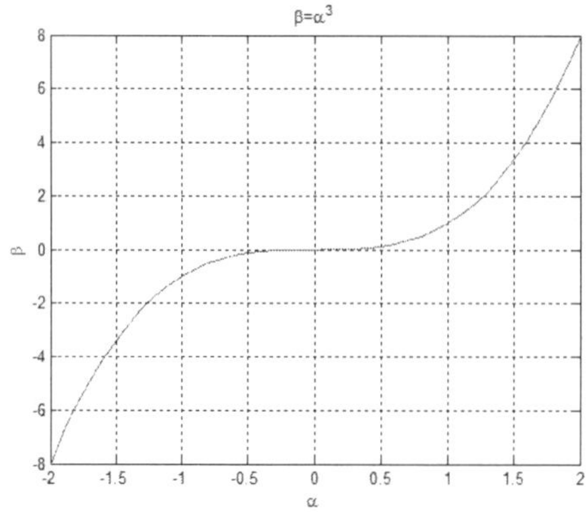

격자선을 제거하려면 grid off 명령어를 사용할 필요가 있다.

```
>> grid off
```

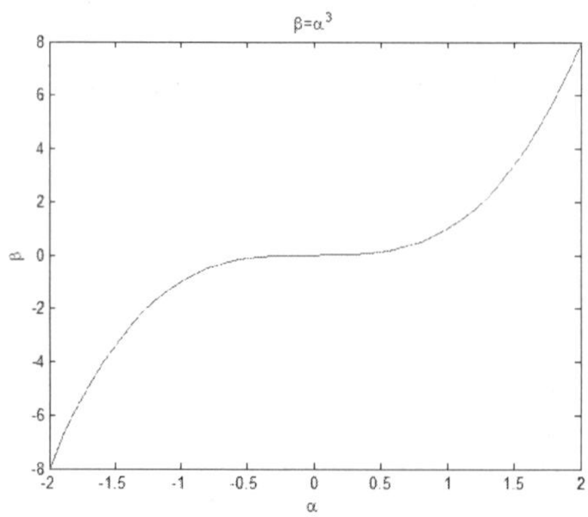

3.5.9 그림에 텍스트 추가하기

다음과 같이 text 명령어를 이용하여 그림의 어디에나 텍스트를 추가할 수 있다.

```
>> text(1,0.75,'\beta=\alpha^3')
```

추가된 텍스트는 그림에서 그래프의 좌표위치(1, 0.75)에서 시작된다.

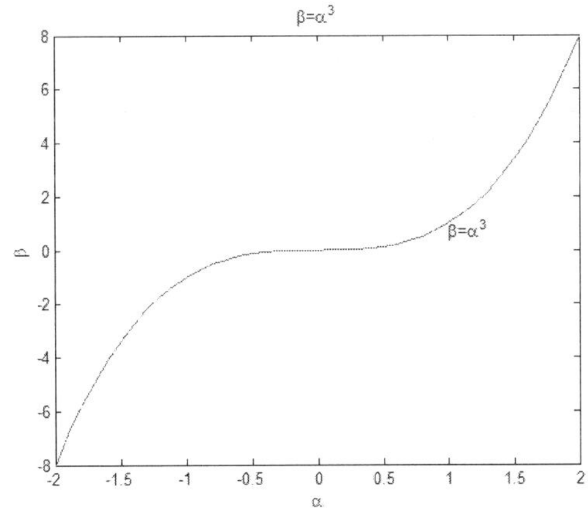

3.5.10 폰트 크기의 변경

축 라벨, 그림 타이틀, 그리고 그림에 추가한 임의의 텍스트의 폰트 크기를 변경할 수 있다. 예를 들면

```
alpha = -2:0.1:2;
beta = alpha.^3;
plot(alpha,beta)
xlabel('\alpha','FontSize',24)
ylabel('\beta','FontSize',24)
title('\beta=\alpha^3','FontSize',17)
text(1,0.75,'\beta=\alpha^3','FontSize',18)
```

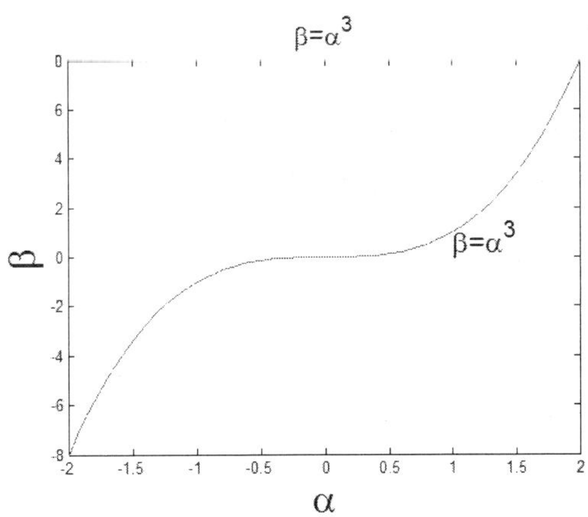

3.5.11 라인 너비의 변경

MATLAB에서는 곡선의 라인 너비를 바꿀 수 있다. 이를 예시하기 위하여 함수 $\beta=\alpha^3$의 그래프를 그리고 라인 너비를 다음 그림에 보인 바와 같이 증가시켜 보자.

```
alpha = -2:0.1:2;
beta = alpha.^3;
plot(alpha,beta,'LineWidth',3)
xlabel('\alpha','FontSize',24)
ylabel('\beta','FontSize',24)
title('\beta=\alpha^3','FontSize',17)
text(1,0.75,'\beta=\alpha^3','FontSize',18)
```

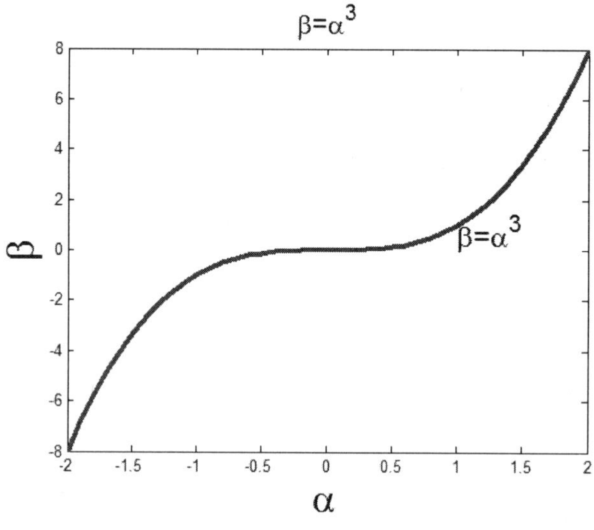

3.5.12 다중 그래프

MATLAB에서는 동일한 그림 상에 하나 이상의 함수에 대한 그래프를 나타낼 수 있다. 예를 들어 동일한 그림 상에 두 함수들의 그래프를 나타내어 보자. 첫 번째 함수는 $y=x^2$이며(x의 범위는 [-3,3]) 두 번째 함수는 $\beta=\alpha^3$(α의 범위는 [-2,2])이다. MATLAB 명령어 `hold on`을 이용하여 첫 번째 그림을 잡아두고 두 번째 함수를 그 위에 그래프로 나타낸다("r" 키워드를 이용하여 두 번째 함수를 빨간 색으로 나타낸다). 다음에 MATLAB 명령어 `hold off`를 이용하여 그림을 다시 놓아준다.

```
x = -3:0.1:3;
y = x.^2;
plot(x,y,'bo-')
hold on
alpha = -2:0.1:2;
beta = alpha.^3;
plot(alpha,beta,'rx-')
hold off
```

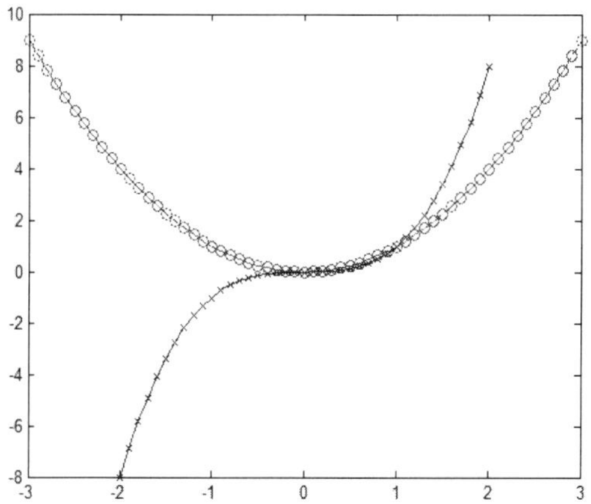

3.5.13 그래프에 범례넣기

다음과 같이 그림에 범례를 추가할 수 있다.

```
>> legend('y=x^2','\beta=\alpha^3')
```

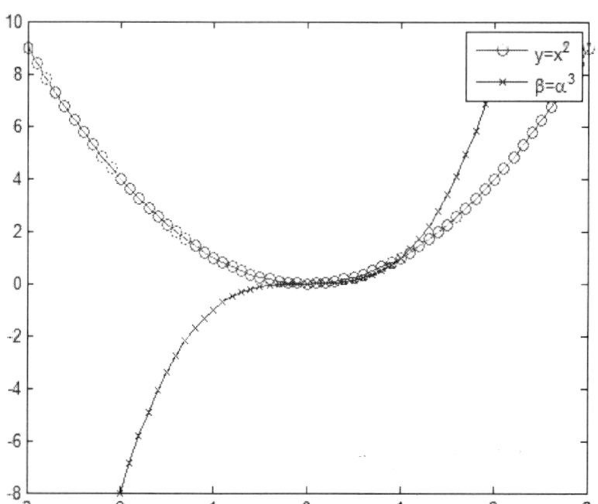

그림에서 알 수 있는 바와 같이 범례는 곡선 상에 위치하고 있다. 이 문제를 해결하려면 다음과 같이 범례의 위치를 변경시킨다.

```
>> legend('y=x^2','\beta=\alpha^3','Location','SouthEast')
```

여기에서 우리는 범례의 위치를 변경시켜서 그림의 오른쪽 하부 구석에 나타나도록 하였다. MATLAB에서는 범례의 위치를 그림 바깥으로 변경할 수도 있다. 더 많은 정보를 얻으려면 MATLAB 명령어 프롬프트에서 다음을 입력한다.

```
>> help legend
```

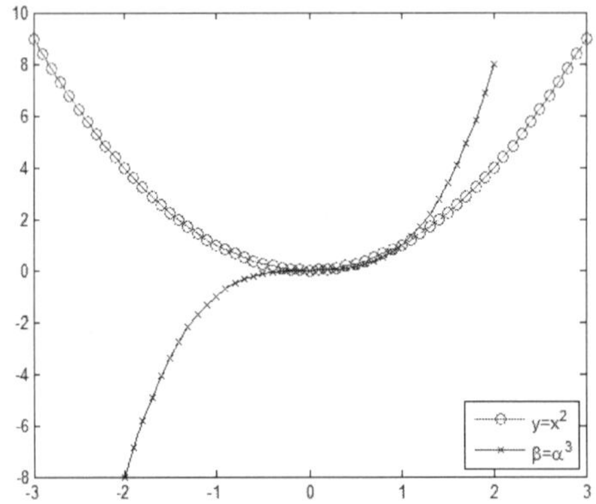

연습문제 2[2]

다음 그림을 생성하는 MATLAB 명령어를 써 보라.

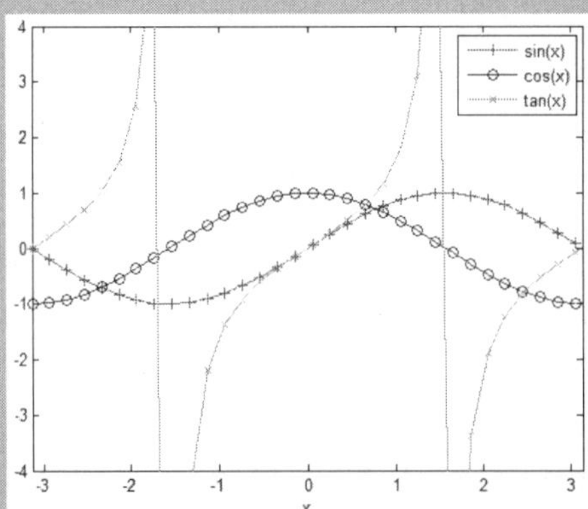

힌트: MATLAB 명령어 axis를 이용하여 그림의 수직 및 수평축을 조정한다.

3.5.14 다중 부그래프

그림에 하나 이상의 부그래프들을 가질 수 있다. 예를 들어 함수 $y_1 = x_1^2$과 $y_2 = x_2^3$의 그래프들을 다음 그림에 보인 바와 같이 두 개의 부그래프들에 나타내어 보자.

```
x1 = -3:0.1:3;
y1 = x1.^2;
subplot(2,1,1)
plot(x1,y1)
x2 = -2:0.1:2;
y2 = x2.^3;
subplot(2,1,2)
plot(x2,y2)
```

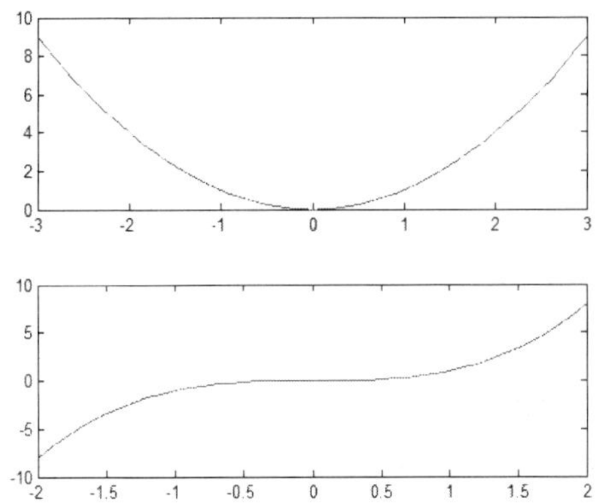

명령어 subplot(m,n,p)는 그림창을 mxn 행렬로 나누고 p 번째 축을 골라 현재의 그래프를 나타낸다. 예를 들어 subplot(2,1,1) 명령어는 그림창을 2행 1열의 행렬로 나누고 위쪽 부그래프를 선택하여 함수 $y_1 = x_1^2$의 그래프를 나타낸다. 명령어 subplot(2,1,2)는 그림창을 2행 1열의 행렬로 나누고 아래 쪽의 두 번째 부그래프를 선택하여 함수 $y_2 = x_2^3$의 그래프를 나타낸다.

연습문제 3[2]

다음 그림을 생성하는 MATLAB 명령어를 써 보라.

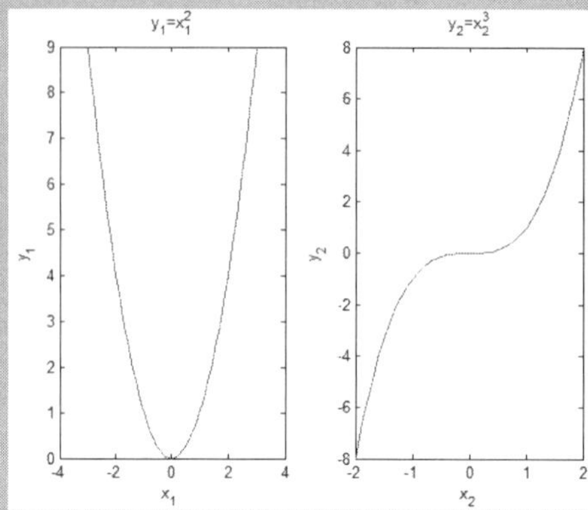

3.5.15 다중 그림

MATLAB에서는 하나 이상의 그림들을 생성할 수 있다. 예를 들어 함수 $y_1 = x_1^2$과 $y_2 = x_2^3$의 그래프들을 두 개의 다른 그림창에 나타내어 보자. MATLAB 명령어 `figure`를 이용하여 이를 수행할 수 있다. 다음 MATLAB 코드에 보인 바와 같이 명령어 `figure(1)`을 이용하여 첫 번째 그림을 생성한 다음 명령어 `figure(2)`를 이용하여 두 번째 그림을 생성한다.

```
x1 = -3:0.1:3;
y1 = x1.^2;
figure(1)
plot(x1,y1)
x2 = -2:0.1:2;
y2 = x2.^3;
figure(2)
plot(x2,y2)
```

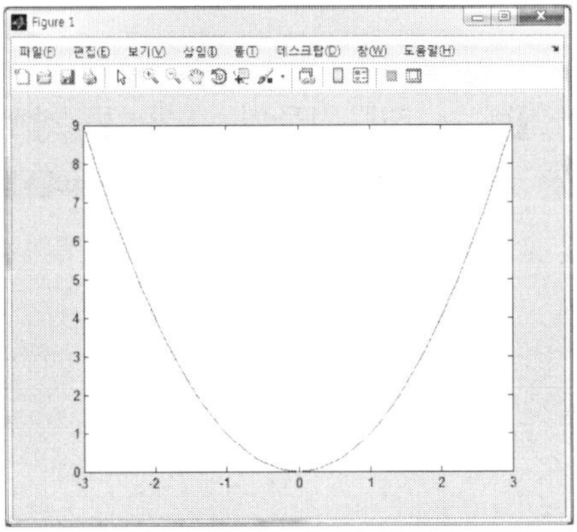 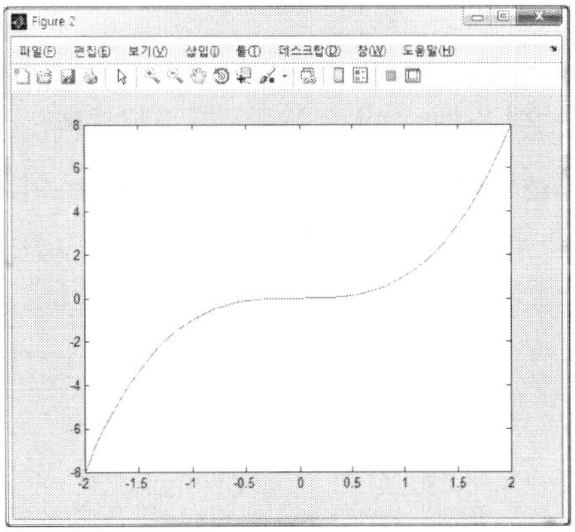

3.5.16 지수를 이용한 벡터의 그래프

MATLAB에서는 지수를 이용하여 벡터의 그래프를 그릴 수 있다. 예를 들어 [-3,3]의 x 범위에서 함수 $y=x^2$의 그래프를 그려 보자. 이 함수의 그래프를 그리려면 먼저 x를 나타내는 벡터를 생성한다.

```
>> x=-3:1:3
```

MATLAB은 다음과 같이 벡터 x를 생성한다.

```
x =

   -3    -2    -1     0     1     2     3
```

다음 단계는 y를 계산하는 것이다:

```
>> y = x.^2
```

MATLAB은 다음과 같이 벡터 y를 생성한다.

```
y =
     9     4     1     0     1     4     9
```

벡터 y의 지수에 대한 원소값들은 다음 표에 나타나 있다.

지수	1	2	3	4	5	6	7
y	9	4	1	0	1	4	9

벡터 y의 지수에 대한 원소값들의 그래프를 그리려면 MATLAB 명령어 프롬프트에서 다음을 입력한다.

```
>> plot(y)
```

이는 다음과 같은 그래프를 생성한다. plot 함수는 7개 점들의 그래프를 작성하는데 이들은 벡터 y의 원소들의 수이다. 이 점들은 서로 직선으로 연결된다. 이에 따라 함수는 서로 연결된 일련의 선분들로 나타난다.

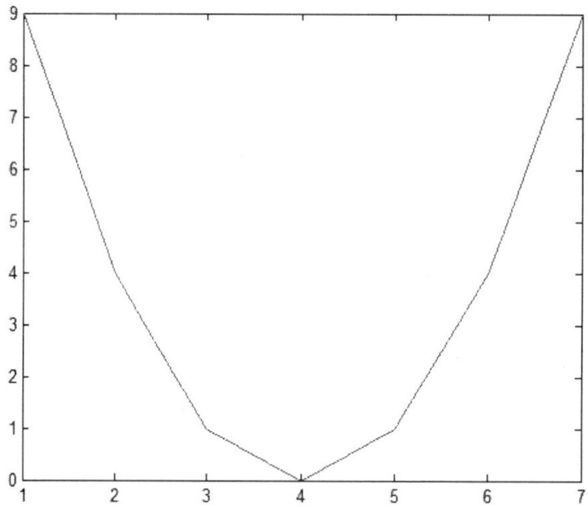

일부 연습문제에 대한 풀이

Lesson 3.1

연습문제 1

1. `>> x = [1, 2, 3, 4, 5]`
2. `>> y = [1; 2; 3; 4; 5]`

연습문제 2

1. `>> length(x)`
2. `>> length(y)`

연습문제 4

1. `>> x = -5:5` 혹은 `>> x = -5:1:5`
2. `>> y = 5:-1:-5`
3. `>> z = 10:-2:-4`

연습문제 6

```
>> x = 10:2:20;
```

연습문제 7

```
>> x = 11:2:21;
```

연습문제 9

1. `>> x = linspace(-5,5,11)`
2. `>> y = linspace(5,-5,11)`
3. `>> z = linspace(10,-4,8)`
4. `>> r = 1./ linspace(2,8,4)`
5. `>> s = linspace(0,4,5)./ linspace(1,5,5)`

연습문제 10

```
>> x = linspace(10,20,6)
```

연습문제 11

```
>> x = linspace(11,21,6)
```

연습문제 12

```
>> x = logspace(log10(1),log10(10),10)
```

연습문제 13

MATLAB 명령어 프롬프트에서 다음을 입력한다.

```
>> help logspace
```

MATLAB은 다음과 같이 응답한다.

```
logspace - Generate logarithmically spaced vectors

 This MATLAB function generates a row vector y of 50 logarithmically spaced
 points between decades 10^a and 10^b.

    y = logspace(a,b)
    y = logspace(a,b,n)
    y = logspace(a,pi)

    logspace에 대한 참조 페이지
    참고 항목 colon operator, linspace
```

예를 들면 MATLAB 명령어

```
>> x = logspace(log10(1),pi,5)
```

로부터 다음이 출력된다.

```
x =
    1.0000    1.3313    1.7725    2.3597    3.1416
```

연습문제 20

1. `>> x = (-5:-1)+ i*(5:-1:1)`
2. `>> y = 1./(2:2:10)+ i*(0:4)./(1:5)`

연습문제 21

1. `>> x = linspace(-5+5i, -1+i, 5)`
2. `>> y = 1./linspace(2,10,5)+i*linspace(0,4,5)./linspace(1,5,5)`

Lesson 3.3

연습문제 2

```
>> x=[0,2,4,6,8,10,12,14,16,18,20]
```

연습문제 3

1. `>> x(1:4)`
2. `>> x(8:11)`
3. `>> x([1, 4, 11])`
4. `>> x([1, 3, 5, 7])`
5. `>> x(1:2:11)`
6. `>> x(2:2:10)`

연습문제 4

1. `>> x(1:4)`
2. `>> x(end-3:end)`
3. `>> x([1, 4, end])`
4. `>> x([1, 3, 5, 7])`
5. `>> x(1:2:end)`
6. `>> x(2:2:end)`

연습문제 5

`>> z = x(end:-1:1)` 혹은 `>> z = fliplr(x)`

연습문제 7

1. `>> x(find(rem(x,3)==0)) = 3`
2. `>> x(find(rem(x,2)==0)) = x(find(rem(x,2)==0))*5`
3. `>> y = x(find(x>10))`
4. `>> x(find(x < mean(x))) = 0`
5. `>> x(find(x > mean(x))) = x(find(x > mean(x))) - mean(x)`
6. `>> x(find(x > 0)) = -1`

연습문제 9

1. `>> x(rem(x,3)==0) = 3`
2. `>> x(rem(x,2)==0) = x(rem(x,2)==0)*5`
3. `>> y = x(x>10)`
4. `>> x(x < mean(x)) = 0`
5. `>> x(x > mean(x)) = x(x > mean(x)) - mean(x)`
6. `>> x(x>0) = -1`

Lesson 3.4

연습문제 6

```
x = [1,2,3,4,5];
y = [2,4,6,8,10];
z = [10,20,30,40,50];
r = 0.2*x+0.3*y+0.4*z;
```

연습문제 7

1. `>> m = x + 10;`
2. `>> r = x; r(1:2:end) = x(1:2:end) + 3`
3. `>> s = sqrt(x)`
4. `>> t = x.^2`

연습문제 8

1. `>> m = y + sum(x)`
2. `>> s = y.^ x`
3. `>> z = y./ x`
4. `>> r = y.* x`
5. `>> t = sum(x)`
6. `>> x'*y - t`

```
ans =
      160
```

연습문제 9

1. `>> log(2+t+t.^2)`
2. `>> log10(2+t+t.^2)`
3. `>> exp(1+cos(3*t))`
4. `>> cos(t).^2+sin(t).^2`
5. `>> atan(t)`
6. `>> cot(t)`
7. `>> sec(t).^2 + cot(t) - 1`

Lesson 3.5

연습문제 1

```
x = -pi:0.2:pi;
y = sin(x);
plot(x,y, 'r*-')
xlabel('x')
ylabel('y')
title('y=sin(x)')
axis tight
```

연습문제 2

```
clear;clc;close all
x = -pi:0.2:pi;
y1 = sin(x);
y2 = cos(x);
y3 = tan(x);
plot(x,y1,'b+-')
hold on
plot(x,y2,'ro-')
plot(x,y3,'gx-')
axis([-pi pi -4 4])
legend('sin(x)','cos(x)','tan(x)')
xlabel('x')
hold off
```

연습문제 3

```
x1 = -3:0.1:3;
y1 = x1.^2;
subplot(1,2,1)
plot(x1,y1)
xlabel('x_1')
ylabel('y_1')
title('y_1=x_1^2')
x2 = -2:0.1:2;
y2 = x2.^3;
subplot(1,2,2)
plot(x2,y2)
xlabel('x_2')
ylabel('y_2')
title('y_2=x_2^3')
```

배열 4

이 장의 구성

Lesson 4.1 배열의 생성

목표

1. MATLAB® 에서 배열을 수동적으로 생성하는 방법을 학습
2. MATLAB® 에서 배열을 자동적으로 생성하는 방법을 학습

주제

4.1.1 서론
4.1.2 배열의 수동적 생성
4.1.2.1 배열의 수동적 생성: 행에 따른 생성
4.1.2.2 배열의 수동적 생성: 열에 따른 생성
4.1.3 `repmat` 함수를 이용한 배열의 생성
4.1.4 배열에 대한 전치
4.1.5 `reshape` 함수를 이용한 배열 차원의 변경
4.1.6 배열의 크기
4.1.7 배열을 열벡터로 전환
4.1.8 배열끼리의 연결
4.1.9 복소수 배열의 생성
4.1.9.1 복소수 배열의 수동적 생성
4.1.9.2 복소수 배열의 자동적 생성

4.1.1 서론

이전의 lesson들에서 학습한 바와 같이 MATLAB은 스칼라와 벡터들을 생성할 수 있다. 나아가 MATLAB은 배열도 생성할 수 있다. 아래에 보인 바와 같은 비교적 작은 배열의 경우 MATLAB을 이용하여 이를 수동적으로 생성할 수 있다.

$$X = \begin{bmatrix} 1 & 2 & 4 \\ 7 & 3 & 5 \end{bmatrix},\ Y = \begin{bmatrix} 1 & 8 \\ 3 & 6 \\ 6 & 4 \end{bmatrix},\ Z = \begin{bmatrix} 1 & 2 & 5 \\ 8 & 3 & 4 \\ 9 & 6 & 7 \end{bmatrix},\ R = \begin{bmatrix} 3 & 5 \\ 9 & 7 \end{bmatrix}$$

배열이 더 커지면 이들을 자동적으로 생성하는 것이 아마 더 편리할 것이다. 그렇게 하지 않는다면 많은 숫자들을 직접 타이프해 넣어야 할 것이다. 예를 들면 MATLAB을 이용하여 다음에 보인 비교적 큰 배열들을 자동적으로 생성할 수 있다.

$$A = \begin{bmatrix} 1 & 2 & 3 & 4 & 5 & 6 \\ 1 & 2 & 3 & 4 & 5 & 6 \\ 1 & 2 & 3 & 4 & 5 & 6 \\ 1 & 2 & 3 & 4 & 5 & 6 \\ 1 & 2 & 3 & 4 & 5 & 6 \end{bmatrix},\ B = \begin{bmatrix} 1 & 1 & 1 & 1 & 1 \\ 2 & 2 & 2 & 2 & 2 \\ 3 & 3 & 3 & 3 & 3 \\ 4 & 4 & 4 & 4 & 4 \\ 5 & 5 & 5 & 5 & 5 \end{bmatrix},\ R = \begin{bmatrix} 1 & 6 & 11 & 16 & 21 & 26 \\ 2 & 7 & 12 & 17 & 22 & 27 \\ 3 & 8 & 13 & 18 & 23 & 28 \\ 4 & 9 & 14 & 19 & 24 & 29 \\ 5 & 10 & 15 & 20 & 25 & 30 \end{bmatrix},$$

$$S = \begin{bmatrix} 1 & 2 & 3 & 4 & 5 \\ 6 & 7 & 8 & 9 & 10 \\ 11 & 12 & 13 & 14 & 15 \\ 16 & 17 & 18 & 19 & 20 \\ 21 & 22 & 23 & 24 & 25 \end{bmatrix}$$

주의: 이 책에서는 대문자를 써서 배열을 나타내기로 한다.

4.1.2 배열의 수동적 생성

4.1.2.1 배열의 수동적 생성: 행에 따른 생성

이제 몇 가지 보기들을 통하여 배열을 수동적으로 생성하는 방법을 예시하여 보기로 한다. 행에 따른 수동적 방법으로 배열

$$X = \begin{bmatrix} 1 & 2 & 4 \\ 7 & 3 & 5 \end{bmatrix}$$

를 생성하려면 MATLAB 명령어 프롬프트에서 다음을 입력한다.

```
>> X = [1, 2, 4;7, 3, 5];
```

여기에서는 콤마(,)를 이용하여 행에서의 원소들을 구분하고 있음을 주목하자. 세미콜론(;)은 행들을 구분하는 데에 이용된다.

배열 X에 대하여 약간의 정보를 얻으려면 MATLAB 명령어 프롬프트에서 다음을 입력한다.

```
>> whos X
```

MATLAB은 다음과 같이 응답한다.

```
  Name  Size  Bytes  Class   Attributes
  X      2x3  48     double
```

MATLAB은 X가 2행과 3열들을 갖는 배열임을 알려준다. 이 배열은 double 데이터 클래스(8 바이트)를 가지며 따라서 48 바이트(6x8)의 컴퓨터 메모리를 이용하여 배열 X를 저장한다.

열에 따른 수동적 방법으로 배열

$$Y = \begin{bmatrix} 1 & 8 \\ 3 & 6 \\ 6 & 4 \end{bmatrix}$$

를 생성하려면 MATLAB 명령어 프롬프트에서 다음을 입력한다.

```
>> Y=[1,8;3,6;6,4];
```

연습문제 1[1]

행에 따른 수동적 방법으로 다음 배열들을 생성하여라.

$$Z= \begin{bmatrix} 1 & 2 & 5 \\ 8 & 3 & 4 \\ 9 & 6 & 7 \end{bmatrix},\ R= \begin{bmatrix} 3 & 5 \\ 9 & 7 \end{bmatrix}$$

4.1.2.2 배열의 수동적 생성: 열에 따른 생성

열에 따른 수동적 방법으로 배열

$$X = \begin{bmatrix} 1 & 2 & 4 \\ 7 & 3 & 5 \end{bmatrix}$$

를 생성하려면 MATLAB 명령어 프롬프트에서 다음을 입력한다.

```
>> X=[[1;7],[2;3],[4;5]];
```

[1;7]은 배열 X의 첫 번째 열을 생성한다.

[2;3]은 두 번째 열을 생성한다.

[4;5]은 세 번째 열을 생성한다.

세 열들은 콤마들에 의해 서로 사슬처럼 결합된다.

열에 따른 수동적 방법으로 배열

$$Y = \begin{bmatrix} 1 & 8 \\ 3 & 6 \\ 6 & 4 \end{bmatrix}$$

를 생성하려면 MATLAB 명령어 프롬프트에서 다음을 입력한다.

```
>> Y=[[1;3;6],[8;6;4]];
```

연습문제 2[1]

열에 따른 수동적 방법으로 다음 배열들을 생성하여라.

$$Z = \begin{bmatrix} 1 & 2 & 5 \\ 8 & 3 & 4 \\ 9 & 6 & 7 \end{bmatrix},\ R = \begin{bmatrix} 3 & 5 \\ 9 & 7 \end{bmatrix}$$

4.1.3 repmat 함수를 이용한 배열의 생성

repmat 함수는 "repeat matrix"의 약어이며 구문은 B=repmat(A,M,N)과 같다. 이 함수는 A를 MxN 개의 타일 모양으로 복사한 큰 행렬 B를 생성한다. 이 함수는 다음과 같은 3개의 인수들을 갖는다.

1. A는 소스 배열이다.
2. M은 A가 수직 방향으로 반복되는 횟수이다.
3. N은 A가 수평 방향으로 반복되는 횟수이다.

보기 1

다음과 같은 배열 A를 생성하여라.

$$A=\begin{bmatrix}1&2&3&4&5&6\\1&2&3&4&5&6\\1&2&3&4&5&6\\1&2&3&4&5&6\\1&2&3&4&5&6\end{bmatrix}$$

풀이

이 배열은 이전에 설명한 바와 같이 수동적으로 생성할 수도 있지만 이를 위해서는 많은 숫자들을 지겹도록 타이프해야 할 필요가 있다. 이와 달리 `repmat` 함수를 이용하여 이 배열을 자동적으로 생성할 수 있다. A의 첫 번째 행과 유사한 벡터를 생성한 다음 이를 다음과 같이 수직 방향으로 5번 반복한다.

```
>> a=[1,2,3,4,5,6];
>> A=repmat(a,5,1)
```

보기 2

MATLAB을 이용하여 다음 배열을 생성하여 보자. 이 배열에서는 첫 번째 열이 5회 반복된다.

$$B=\begin{bmatrix}1&1&1&1&1\\2&2&2&2&2\\3&3&3&3&3\\4&4&4&4&4\\5&5&5&5&5\end{bmatrix}$$

풀이

이 배열에서는 첫 번째 열이 수평 방향으로 5번 반복된다. B를 생성하려면 MATLAB 명령어 프롬프트에서 다음을 입력한다.

```
>> b=[1;2;3;4;5];
>> B=repmat(b,1,5)
```

보기 3

`repmat` 함수를 이용하여 다음 배열을 생성하여 보자.

$$C=\begin{bmatrix}1&2&1&2\\3&4&3&4\\1&2&1&2\\3&4&3&4\end{bmatrix}$$

풀이

```
>> C1=[1,2;3,4];
>> C=repmat(C1,2,2);
```

4.1.4 배열에 대한 전치

이 연산은 배열에서 행들을 열들로, 열들을 행들로 바꾸는 것을 의미한다. 수학적으로는 배열을 X라고 할 때 X의 전치는 X^T로 나타낸다. 예를 들어

$X = \begin{bmatrix} 1 & 2 & 4 \\ 7 & 3 & 5 \end{bmatrix}$ 이면 $X^T = \begin{bmatrix} 1 & 7 \\ 2 & 3 \\ 4 & 5 \end{bmatrix}$ 이다.

다음과 같이 배열 X를 생성하여 보자.

```
>> X=[1,2,4;7,3,5]
```

MATLAB은 다음과 같이 응답한다.

```
X =
    1 2 4
    7 3 5
```

배열 X를 전치시키려면 명령어 프롬프트에서 다음을 입력한다.

```
>> XT=X'
```

위에서 인용부호(')는 전치 연산을 의미하며 전치된 배열을 XT로 불리는 새로운 변수에 저장하였다. MATLAB은 다음과 같이 응답한다.

```
XT =
      1 7
      2 3
      4 5
```

4.1.5 reshape함수를 이용한 배열 차원의 변경

reshape 함수의 구문은 B=reshape(X,M,N)과 같다. 이 함수는 배열 X의 차원을 새로운 차원인 MXN으로 변경시킨다. 원소들은 원래 배열 X로부터 열에 따라 취해진다. reshape 함수에 대한 인수들은 다음과 같다.

1. X는 소스 배열이다.
2. M은 결과배열 B의 행들의 수이다.
3. N은 결과배열 B의 열들의 수이다.

보기 4

MATLAB을 이용하여 2×3 배열의 차원을 3×2로 변경시켜 보라.

$$X=\begin{bmatrix}1 & 2 & 4\\7 & 3 & 5\end{bmatrix}$$

풀이

```
>> X=[1,2,4;7,3,5];
>> B=reshape(X,3,2)
```

MATLAB은 다음과 같이 응답한다.

```
B =
    1 3
    7 4
    2 5
```

주의: 원소들은 원래 배열 X로부터 열에 따라 취하여진다. 주어진 배열은 2×3이며 이를 재구성하여 3×2 배열로 만들 필요가 있으므로 X의 첫 번째 열과 X의 두 번째 열의 첫 번째 원소가 함께 B의 첫 번째 열이 된다. B의 두 번째 열은 X의 두 번째 열의 두 번째 원소와 X의 세 번째 열로 구성된다.

보기 5

reshape 함수를 이용하여 배열을 생성하여라.

$$B=\begin{bmatrix}1 & 6 & 11 & 16 & 21 & 26\\2 & 7 & 12 & 17 & 22 & 27\\3 & 8 & 13 & 18 & 23 & 28\\4 & 9 & 14 & 19 & 24 & 29\\5 & 10 & 15 & 20 & 25 & 30\end{bmatrix}$$

풀이

```
>> b=1:1:30;
>> B=reshape(b,5,6)
```

보기 6

reshape 함수를 이용하여 배열을 생성하여라.

$$S=\begin{bmatrix}1 & 2 & 3 & 4 & 5\\ 6 & 7 & 8 & 9 & 10\\ 11 & 12 & 13 & 14 & 15\\ 16 & 17 & 18 & 19 & 20\\ 21 & 22 & 23 & 24 & 25\end{bmatrix}$$

풀이

```
>> s=1:1:25;
>> S=reshape(s,5,5);
>> S=S';
```

주의: 대소문자에의 민감성이 적용되므로 s와 S는 서로 다른 변수들이다.

보기 7

MATLAB을 이용하여 다음 배열을 생성하여라. F의 차원은 3×4이다.

$$F=\begin{bmatrix}1 & 3 & 2 & 5\\ 6 & 7 & 8 & 9\\ 10 & 12 & 4 & 11\end{bmatrix}$$

F의 차원을 4×3으로 변경시켜 보라.

풀이

```
>> F=[1,3,2,5;6,7,8,9;10,12,4,11];
>> K=reshape(F,4,3)
```

MATLAB은 다음과 같이 응답한다.

```
K =
     1    7    4
     6   12    5
    10    2    9
     3    8   11
```

주의: K를 구성하는 원소들은 F로부터 열에 따라 취해진 것이다.

4.1.6 배열의 크기

MATLAB에서는 배열의 행과 열들의 수를 구할 수 있다. 예를 들어 MATLAB에서 다음 배열을 생성하여 보자.

$$X = \begin{bmatrix} 1 & 2 & 4 \\ 7 & 3 & 5 \end{bmatrix}$$

```
>> X=[1,2,4;7,3,5];
```

X의 행의 수를 구하려면 MATLAB 명령어 프롬프트에서 다음을 입력한다.

```
>> m=size(X,1)
```

MATLAB은 다음과 같이 응답한다.

```
m =
     2
```

앞에서 size 함수의 키워드 "1"은 배열 X의 첫 번째 차원, 즉 행들의 수를 구하고자 함을 의미한다. X의 열들의 수를 구하려면 MATLAB 명령어 프롬프트에서 다음을 입력한다.

```
>> n=size(X,2)
```

MATLAB은 다음과 같이 응답한다.

```
n =
     3
```

앞에서 size 함수의 키워드 "2"는 배열 X의 두 번째 차원, 즉 열들의 수를 구하고자 함을 의미한다.

배열 X의 원소들의 수를 구하려면 MATLAB 명령어 프롬프트에서 다음을 입력한다.

```
>> r=numel(X)
```

MATLAB은 다음과 같이 응답한다.

```
r =
     6
```

4.1.7 배열을 열벡터로 전환

콜론(:) 연산자를 사용하여 배열을 벡터로 전환시킬 수 있다. 예를 들어 배열

$$X = \begin{bmatrix} 1 & 2 & 4 \\ 7 & 3 & 5 \end{bmatrix}$$

를 열벡터로 전환시키려면 MATLAB 명령어 프롬프트에서 다음을 입력한다.

```
>> X=[1,2,4;7,3,5]
>> x=X(:)
```

MATLAB은 다음과 같이 응답한다.

```
X =
     1 2 4
     7 3 5
x =
     1
     7
     2
     3
     4
     5
```

원소들은 배열 X로부터 열에 따라 취해졌음을 주목하자.
배열

$$X = \begin{bmatrix} 1 & 2 & 4 \\ 7 & 3 & 5 \end{bmatrix}$$

는 실제로는 MATLAB 메모리에서 다음 순서로 저장된다.

1	7	2	3	4	5

4.1.8 배열끼리의 연결

배열들은 사슬처럼 함께 연결되어 더 큰 배열을 생성할 수 있다.

보기 8

다음 두 배열

$$X=\begin{bmatrix}1 & 2 & 4\\7 & 3 & 5\end{bmatrix},\ Z=\begin{bmatrix}1 & 2 & 5\\8 & 3 & 4\\9 & 6 & 7\end{bmatrix}$$

들을 연결하여 배열

$$F=\begin{bmatrix}1 & 2 & 5\\8 & 3 & 4\\9 & 6 & 7\\1 & 2 & 4\\7 & 3 & 5\end{bmatrix}=\begin{bmatrix}Z\\X\end{bmatrix}$$

를 생성하여 보라.

풀이

```
>> Z=[1,2,5;8,3,4;9,6,7];
>> X=[1,2,4;7,3,5];
>> F=[Z;X];
```

여기에서 우리는 세미콜론(;)을 사용하여 X와 Z 배열들을 수직 방향으로 연결하고 있음을 주목하자.

보기 9

배열

$$X=\begin{bmatrix}1 & 2 & 4\\7 & 3 & 5\end{bmatrix},\ R=\begin{bmatrix}3 & 5\\9 & 7\end{bmatrix}$$

을 연결하여 배열

$$S=\begin{bmatrix}1 & 2 & 4 & 3 & 5\\7 & 3 & 5 & 9 & 7\end{bmatrix}=[X\ \ R]$$

을 생성하여라.

풀이

```
>> X=[1,2,4;7,3,5];
>> R=[3,5;9,7];
>> S=[X,R];
```

여기에서 우리는 콤마(,)를 사용하여 X와 R 배열들을 수평 방향으로 연결하고 있음을 주목하자.

4.1.9 복소수 배열의 생성

MATLAB을 이용하여 수동적으로, 혹은 자동적으로 복소수 배열들을 생성할 수 있다.

4.1.9.1 복소수 배열의 수동적 생성

복소수 배열

$$G = \begin{bmatrix} 3+i2 & i5 \\ 9-i & 7 \end{bmatrix}$$

을 생성하려면 MATLAB 명령어 프롬프트에서 다음을 입력한다.

```
>> G=[3+2i,5i;9-i,7]
```

MATLAB은 다음과 같이 응답한다.

```
G =
    3.0000 + 2.0000i   0.0000 + 5.0000i
    9.0000 - 1.0000i   7.0000 + 0.0000i
```

4.1.9.2 복소수 배열의 자동적 생성

복소수 배열

$$A = \begin{bmatrix} 1+2i & 2+4i & 3+6i & 4+8i & 5+10i \\ 1+2i & 2+4i & 3+6i & 4+8i & 5+10i \\ 1+2i & 2+4i & 3+6i & 4+8i & 5+10i \\ 1+2i & 2+4i & 3+6i & 4+8i & 5+10i \\ 1+2i & 2+4i & 3+6i & 4+8i & 5+10i \end{bmatrix}$$

를 생성하려면 MATLAB 명령어 프롬프트에서 다음을 입력한다.

```
>> a = (1:1:5)+i*(2:2:10);
>> A = repmat(a,5,1)
```

MATLAB은 다음과 같이 응답한다.

```
A =
   1.0000+2.0000i 2.0000+4.0000i 3.0000+6.0000i 4.0000+8.0000i 5.0000+10.0000i
   1.0000+2.0000i 2.0000+4.0000i 3.0000+6.0000i 4.0000+8.0000i 5.0000+10.0000i
   1.0000+2.0000i 2.0000+4.0000i 3.0000+6.0000i 4.0000+8.0000i 5.0000+10.0000i
   1.0000+2.0000i 2.0000+4.0000i 3.0000+6.0000i 4.0000+8.0000i 5.0000+10.0000i
   1.0000+2.0000i 2.0000+4.0000i 3.0000+6.0000i 4.0000+8.0000i 5.0000+10.0000i
```

Lesson 4.2 배열에 대한 관계 및 논리연산

목표

1. 배열들에 대한 주요 6가지 관계 연산자들을 학습
2. 배열들에 대한 주요 3가지 논리 연산자들을 학습
3. MATLAB® 에서의 논리 클래스를 학습

주제

4.2.1 배열에 대한 관계 연산자
4.2.2 배열에 대한 논리 연산자
    4.2.2.1 AND "&" 논리 연산자
    4.2.2.2 OR "|" 논리 연산자
    4.2.2.3 NOT "~" 논리 연산자
4.2.3 배열들에 대한 논리 및 관계 연산들의 조합

4.2.1 배열에 대한 관계 연산자

lesson 2.4에서 학습한 바와 같이 MATLAB은 다음과 같은 6가지의 관계 연산자들을 갖는다.

1. ~보다 큰 ">"
2. ~보다 작은 "<"
3. ~이상 ">="
4. ~이하 "<="
5. 대등 "=="
6. 같지 않음 "~="

여기에서 우리는 보기들을 통하여 배열들에 대한 이 관계 연산자들의 사용을 다루기로 한다. 다음 배열들을 생성하여 보자.

$$X=\begin{bmatrix}1 & 2 & -4\\ 7 & 0 & 5\end{bmatrix},\ Y=\begin{bmatrix}-3 & 5 & 1\\ 9 & 7 & 0\end{bmatrix}$$

이를 위하여 MATLAB에서 다음을 입력한다.

```
>> X=[1,2,-4;7,0,5];
```

```
>> Y=[-3,5,1;9,7,0];
```

다음 MATLAB 명령어는 배열 X의 각 원소값이 배열 Y의 해당되는 원소값보다 큰지의 여부를 결정한다. 이 비교로부터 얻어지는 결과는 배열 Z에 저장된다.

```
>> Z=X>Y
```

MATLAB은 다음과 같이 Z의 값들을 보여준다.

```
Z =
    1 0 0
    0 0 1
```

첫 번째 원소 X(1,1)의 값은 1이며 Y의 첫 번째 원소 Y(1,1)의 값은 -3이다. 명령어 Z=X>Y의 수행은 MATLAB에게 "배열 X의 원소들이 배열 Y의 원소들보다 큰가?" 라는 질문을 던지는 것과 같다. 이에 대한 답은 X와 Y배열의 첫 번째 원소의 경우 1이 -3보다 크므로 true(1)이다. 따라서 MATLAB은 Z의 첫 번째 원소에 참을 의미하는 1을 할당한다.

Z의 두 번째 원소값 Z(2,1)을 구하기 위하여 MATLAB은 원소 X(2,1)의 값을 원소 Y(2,1)와 비교하여 논리표현 X>Y를 수행한다. 원소 X(2,1)은 7이고 원소 Y(2,1)은 9이다. 7은 9보다 작으므로 논리표현 X(2,1)>Y(2,1)은 false이다. 따라서 MATLAB은 거짓을 의미하는 0을 Z(2,1)의 값으로 부여한다.

동일한 연산이 두 배열 X와 Y의 나머지 원소들에 대하여 반복된다.

배열 Z의 클래스는 logical이다. logical클래스의 값은 1이나 0이며 1바이트의 메모리로 나타내어진다. Z는 6원소 논리배열이므로 MATLAB은 6바이트의 메모리를 이용하여 Z를 저장한다. Z의 클래스를 조사하려면 MATLAB 명령어 프롬프트에서 다음을 입력한다.

```
>> whos Z
```

MATLAB은 다음과 같이 응답한다.

```
Name  Size  Bytes  Class    Attributes
Z     2x3   6      logical
```

연습문제 1[1]

다음의 두 배열

```
X = [1,2,-4;7,0,5],
Y = [-3,5,1;9,7,0]
```

에 대하여 다음 MATLAB 명령어들이 수행하는 연산을 설명하여라.

1. `Z = X < Y`
2. `Z = X == Y`
3. `Z = Y < X`
4. `Z = X <= Y`
5. `Z = Y >= X`

4.2.2 배열에 대한 논리 연산자

lesson 2.4에서 학습한 바와 같이 MATLAB은 다음과 같은 3가지의 논리 연산자들을 갖는다.

1. AND "&"
2. OR "|"
3. NOT "~"

4.2.2.1 AND "&" 논리 연산자

AND 논리 연산자 "&"는 두 피연산자가 참이면 `true`를 생성한다. 예를 들어 다음과 같은 누 배열을 생성하여 보자.

$$X=\begin{bmatrix}1 & 2 & -4\\ 7 & 0 & 5\end{bmatrix},\ Y=\begin{bmatrix}-3 & 5 & 1\\ 9 & 7 & 0\end{bmatrix}$$

이를 위하여 MATLAB에서 다음을 입력한다.

```
>> X=[1,2,-4;7,0,5];
>> Y=[-3,5,1;9,7,0];
```

MATLAB 명령어 프롬프트에서 다음을 입력한다.

```
>> Z = X & Y
```

MATLA은 다음과 같이 Z의 값들을 보여준다.

```
Z =
    1 1 1
    1 0 0
```

MATLAB은 X&Y를 수행하고 그 결과를 배열 Z에 할당한다. 배열 Z의 첫 번째 원소는 다음과 같이 얻어진다. 배열 X의 첫 번째 원소는 1로서 이는 참으로 간주된다. 배열 Y의 첫 번째 원소는 -3으로서 이것 역시 참으로 간주된다. "&" 논리 연산자에 대한 두 피연산자들은 모두 참이므로 "&" 논리연산 true&true를 수행하면 true가 생성된다. 따라서 true에 해당되는 1의 논리값이 배열 Z의 첫 번째 원소에 할당된다.

주의: 논리 연산자에 대한 피연산자는 임의의 0이 아닌 값을 갖는 경우 참으로 간주된다. 아울러 음의값 을 갖는 피연산자 역시 참으로 간주된다. 값이 0인 임의의 피연산자는 거짓으로 간주된다.

4.2.2.2 OR "|" 논리 연산자

OR 논리 연산자 "|"는 피연산자들 가운데 어느 하나가 참이면 출력이 true가 된다. 예를 들어 다음과 같은 두 배열을 생성하여 보자.

$$X=\begin{bmatrix}1 & 2 & -4\\ 7 & 0 & 0\end{bmatrix},\ Y=\begin{bmatrix}-3 & 5 & 1\\ 9 & 7 & 0\end{bmatrix}$$

이를 위하여 MATLAB에서 다음을 입력한다.

```
>> X=[1,2,-4;7,0,0];
>> Y=[-3,5,1;9,7,0];
```

MATLAB 명령어 프롬프트에서 다음을 입력한다.

```
>> Z = X | Y
```

MATLAB은 다음과 같이 Z의 값들을 보여준다.

```
Z =
    1 1 1
    1 1 0
```

MATLAB은 X|Y를 수행하고 그 결과를 새로운 배열 Z에 할당한다.

4.2.2.3 NOT "~" 논리 연산자

NOT "~" 논리 연산자는 하나의 피연산자를 가지며 그 피연산자의 값이 0이면 true의 출력을 생성한다. 아울러 "~" 연산자는 피연산자의 값이 0이 아닐 경우 false의 출력을 생성한다. 예를 들어 MATLAB 명령어 프롬프트에서 다음을 입력한다.

```
>> X=[1,2,-4;7,0,0]
>> W= ~X
```

MATLAB은 다음과 같이 응답한다.

```
X =
    1 2 -4
    7 0  0

W =
    0 0 0
    0 1 1
```

연습문제 2[1]

다음의 두 배열

```
X = [1,2,-4;7,0,5],
Y = [-3,5,1;9,7,0]
```

에 대하여 다음 MATLAB 명령어들이 수행하는 연산을 설명하여라.

1. `Z = X & (~Y)`
2. `Z = (~X) & Y`
3. `Z = X & Y | X`
4. `Z = X & Y | ~X`

4.2.3 배열들에 대한 논리 및 관계 연산들의 조합

논리 및 관계 연산자들은 조합될 수 있다. 예를 들어 다음과 같은 두 배열을 생성하여 보자.

$$X = \begin{bmatrix} 1 & 2 & -4 \\ 7 & 0 & 0 \end{bmatrix},\ Y = \begin{bmatrix} -3 & 5 & 1 \\ 9 & 7 & 0 \end{bmatrix}$$

이를 위하여 MATLAB에서 다음을 입력한다.

```
>> X=[1,2,-4;7,0,0];
>> Y=[-3,5,1;9,7,0];
```

MATLAB 명령어 프롬프트에서 다음을 입력한다.

```
>> Z = (X<3)&(Y<0)
```

MATLAB은 다음과 같이 응답한다.

```
Z =
    1 0 0
    0 0 0
```

연습문제 3[1]

다음의 두 배열

```
X = [1,2,-4;7,0,5],
Y = [-3,5,1;9,7,0]
```

에 대하여 다음 MATLAB 명령어들이 수행하는 연산을 설명하여라.

1. `Z = (X > Y) | (Y < X)`
2. `Z = (X > Y) & (Y < X)`

Lesson 4.3 배열 원소의 접근

목표

1. 인덱스에 따른 배열 원소들에의 접근방법을 학습
2. 값에 따른 배열 원소들에의 접근방법을 학습
3. 관계 및 논리 연산자를 이용한 배열 원소들에의 접근방법을 학습

주제

4.3.1 인덱스를 이용한 배열의 개별 원소에의 접근
- 4.3.1.1 행과 열에 따른 인덱스 설정 방법
- 4.3.1.2 선형 인덱스 설정 방법

4.3.2 배열의 행의 접근
4.3.3 배열의 열의 접근
4.3.4 인덱스를 이용한 배열의 원소 그룹에의 접근
4.3.5 값을 이용한 배열 원소들에의 접근
4.3.6 관계 및 논리 연산자를 이용한 배열 원소들에의 접근

4.3.1 인덱스를 이용한 배열의 개별 원소에의 접근

배열 내의 원소들에 접근하는 방법에는 두 가지가 있다. 첫 번째 방법은 행과 열에 따른 인덱스에 의한 방법이며 두 번째 방법은 선형 인덱스 방법이다.

4.3.1.1 행과 열에 따른 인덱스 설정 방법

일단 배열을 생성하였다면 그 배열 내의 개별적인 원소들에 접근할 수 있다. 이를 다음과 같은 3×4 배열을 이용하여 예시해 보기로 한다.

$$X = \begin{bmatrix} 3 & 4 & 8 & 12 \\ 2 & 5 & 7 & 11 \\ 1 & 6 & 9 & 10 \end{bmatrix}$$

X의 원소들의 행과 열 인덱스들은 다음과 같다.

$$\begin{bmatrix} X_{1,1} & X_{1,2} & X_{1,3} & X_{1,4} \\ X_{2,1} & X_{2,2} & X_{2,3} & X_{2,4} \\ X_{3,1} & X_{3,2} & X_{3,3} & X_{3,4} \end{bmatrix}$$

배열 X의 하나의 원소를 $X_{m,n}$으로 지칭하는데 여기에서 m은 행을, n은 열을 나타낸다. 하나의 원소는 행과 열을 이용하여 인식된다. 예를 들면 위의 보기에서 원소 $X_{1,1}$은 3이며 원소 $X_{2,3}$은 7임을 알 수 있다.

MATLAB에서 배열 X를 생성하려면 MATLAB 명령어 프롬프트에서 다음을 입력한다.

```
>> X=[3,4,8,12;2,5,7,11;1,6,9,10];
```

원소 $X_{1,1}$에 접근하려면 MATLAB 명령어 프롬프트에서 다음을 입력한다.

```
>> X(1,1)
```

소괄호()를 사용하는 것을 잊지 말자.

주의: 배열을 생성할 때에는 대괄호 []를 이용하지만 원소에 접근할 때에는 소괄호 ()를 이용한다.

MATLAB은 다음과 같이 응답한다.

```
ans =
      3
```

이 명령어는 배열 원소 $X_{1,1}$을 프린트한다. ans라는 새로운 특수 변수가 생성되었음을 주목하자. MATLAB은 결과를 ans라는 특수 변수에 저장한다.

원소 $X_{2,3}$에 접근하려면 MATLAB 명령어 프롬프트에서 다음을 입력한다.

```
>> f = X(2,3)
```

MATLAB은 다음과 같이 응답한다.

```
f =
     7
```

이 명령어는 배열원소 $X_{2,3}$=X(2,3)에 저장되어 있는 값을 새로운 변수 f에 저장한다.

X의 첫 번째 행의 마지막 원소에 접근하려면 MATLAB 명령어 프롬프트에서 다음을 입력한다.

```
>> s=X(1,end);
```

혹은 이와 달리 다음과 같은 명령어를 사용한다.

```
>> s=X(1,4);
```

이는 동일한 작업을 수행한다.

이 명령어는 X의 첫 번째 행의 마지막 원소를 변수 s에 저장한다. 변수 s의 값을 보이려면 MATLAB 명령어 프롬프트에서 다음을 입력한다.

```
>> s
```

MATLAB은 다음과 같이 응답한다.

```
s =
     12
```

X의 세 번째 열의 마지막 원소에 접근하려면 MATLAB 명령어 프롬프트에서 다음을 입력한다.

```
>> t=X(end,3);
```

혹은 이와 달리 다음과 같은 명령어를 사용하여 동일한 작업을 수행한다.

```
>> t=X(3,3);
```

이 명령어는 X의 세 번째 열의 마지막 원소를 변수 t에 저장한다. 변수 t의 값을 보이려면 MATLAB 명령어 프롬프트에서 다음을 입력한다.

```
>> t
```

MATLAB은 다음과 같이 응답한다.

```
t =
     9
```

다음과 같이 원소 $X_{1,5}$에 접근하여 보자.

```
>> X(1,5)
```

MATLAB은 다음과 같이 오류 메시지를 내보낸다.

```
인덱스가 행렬의 차원을 초과합니다.
```

이는 배열 X에 5번째 열이 존재하지 않기 때문이다.

연습문제 1[1]

다음 MATLAB 명령어들이 수행하는 연산과 출력을 설명하여라.

```
>> X = [3,4,8,12;2,5,7,11;1,6,9,10];
>> y = X(size(X,1),size(X,2))
```

연습문제 2[1]

다음 MATLAB 명령어들이 수행하는 연산과 출력을 설명하여라.

```
>> X = [3,4,8,12;2,5,7,11;1,6,9,10];
>> y = X(end,end)
```

4.3.1.2 선형 인덱스 설정 방법

이 방법을 다음과 같은 3×4 배열을 이용하여 예시해 보기로 한다.

$$X = \begin{bmatrix} 3 & 4 & 8 & 12 \\ 2 & 5 & 9 & 11 \\ 1 & 6 & 7 & 10 \end{bmatrix}$$

X의 원소들의 선형 인덱스들은 다음과 같다.

$$\begin{bmatrix} X_1 & X_4 & X_7 & X_{10} \\ X_2 & X_5 & X_8 & X_{11} \\ X_3 & X_6 & X_9 & X_{12} \end{bmatrix}$$

lesson 4.1의 4.1.7 절에서 배열들은 실제로 MATLAB에서 열 순서에 따른 원소들의 선형 수열 형태로 메모리에 저장됨을 알았다. 이 방법은 이러한 접근방식을 이용하여 배열 원소들에 인덱스를 부여한다. 원소 X_1의 값은 3이며 X_{10}은 12임을 알 수 있다.

MATLAB에서 3×4 배열 X를 생성하려면 MATLAB 명령어 프롬프트에서 다음을 입력한다.

```
>> X=[3,4,8,12;2,5,9,11;1,6,7,10];
```

원소 X_1에 접근하려면 MATLAB 명령어 프롬프트에서 다음을 입력한다.

```
>> a=X(1)
```

MATLAB은 다음과 같이 응답한다.

```
a =
    3
```

4.3.2 배열의 행의 접근

콜론 연산자(:)를 이용하여 배열의 행에 접근할 수 있다. 예를 들어 배열

$$X=\begin{bmatrix}3 & 4 & 8 & 12\\ 2 & 5 & 9 & 11\\ 1 & 6 & 7 & 10\end{bmatrix}$$

를 생성하여 보자. MATLAB 명령어 프롬프트에서 다음을 입력한다.

```
>> X=[3,4,8,12;2,5,9,11;1,6,7,10];
```

첫 번째 행에 접근하려면 MATLAB 명령어 프롬프트에서 다음을 입력한다.

```
>> a=X(1,:)
```

MATLAB은 다음과 같이 응답한다.

```
a =
    3 4 8 12
```

마지막 행에 접근하려면 MATLAB 명령어 프롬프트에서 다음을 입력한다.

```
>> b=X(end,:)
```

MATLAB은 다음과 같이 응답한다.

```
b =
    1 6 7 10
```

마지막 두 행에 접근하려면 MATLAB 명령어 프롬프트에서 다음을 입력한다.

```
>> B=X(end-1:end,:)
```

MATLAB은 다음과 같이 응답한다.

```
B =
    2 5 9 11
    1 6 7 10
```

첫 번째와 세 번째 행에 접근하려면 MATLAB 명령어 프롬프트에서 다음을 입력한다.

```
>> C=X([1,3],:)
```

MATLAB은 다음과 같이 응답한다.

```
C =
    3 4 8 12
    1 6 7 10
```

4.3.3 배열의 열의 접근

콜론 연산자(:)를 이용하여 배열의 열에 접근할 수 있다. 예를 들어 배열

$$X = \begin{bmatrix} 3 & 4 & 8 & 12 \\ 2 & 5 & 7 & 11 \\ 1 & 6 & 9 & 10 \end{bmatrix}$$

를 생성하여 보자. MATLAB 명령어 프롬프트에서 다음을 입력한다.

```
>> X=[3,4,8,12;2,5,7,11;1,6,9,10];
```

첫 번째 열에 접근하려면 MATLAB 명령어 프롬프트에서 다음을 입력한다.

```
>> a=X(:,1)
```

MATLAB은 다음과 같이 응답한다.

```
a =
    3
    2
```

```
    1
```

마지막 열에 접근하려면 MATLAB 명령어 프롬프트에서 다음을 입력한다.

```
>> b=X(:,end)
```

MATLAB은 다음과 같이 응답한다.

```
b =
    12
    11
    10
```

첫 번째와 두 번째 열에 접근하려면 MATLAB 명령어 프롬프트에서 다음을 입력한다.

```
>> C=X(:,[1, 2])
```

MATLAB은 다음과 같이 응답한다.

```
C =
   3 4
   2 5
   1 6
```

4.3.4 인덱스를 이용한 배열의 원소 그룹에의 접근

일단 배열을 생성하였다면 그 배열 내의 원소들의 그룹에 접근할 수 있다. 예를 들어 다음의 배열 X에서 원으로 싸인 원소들에 접근하여 보자.

$$X = \begin{bmatrix} 3 & 4 & 8 & 12 \\ 2 & 5 & 7 & 11 \\ 1 & 6 & 9 & 10 \end{bmatrix}$$

MATLAB 명령어 프롬프트에서 다음을 입력한다.

```
>> X = [3,4,8,12;2,5,7,11;1,6,9,10];
>> r = X([1,2],3)
```

마지막 명령어는 MATLAB에게 세 번째 열의 첫 번째와 두 번째 행 원소들을 추출하도록 요청하는 것이다. MATLAB은 다음과 같이 응답한다.

```
r =
    8
    7
```

다음과 같이 배열 X에서 원으로 싸인 원소들에 접근하여 보자.

$$X = \begin{bmatrix} 3 & 4 & 8 & 12 \\ 2 & 5 & 7 & 11 \\ 1 & 6 & 9 & 10 \end{bmatrix}$$

MATLAB 명령어 프롬프트에서 다음을 입력한다.

```
>> e=X(2,[2,3,4])
```

이 명령어는 MATLAB에게 두 번째 행의 두 번째와 세 번째 및 네 번째 열의 원소들을 추출하도록 요청하는 것이다. MATLAB은 다음과 같이 응답한다.

```
e =
    5 7 11
```

다음과 같이 배열 X에서 사각형으로 싸인 원소들에 접근하여 보자.

$$X = \begin{bmatrix} 3 & 4 & 8 & 12 \\ 2 & 5 & 7 & 11 \\ 1 & 6 & 9 & 10 \end{bmatrix}$$

MATLAB 명령어 프롬프트에서 다음을 입력한다.

```
>> G=X([2,3],[2,3,4])
```

이 명령어는 MATLAB에게 두 번째와 세 번째 및 네 번째 열들의 두 번째와 세 번째 행 원소들을 추출하도록 요청하는 것이다. MATLAB은 다음과 같이 응답한다.

```
G =
    5 7 11
    6 9 10
```

연습문제 3[1]

다음과 같은 배열 Y를 생성하여라. 다음에 그림과 같이 원으로 둘러싸인 Y의 원소들에 접근하고 이들을 새로운 벡터 r에 할당하여라.

$$Y = \begin{bmatrix} 1 & 2 & 16 & 31 & 22 \\ 2 & 8 & 12 & 21 & 23 \\ 4 & 9 & 11 & 14 & 25 \\ 3 & 6 & 10 & 16 & 34 \end{bmatrix}$$

연습문제 4[1]

다음과 같은 배열 Z를 생성하여라. 다음에 그림과 같이 사각형으로 둘러싸인 Z의 원소들에 접근하고 이들을 새로운 벡터 R에 할당하여라.

$$Z = \begin{bmatrix} 1 & 2 & 16 & 31 & 22 \\ 2 & 8 & 12 & 21 & 23 \\ 4 & 9 & 11 & 14 & 25 \\ 3 & 6 & 10 & 16 & 34 \end{bmatrix}$$

연습문제 5[1]

다음 MATLAB 명령어들이 수행하는 연산에 대하여 설명하여라.

```
>> X = [3,4,8,12;2,5,7,11;1,6,9,10];
>> A = X(1:2,1:2)
```

연습문제 6[1]

다음 MATLAB 명령어들이 수행하는 연산에 대하여 설명하여라.

```
>> X = [3,4,8,12;2,5,7,11;1,6,9,10];
>> b = X(1:2,end)
```

연습문제 7[1]

다음 MATLAB 명령어들이 수행하는 연산에 대하여 설명하여라.

```
>> X = [3,4,8,12;2,5,7,11;1,6,9,10];
>> c = X(end,1:2)
```

연습문제 8[1]

다음 MATLAB 명령어들이 수행하는 연산에 대하여 설명하여라.

```
>> X = [3,4,8,12;2,5,7,11;1,6,9,10];
>> D = X(1:end,1:end)
```

연습문제 9[1]

다음 MATLAB 명령어들이 수행하는 연산에 대하여 설명하여라.

```
>> X = [3,4,8,12;2,5,7,11;1,6,9,10];
>> e = X(end-2:end,end-1:end)
```

연습문제 10[2]

다음 MATLAB 명령어들이 수행하는 연산에 대하여 설명하여라.

```
>> X = [3,4,8,12;2,5,7,11;1,6,9,10];
>> F = X(end:-1:end-2,end:-1:end-2)
```

연습문제 11[2]

다음 MATLAB 명령어들이 수행하는 연산에 대하여 설명하여라.

```
>> X = [3,4,8,12;2,5,7,11;1,6,9,10];
>> f = X(1:5);
```

연습문제 12[1]

MATLAB이 다음 명령어들을 수행할 수 없는 이유를 설명하여라.

```
>> X = [3,4,8,12;2,5,7,11;1,6,9,10];
>> G = X(1:2,3:5);
```

연습문제 13[1]

MATLAB이 다음 명령어들을 수행할 수 없는 이유를 설명하여라.

```
>> X = [3,4,8,12;2,5,7,11;1,6,9,10];
>> h = X(0,0);
```

연습문제 14[3]

배열 $A=\begin{bmatrix}1&2&3\\4&5&6\\7&8&9\end{bmatrix}$를 $B=\begin{bmatrix}3&2&1\\6&5&4\\9&8&7\end{bmatrix}$과 같이 수평으로 뒤집는 MATLAB 명령어를 써 보라. 이 명령어는 결과를 변수 B에 할당해야 한다. 이 문제에서 MATLAB 명령어는 배열 A의 크기와는 무관하게 작용하도록 한다.

연습문제 15[3]

배열 $C=\begin{bmatrix}1&2&3\\4&5&6\\7&8&9\end{bmatrix}$를 $D=\begin{bmatrix}7&8&9\\4&5&6\\1&2&3\end{bmatrix}$과 같이 수직으로 뒤집는 MATLAB 명령어를 써 보라. 이 명령어는 결과를 변수 D에 할당해야 한다. 이 문제에서 MATLAB 명령어는 배열 C의 크기와는 무관하게 작용하도록 한다.

4.3.5 값을 이용한 배열 원소들에의 접근

MATLAB에서는 값에 따라 배열의 원소나 원소들의 그룹을 쉽게 탐색할 수 있다. 이를 예시하기 위하여 먼저 배열

$$E = \begin{bmatrix} 7 & 3 & 9 \\ 1 & 0 & 2 \\ 5 & 8 & 4 \end{bmatrix}$$

을 생성하여 보자. 이를 위하여 다음을 입력한다.

```
>> E=[7,3,9;1,0,2;5,8,4];
```

그 값이 7보다 큰 원소들의 인덱스를 찾으려면 MATLAB 명령어 프롬프트에서 다음을 입력한다.

```
>> [a,b] = find(E<7);
>> [a,b]
```

두 명령어들을 수행한 다음 MATLAB은 다음과 같이 응답한다.

```
ans =
        3 2
        1 3
```

MATLAB의 출력이 의미하는 것은 원소 E(3,2)와 E(1,3)이 7보다 크다는 것이다.

배열 E에서 그 값이 3보다 작은 원소들의 인덱스를 찾으려면 MATLAB 명령어 프롬프트에서 다음을 입력한다.

```
>> [c,d] = find(E,3);
>> [c,d]
```

MATLAB은 다음과 같이 응답한다.

```
ans =
        2 1
        2 2
        2 3
```

MATLAB의 출력이 의미하는 것은 원소 E(2,1), E(2,2)와 E(2,3)이 3보다 작다는 것이다.

배열 E에서 그 값이 3보다 작은 원소들의 값을 찾으려면 MATLAB 명령어 프롬프트에서 다음을 입력한다.

```
>> f=find(E<3);
>> r=E(f)
```

MATLAB은 다음과 같이 응답한다.

```
r =
    1
    0
    2
```

연습문제 16[1]

다음 MATLAB 명령어들이 수행하는 연산과 출력을 설명하여라.

1. `E = [7, 3, 9; 1, 0, 2; 5, 8, 4];`
   `a = find(E>2, 4);`
   `b = E(a);`
2. `E = [7, 3, 9; 1, 0, 2; 5, 8, 4];`
   `c = find(E >= 1, 3, 'first');`
   `d = E(c);`
3. `E = [7, 3, 9; 1, 0, 2; 5, 8, 4];`
   `E = find(E ~= 2, 1, 'last');`
   `f = E(e);`

4.3.6 관계 및 논리 연산자를 이용한 배열 원소들에의 접근

MATLAB은 관계 및 논리 연산들을 이용하여 흥미로운 방법으로 배열의 원소들에 접근한다. 예를 들어 다음과 같은 두 배열들을 생성하여 보자.

$$X = \begin{bmatrix} 1 & 2 & -4 \\ 7 & 0 & 5 \end{bmatrix}, \ Y = \begin{bmatrix} -3 & 5 & 1 \\ 9 & 7 & 0 \end{bmatrix}$$

MATLAB 명령어 프롬프트에서 다음을 입력한다.

```
>> X=[1,2,-4;7,0,5];
>> Y=[-3,5,1;9,7,0];
```

그 값이 3보다 큰 X의 원소들을 찾아보자.

```
>> X>3
```

MATLAB은 다음과 같이 응답한다.

```
ans =
      0 0 0
      1 0 1
```

ans는 논리 배열임을 주목하자. 이제 MATLAB 명령어 프롬프트에서 다음을 입력한다.

```
>> r=Y(X>3)
```

MATLAB은 다음과 같이 응답한다.

```
r =
    9
    0
```

명령어 Y(X>3)는 배열 X에서 X가 3보다 큰 위치에 상응하는 배열 Y의 원소 위치의 원소들을 출력한다. 여기에서 원소 X(2,1)과 X(2,3)은 3보다 크다. 명령어 Y(X>3)은 배열 Y에서 상응하는 위치들의 원소, 즉 Y(2,1)과 Y(2,3)을 선택하고 이들을 새로운 변수 r에 할당한다.

연습문제 17[2]

다음과 같이 두 배열들이 주어져 있다고 하자.

```
X = [1,2,-4;7,0,5]
Y = [-3,5,1;9,7,0]
```

다음 명령어로부터 생성될 출력을 구하여 보라. 처음에는 MATLAB을 이용하지 않고 구하여 본 다음 얻은 결과를 MATLAB을 이용하여 확인하여 보라.

1. X(Y < 0)
2. Y(X < 0)
3. X((X < 2) | (X >= 8))
4. Y((X < 2) & (~(X >= 8)))

연습문제 18[2]

배열 A가 A = [2, 4, 1; 6, 7, 2; 3, 5, 9]와 같이 주어져 있다고 하자. 다음을 수행하는 MATLAB 명령어를 써보라.

1. A의 첫 번째 행을 벡터 x1에 할당.
2. A의 마지막 두 행들을 배열 Y에 할당.

3. A의 열들에 따른 합을 계산.
4. A의 행들에 따른 합을 계산.
5. A의 각 열들의 표준편차를 계산.
6. A의 각 열들의 평균을 계산.

연습문제 19[2]

벡터 `x = [1, 4, 8]`, `y = [2, 1, 5]`와 배열 `A = [3, 1, 6; 5, 2, 7]`가 주어져 있다고 하자. 다음 중 올바르게 수행되는 문장들을 찾아내고 이들이 수행되었을 경우의 결과를 제시하여 보라. 만일 올바르게 수행되지 않는다면 그 이유가 무엇인지 언급하여라.

1. `x+y`
2. `x+A`
3. `x'+y`
4. `A - [x', y']`
5. `[x ; y']`
6. `[x ; y]`
7. `A - 3`

연습문제 20[2]

배열 A가 `A = [2, 7, 9, 7; 3, 1, 5, 6; 8, 1, 2, 5]`와 같이 주어져 있다고 하자. 다음을 수행하는 MATLAB 명령어를 써보라.

1. A의 짝수번 째 열들을 배열 B에 할당.
2. 홀수번 째 행들을 배열 C에 할당.
3. A를 4×3 배열로 전환.
4. A의 각 원소의 역수를 계산.
5. A의 각 원소의 제곱근을 계산.

Lesson 4.4 배열에 대한 산술연산

목표

1. MATLAB® 을 이용하여 배열에서의 덧셈, 뺄셈, 곱셈, 나눗셈 수행방법을 학습.
2. MATLAB® 에서 원소끼리의 연산과 행렬 산술연산을 구분.

주제

4.4.1 배열 덧셈과 뺄셈
- 4.4.1.1 배열 덧셈
- 4.4.1.2 배열 뺄셈
- 4.4.1.3 숫자를 배열에 더하기

4.4.1 배열 덧셈과 뺄셈

4.4.1.1 배열 덧셈

MATLAB을 이용하여 배열들을 더하는 방법을 예시하기 위하여 다음과 같이 두 배열 X와 Y를 생성하고 이들을 더하여 보자.

$$X=\begin{bmatrix}1 & 2 & -4\\7 & 0 & 5\end{bmatrix},\ Y=\begin{bmatrix}-6 & 12 & -5\\-2 & 16 & 15\end{bmatrix}$$

```
>> X=[1,2,-4;7,0,5];
>> Y=[-6,12,-5;-2,16,15];
```

두 배열들을 더하고 그 결과를 새로운 배열 Z에 저장하려면 MATLAB 명령어 프롬프트에서 다음을 입력한다.

```
>> Z=X+Y
```

MATLAB은 새로운 배열 Z를 생성하고 덧셈 결과를 이 배열에 저장한다. MATLAB은 위의 명령어에 대하여 다음과 같이 응답한다.

```
Z =
    -5 14 -9
     5 16 20
```

Z(1,1)의 값은 X(1,1)을 Y(1,1)에 더하여 얻어진다. Z(2,1)의 값은 X(2,1)을 Y(2,1)에 더하여 얻는다. 배열 X와 Y의 차원은 같아야 함을 상기하자. 즉 두 배열의 행과 열의 수는 각각 서로 같아야 한다.

4.4.1.2 배열 뺄셈

X로부터 Y를 뺀 다음 그 결과를 새로운 배열 S에 저장하려면 MATLAB 명령어 프롬프트에서 다음을 입력한다.

```
>> S=X-Y
```

MATLAB은 새로운 배열 S를 생성하고 뺄셈 결과를 이 배열에 저장한다. MATLAB은 위의 명령어에 대하여 다음과 같이 응답한다.

```
S =
      7 -10  1
      9 -16 -10
```

S(1,1)의 값은 X(1,1)로부터 Y(1,1)을 빼어 얻어진다. S(2,1)의 값은 X(2,1)로부터 Y(2,1)을 빼어 얻는다. 배열 X와 Y의 차원은 같아야 함을 상기하자.

4.4.1.3 숫자를 배열에 더하기

MATLAB에서는 숫자를 배열에 더할 수 있다. 10을 다음 배열의 모든 원소에 더한다고 가정하자.

$$X = \begin{bmatrix} 1 & 2 & -4 \\ 7 & 0 & 5 \end{bmatrix}$$

그 결과를 새로운 배열 A에 저장한다고 하면

```
>> X=[1,2,-4;7,0,5];
>> A=X+10
```

MATLAB은 다음과 같이 응답한다.

```
A =
      11 12 6
      17 10 15
```

4.4.1.4 배열로부터 숫자를 빼기

MATLAB에서는 배열로부터 숫자를 뺄 수 있다. 다음 배열의 모든 원소로부터 1을 뺀다고 가정하자.

$$X = \begin{bmatrix} 1 & 2 & -4 \\ 7 & 0 & 5 \end{bmatrix}$$

그 결과를 새로운 배열 B에 저장한다고 하면

```
>> X=[1,2,-4;7,0,5];
>> B=X-1
```

MATLAB은 다음과 같이 응답한다.

```
B =
     0  1 -5
     6 -1  4
```

연습문제 1[1]

MATLAB이 다음을 수행할 때 오류 메시지를 나타내는 이유를 설명하여라.

```
C = [1,3;4,7];
D = [4,6,7;2,4,6];
E = C+D
```

4.4.2 행렬 및 원소끼리의 산술연산

MATLAB을 이용하여 배열들에 대해 수행되는 산술연산들은 원소끼리의 연산과 행렬연산으로 구분할 수 있다. 다음 보기를 이용하여 이 개념을 예시해 보기로 한다. 다음과 같은 배열들이 주어져 있다고 하자.

$$X = \begin{bmatrix} 1 & 2 & -4 \\ 7 & 0 & 5 \end{bmatrix},\ Y = \begin{bmatrix} -6 & 12 & -5 \\ -2 & 16 & 15 \end{bmatrix},\ Z = \begin{bmatrix} 3 & 8 \\ 4 & 9 \\ 6 & -1 \end{bmatrix}$$

배열 X와 Y에 대하여 원소끼리의 곱셈을 수행하고 그 결과를 새로운 배열 R에 저장하여 보자. 이로부터 배열

$$R=\begin{bmatrix}1\times(-6) & 2\times12 & -4\times(-5)\\ 7\times(-2) & 0\times16 & 5\times15\end{bmatrix}=\begin{bmatrix}-6 & 24 & 20\\ -14 & 0 & 75\end{bmatrix}$$

이 얻어진다. 배열 X와 Z에 대하여 행렬곱셈을 수행하고 그 결과를 새로운 배열 S에 저장하여 보자. 이로부터 배열

$$S=\begin{bmatrix}1\times3+2\times4+(-4)\times6 & 1\times8+2\times9+(-4)\times(-1)\\ 7\times3+0\times4+5\times6 & 7\times8+0\times9+5\times(-1)\end{bmatrix}=\begin{bmatrix}-13 & 30\\ 51 & 51\end{bmatrix}$$

이 얻어진다.

4.4.3 배열 곱셈

배열들의 곱셈에는 원소끼리의 곱셈과 행렬곱셈의 두 가지 방법이 있다.

4.4.3.1 배열에 대한 원소끼리의 곱셈

MATLAB에서 두 배열들을 원소끼리 곱하는 연산을 예시하기 위하여 먼저 두 배열 X와 Y를 생성한다.

$$X=\begin{bmatrix}1 & 2 & -4\\ 7 & 0 & 5\end{bmatrix},\ Y=\begin{bmatrix}-6 & 12 & -5\\ -2 & 16 & 15\end{bmatrix}$$

```
>> X=[1,2,-4;7,0,5];
>> Y=[-6,12,-5;-2,16,15];
```

다음 명령어는 두 배열 X와 Y를 원소끼리 곱하는 연산을 수행하고 그 결과를 새로운 배열 R에 저장한다.

```
>> R=X.*Y
```

MATLAB은 다음과 같이 응답한다.

```
R =
      -6  24 20
      -14 0  75
```

R(1,1)의 값은 X(1,1)와 Y(1,1)의 곱으로부터 계산된다. R(2,1)은 X(2,1)와 Y(2,1)의 곱으로부터 얻어진다. R의 나머지 원소들도 마찬가지로 계산된다. 배열 X와 Y의 차원은 서로 같아야 함을 상기하자.

4.4.3.2 배열에 대한 행렬 곱셈

4.4.3.2.1 수학적 배경

두 배열 X와 Y에 대한 행렬곱셈을 수행하고 그 결과를 새로운 배열 Z에 저장한다고 하자(즉 Z=XY). 여기에서 X는 승수이고 Y는 피승수이며 Z는 곱이다. 행렬곱셈을 올바르게 수행하려면 배열 X의 열들의 수가 배열 Y의 행들의 수와 같아야 한다. 행렬곱셈은 새로운 배열 Z를 생성한다. Z의 행들의 수는 X의 행들의 수와 같으며 Z의 열들의 수는 Y의 열들의 수와 같다.

배열 X는 크기가 $m \times n$이며 배열 Y의 크기는 $n \times s$이다. X의 열들의 수는 n이며 Y의 행들의 수 역시 n이다. 배열 Z의 크기는 $m \times s$이다.

(mx[n]x(n]xs)=mxs

곱 배열의 원소 $Z_{i,j}$는 X의 i번째 행과 Y의 j 번째 열들의 원소들을 곱하여 계산된다. 예를 들면

$$Z_{1,2} = X_{1,1}Y_{1,2} + X_{1,2}Y_{2,2} + X_{1,3}Y_{3,2} + \cdots + X_{1,n}Y_{n,2}$$

혹은

$$Z_{2,3} = X_{2,1}Y_{1,3} + X_{2,2}Y_{2,3} + \cdots + X_{2,n}Y_{n,3}$$

행렬곱셈에서 $XY \neq YX$임을 상기하자.

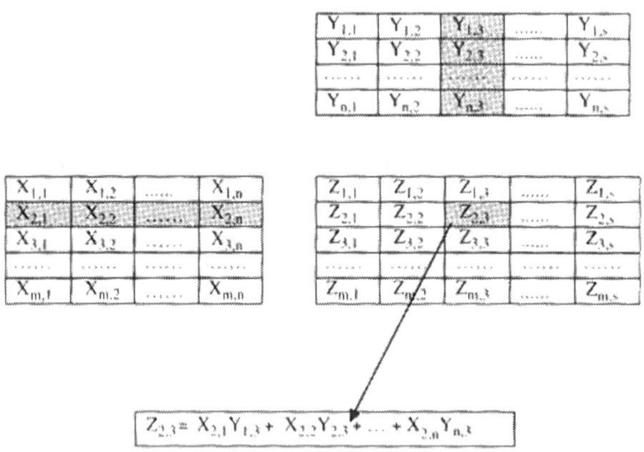

4.4.3.2.2 배열에 대한 행렬 곱셈

다음 두 배열들을 곱하여 보자.

$$X = \begin{bmatrix} 1 & 2 & -4 \\ 7 & 0 & 5 \end{bmatrix}, \quad Z = \begin{bmatrix} 3 & 8 \\ 4 & 9 \\ 6 & -1 \end{bmatrix}$$

여기에서는 MATLAB을 이용하여 행렬곱셈을 수행하는 것이다. 먼저 MATLAB을 이용하여 두 배열 X와 Z를 생성하자.

```
>> X=[1,2,-4;7,0,5];
>> Z=[3,8;4,9;6,-1];
```

다음 명령어는 두 배열들에 대하여 행렬곱셈을 수행하며 그 결과를 새로운 배열 S에 저장한다.

```
>> S=X*Z
```

여기에서는 별표(*) 앞에 마침표 문자(.)가 추가되지 않았음을 주목하자. 이는 MATLAB에게 원소끼리의 곱셈 대신 행렬곱셈을 수행할 것을 알려주는 것이다. MATLAB은 다음과 같이 응답한다.

```
S =
    -13 30
     51 51
```

행렬곱셈을 다른 형태로 수행하여 보자. 즉 X*Z대신 X*Z를 수행하고 그 결과를 새로운 배열 T에 저장하여 보자.

```
>>T=Z*X
```

MATLAB은 다음과 같이 응답한다.

```
T =
     59  6  28
     67  8  29
     -1 12 -29
```

4.4.3.2.3 배열에 숫자 곱하기

다음과 같은 배열 X에 숫자 10을 곱하고 그 결과를 새로운 배열 S에 저장한다고 하자.

$$X = \begin{bmatrix} 1 & 2 & -4 \\ 7 & 0 & 5 \end{bmatrix}$$

```
>> X = [1,2,-4;7,0,5];
>> S = X*10
```

MATLAB은 다음과 같이 응답한다.

```
S =
     10 20 -40
     70  0  50
```

4.4.4 배열 나눗셈

배열 나눗셈에는 원소끼리의 나눗셈과 배열나눗셈의 두 가지 방법이 있다.

4.4.4.1 배열에 대한 원소끼리의 나눗셈

MATLAB을 이용하여 두 배열 X와 Y를 원소끼리 나누는 연산을 수행하는 방법을 예시하기 위해 먼저 두 배열 X와 Y를 생성한다.

$$X = \begin{bmatrix} 1 & 2 & -4 \\ 7 & 0 & 5 \end{bmatrix},\ Y = \begin{bmatrix} -6 & 12 & -5 \\ -2 & 16 & 15 \end{bmatrix}$$

```
>> X=[1,2,-4;7,0,5];
>> Y=[-6,12,-5;-2,16,15];
```

다음 명령어는 두 배열 X와 Y를 원소끼리 나누는 연산을 수행하고 그 결과를 새로운 배열 Z에 저장한다.

```
>> Z=X./Y
```

MATLAB은 다음과 같이 응답한다.

```
Z =
     -0.1667 0.1667 0.8000
     -3.5000 0      0.3333
```

Z(1,1)의 값은 X(1,1)을 Y(1,1)로 나누어 계산된다. Z(2,1)은 X(2,1)를 Y(2,1)로 나누어 얻어진다. Z의 나머지 원소들도 마찬가지로 계산된다. 여기에서도 배열 X와 Y의 차원은 서로 같아야 함을 상기하자.

4.4.4.2 배열에 대한 행렬 나눗셈

MATLAB의 행렬나눗셈을 이용하여 배열 $X = \begin{bmatrix} 1 & 2 \\ 3 & 4 \end{bmatrix}$를 $Y = \begin{bmatrix} 5 & 6 \\ 7 & 8 \end{bmatrix}$로 나누어 보자. 먼저 배열 X와 Y를 생성한다.

```
>> X=[1,2;3,4];
>> Y=[5,6;7,8];
```

다음 명령어는 행렬나눗셈을 이용하여 배열 X를 배열 Y로 나누는 연산을 수행하고 그 결과를 새로운 배열 Z에 저장한다.

```
>> Z=X/Y
```

여기에서는 슬래쉬(/) 앞에 마침표 문자(.)가 추가되지 않았음을 주목하자. 이는 MATLAB에게 원소끼리의 나눗셈 대신 행렬나눗셈을 수행할 것을 알려주는 것이다. MATLAB은 다음과 같이 응답한다.

```
Z =
   3.0000 -2.0000
   2.0000 -1.0000
```

연습문제 2[2]

배열 A=[2, 7, 9, 7; 3, 1, 5, 6; 8, 1, 2, 5]가 주어졌을 때 다음 명령어의 수행 결과에 대하여 설명하여라.

1. `A'`
2. `A(:,[1, 4])`
3. `A([2, 3],[3, 1])`
4. `reshape(A,2,6)`
5. `A(:)`
6. `flipud(A)`
7. `fliplr(A)`
8. `[A; A(end,:)]`
9. `A(1:3,:)`
10. `[A; A(1:2,:)]`
11. `sum(A)`
12. `sum(A')`
13. `sum(A,2)`
14. `[ [ A; sum(A) ] [ sum(A,2); sum(A(:)) ] ]`

Lesson 4.5 배열의 그래프

목표

1. mesh MATLAB® 함수를 이용하는 배열의 3D 그래프 작성방법을 학습
2. surf MATLAB® 함수를 이용하는 배열의 3D 그래프 작성방법을 학습
3. imagesc MATLAB® 함수를 이용하는 배열의 2D 그래프 작성방법을 학습

주제

4.5.1 배열의 3D 그래프에 대한 수학적 배경

MATLAB은 3차원(3D) 그래픽 생성을 위한 탁월한 소프트웨어 패키지이다. 곧 알게 되는 바와 같이 MATLAB에서 배열을 그래프로 나타내는 것은 쉽다. 예를 들어 X의 범위 [-2,2]와 Y의 범위 [-3,3]에서 함수 $Z=X^2-Y^2$의 그래프를 작성하여 보자. 이 함수의 그래프를 작성하기 위하여 먼저 X와 Y를 다음과 같이 나타내는 두 배열들을 생성한다.

$$X=\begin{bmatrix} -2 & -1 & 0 & 1 & 2 \\ -2 & -1 & 0 & 1 & 2 \\ -2 & -1 & 0 & 1 & 2 \\ -2 & -1 & 0 & 1 & 2 \\ -2 & -1 & 0 & 1 & 2 \\ -2 & -1 & 0 & 1 & 2 \\ -2 & -1 & 0 & 1 & 2 \end{bmatrix},\ Y=\begin{bmatrix} -3 & -3 & -3 & -3 & -3 \\ -2 & -2 & -2 & -2 & -2 \\ -1 & -1 & -1 & -1 & -1 \\ 0 & 0 & 0 & 0 & 0 \\ 1 & 1 & 1 & 1 & 1 \\ 2 & 2 & 2 & 2 & 2 \\ 3 & 3 & 3 & 3 & 3 \end{bmatrix}$$

배열 X와 Y를 이용하여 다음과 같은 격자를 구성한다.

$$(X,Y)=\begin{bmatrix} (-2,-3) & (-1,-3) & (0,-3) & (1,-3) & (2,-3) \\ (-2,-2) & (-1,-2) & (0,-2) & (1,-2) & (2,-2) \\ (-2,-1) & (-1,-1) & (0,-1) & (1,-1) & (2,-1) \\ (-2,0) & (-1,0) & (0,0) & (1,0) & (2,0) \\ (-2,1) & (-1,1) & (0,1) & (1,1) & (2,1) \\ (-2,2) & (-1,2) & (0,2) & (1,2) & (2,2) \\ (-2,3) & (-1,3) & (0,3) & (1,3) & (2,3) \end{bmatrix}$$

이 격자를 그림으로 나타내면 다음과 같다.

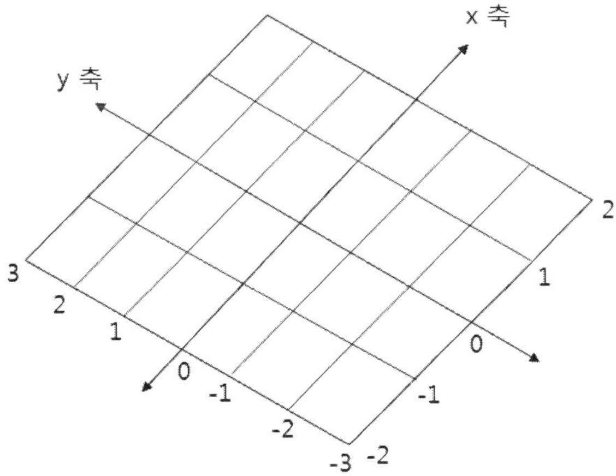

식 $Z=X^2-Y^2$를 이용하여 Z를 계산할 수 있다. 예를 들면

$$Z_{1,1}=X_{1,1}^2-Y_{1,1}^2=(-2)^2-(-3)^2=4-9=-5$$

Z는 다음과 같으며 Z의 그래프가 아래에 제시되어 있다.

$$Z=\begin{bmatrix} -5 & -8 & -9 & -8 & -5 \\ 0 & -3 & -4 & -3 & 0 \\ 3 & 0 & -1 & 0 & 3 \\ 4 & 1 & 0 & 1 & 4 \\ 3 & 0 & -1 & 0 & 3 \\ 0 & -3 & -4 & -3 & 0 \\ -5 & -8 & -9 & -8 & -5 \end{bmatrix}$$

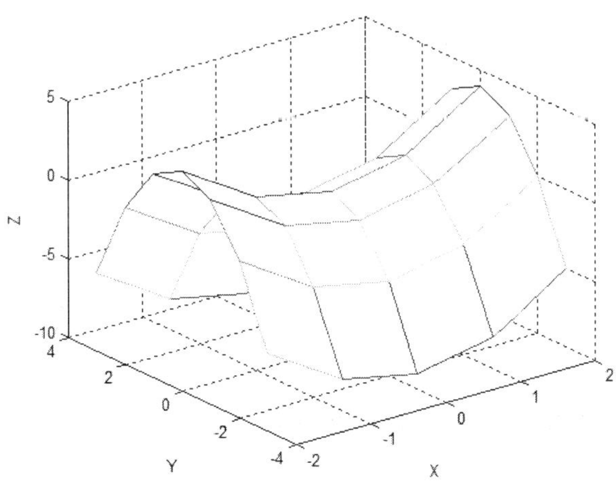

4.5.2 mesh 함수를 이용한 배열의 3D 그래프 작성

X의 범위 [-2,2]와 Y의 범위 [-3,3]에서 함수 $Z=X^2-Y^2$의 그래프를 작성하여 보자. MATLAB을 이용하여 이 함수의 그래프를 작성하려면 먼저 X와 Y를 나타내는 두 배열을 생성할 필요가 있다. 이를 위하여 다음과 같이 meshgrid 함수를 이용할 수 있다.

```
    x = -2:1:2;
    y = -3:1:3;
 [X,Y]= meshgrid(x,y);
```

MATLAB은 다음과 같이 x와 y벡터를 생성한다.

```
 x =
    -2 -1 0 1 2

 y =
    -3 -2 -1 0 1 2 3
```

아울러 MATLAB은 다음과 같이 배열 X와 Y를 생성한다.

```
 X =
    -2 -1 0 1 2
    -2 -1 0 1 2
    -2 -1 0 1 2
    -2 -1 0 1 2
    -2 -1 0 1 2
    -2 -1 0 1 2
    -2 -1 0 1 2

 Y =
    -3 -3 -3 -3 -3
    -2 -2 -2 -2 -2
    -1 -1 -1 -1 -1
     0  0  0  0  0
     1  1  1  1  1
     2  2  2  2  2
     3  3  3  3  3
```

MATLAB을 이용하여 Z를 계산하려면 명령어 프롬프트에서 다음을 입력한다.

```
 Z=X.^2-Y.^2
```

MATLAB은 다음과 같이 응답한다.

```
Z =
    -5 -8 -9 -8 -5
     0 -3 -4 -3  0
     3  0 -1  0  3
     4  1  0  1  4
     3  0 -1  0  3
     0 -3 -4 -3  0
    -5 -8 -9 -8 -5
```

X와 Y에 대하여 배열 Z의 그래프를 그리려면 명령어 프롬프트에서 다음을 입력한다.

```
mesh(X,Y,Z)
```

이로부터 다음 그림이 생성된다. 이 그래프는 35개의 점들을 나타내는데 이들은 X 배열의 원소들의 수로서 이 점들은 직선으로 연결된다. 이 때문에 이 함수는 해상도가 낮게 나타난다. 이를 수행하는 전체 코드는 다음과 같다. 이 코드에서는 X, Y, Z 축들에 라벨을 붙이고 있다.

```
clear; clc; close all
x = -2:1:2;
y = -3:1:3;
[X,Y] = meshgrid(x,y);
Z = X.^2-Y.^2;
mesh(X,Y,Z)
xlabel('X')
ylabel('Y')
zlabel('Z')
```

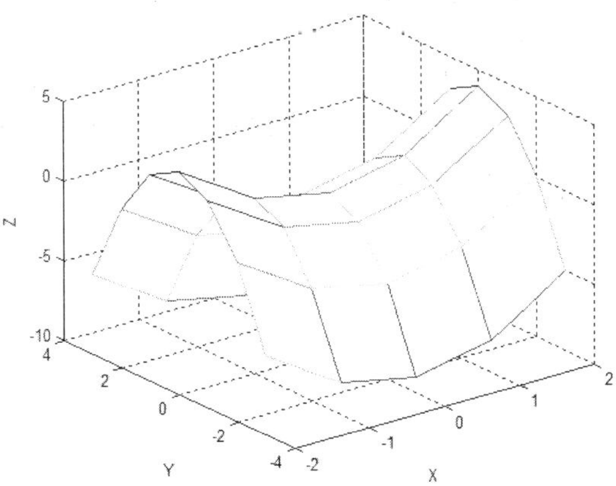

4.5.3 3D 그래프의 해상도 향상

3D 그래프의 해상도를 높이려면 X와 Y배열 내의 점들의 수를 증가시키고 Z를 다시 계산할 필요가 있다. 이 단계들은 다음에 나타나 있다.

```
clear; clc; close all
x = -2:0.1:2;
y = -3:0.1:3;
[X,Y] = meshgrid(x,y);
Z = X.^2-Y.^2;
mesh(X,Y,Z)
xlabel('X')
ylabel('Y')
zlabel('Z')
```

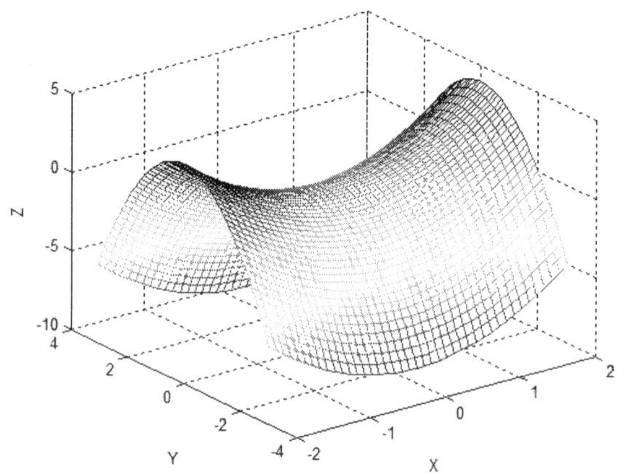

4.5.4 surf 함수를 이용한 배열의 3D 그래프 작성

surf함수는 배열을 다음과 같이 표면 모양으로 나타낸다. 이 표면은 사변형들로 구성된다. Z배열에서 이웃하는 4개의 점들은 사변형을 이룬다. Z배열의 크기는 5×7이므로 표면은 4×6=24 개의 사변형들로 이루어진다.

```
clear; clc; close all
x = -2:1:2;
y = -3:1:3;
[X,Y] = meshgrid(x,y);
Z = X.^2-Y.^2;
```

```
surf(X,Y,Z)
xlabel('X')
ylabel('Y')
zlabel('Z')
```

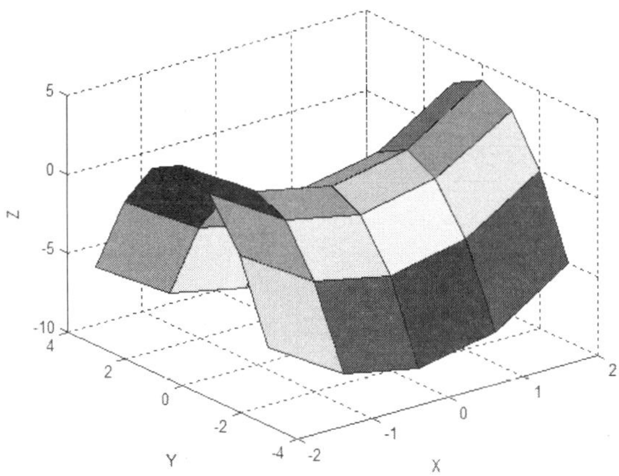

MATLAB은 각 사변형을 특정 색상으로 나타낸다. 사변형을 이루는 4점들의 값들이 색상을 결정한다. colorbar명령어는 표면 그래프의 색상과 Z값 사이의 관계를 보여준다. 예를 들면 낮은 Z값들은 짙은 청색으로 나타나며 높은 값들은 붉은 색으로 나타난다. 다음 코드는 앞의 코드에 colorbar를 추가한 것이다.

```
clear; clc; close all
x = -2:1:2;
y = -3:1:3;
[X,Y] = meshgrid(x,y);
Z = X.^2-Y.^2;
surf(X,Y,Z)
xlabel('X')
ylabel('Y')
zlabel('Z')
colorbar
```

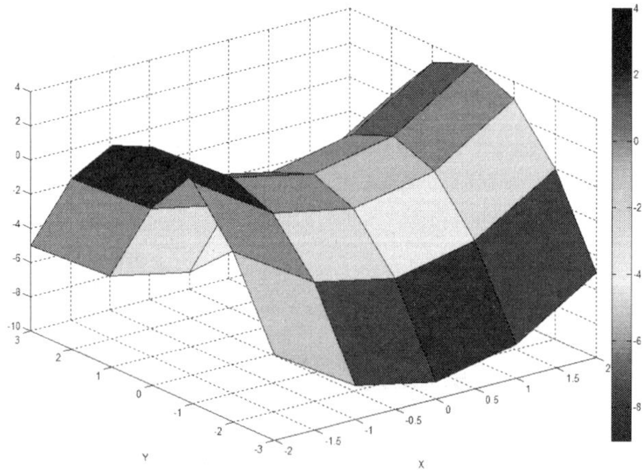

4.5.5 행과 열 인덱스를 이용한 배열의 3D 그래프 작성

행과 열 인덱스를 이용하여 배열의 그래프를 작성할 수 있다. 이 경우에는 X와 Y 축들에 대한 배열들을 생성할 필요가 없다. 다음 보기는 이를 예시하여 준다.

보기 1

MATLAB을 이용하여 다음 배열의 그래프를 작성하여라.

$$B=\begin{bmatrix} 1 & 6 & 11 & 16 & 21 & 26 \\ 2 & 7 & 12 & 17 & 22 & 27 \\ 3 & 8 & 13 & 18 & 23 & 28 \\ 4 & 9 & 14 & 19 & 24 & 29 \\ 5 & 10 & 15 & 20 & 25 & 30 \end{bmatrix}$$

풀이

```
b = 1:1:30;
B = reshape(b,5,6);
surf(B)
```

MATLAB은 자동적으로 격자를 생성하여 배열 B의 그래프를 작성한다.

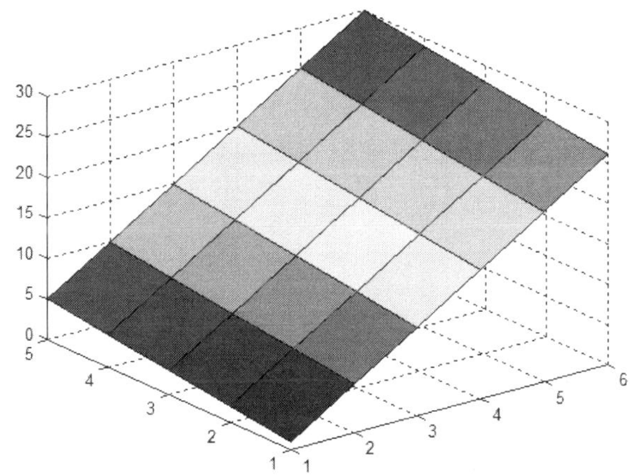

4.5.6 배열의 2D 그래프에 대한 수학적 배경

보기를 이용하여 배열을 2차원(2D) 그래프로 나타내는 방법을 설명하기로 한다.

보기 1

의 범위 [-2,2]와 Y의 범위 [-3,3]에서 함수 $Z = X^2 - Y^2$을 2D 그래프로 나타내어 보자.

풀이

이 함수의 그래프를 작성하려면 먼저 다음과 같이 X와 Y를 나타내는 두 배열들을 생성한 다음 X와 Y 배열을 이용하여 격자를 구성한다.

$$(X,Y)=\begin{bmatrix} (-2,-3) & (-1,-3) & (0,-3) & (1,-3) & (2,-3) \\ (-2,-2) & (-1,-2) & (0,-2) & (1,-2) & (2,-2) \\ (-2,-1) & (-1,-1) & (0,-1) & (1,-1) & (2,-1) \\ (-2,0) & (-1,0) & (0,0) & (1,0) & (2,0) \\ (-2,1) & (-1,1) & (0,1) & (1,1) & (2,1) \\ (-2,2) & (-1,2) & (0,2) & (1,2) & (2,2) \\ (-2,3) & (-1,3) & (0,3) & (1,3) & (2,3) \end{bmatrix}$$

함수 $Z = X^2 - Y^2$을 이용하여 Z를 계산할 수 있다. 아래에서 Z는 숫자들의 배열 및 2D 그래프 형태로 나타나 있다.

$$
Z=\begin{bmatrix} -5 & -8 & -9 & -8 & -5 \\ 0 & -3 & -4 & -3 & 0 \\ 3 & 0 & -1 & 0 & 3 \\ 4 & 1 & 0 & 1 & 4 \\ 3 & 0 & -1 & 0 & 3 \\ 0 & -3 & -4 & -3 & 0 \\ -5 & -8 & -9 & -8 & -5 \end{bmatrix}
$$

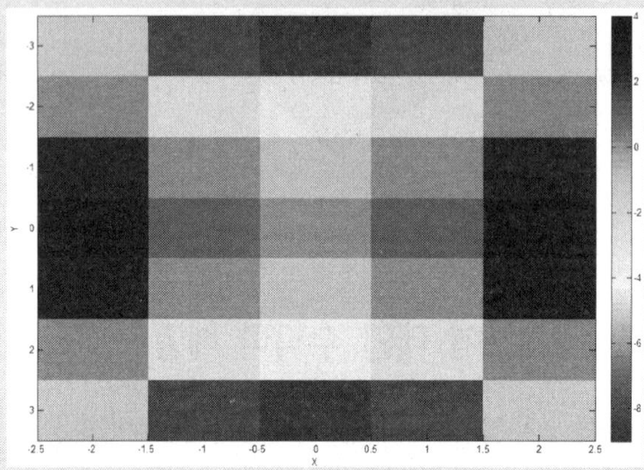

아마도 인식하였겠지만 Z 값들과 컬러바 및 2D 그래프의 색상 사이에는 어떤 관계가 있다. 예를 들어 Z(0,-1)=-1인데 컬러바

4.5.7 imagesc 함수를 이용한 배열의 2D 그래프 작성

X의 범위 [-2,2]와 Y의 범위 [-3,3]에서 함수 $Z=X^2-Y^2$을 2D 그래프로 나타내어 보자. 이 함수의 그래프를 작성하려면 먼저 다음과 같이 x와 y 벡터들을 생성할 필요가 있다.

```
x = -2:1:2;
y = -3:1:3;
```

MATLAB은 다음과 같이 x와 y벡터를 생성한다.

```
x =
    -2 -1 0 1 2

y =
    -3 -2 -1 0 1 2 3
```

MATLAB을 이용하여 Z를 계산하려면 명령어 프롬프트에서 다음을 입력한다.

```
[X,Y] = meshgrid(x,y);
Z=X.^2-Y.^2
```

x와 y에 대하여 Z의 그래프를 작성하려면 명령어 프롬프트에서 다음을 입력한다.

```
imagesc(x,y,Z)
```

이로부터 다음 그림이 생성된다. 이 그래프는 35개의 점들을 나타내는데 이들은 Z배열의 원소들의 수로서 각 점에는 그 값에 상응하는 색상이 부여된다. 이 때문에 이 함수는 저해상도의 2D그래프로 나타난다. 이 코드에서는 X, Y, Z축들에 라벨을 붙이고 있다.

```
x = -2:1:2;
y = -3:1:3;
[X,Y] = meshgrid(x,y);
Z = X.^2-Y.^2;
imagesc(x,y,Z)
xlabel('X')
ylabel('Y')
zlabel('Z')
colorbar
```

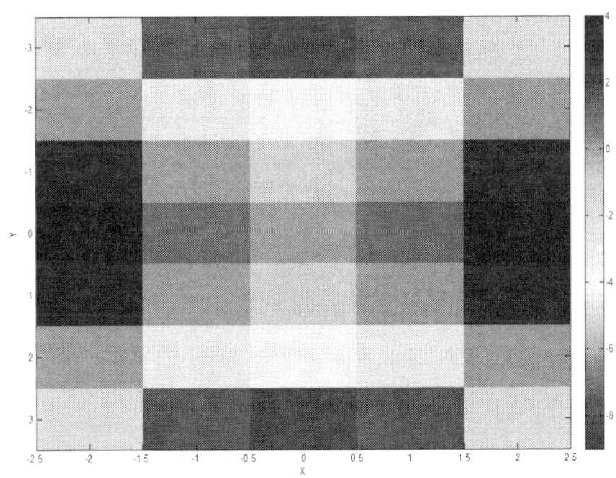

일부 연습문제에 대한 풀이

Lesson 4.3

연습문제 14

```
A = [1, 2, 3; 4, 5, 6; 7, 8, 9]
B = A(:, end:-1:1)
```

연습문제 15

```
C = [1, 2, 3; 4, 5, 6; 7, 8, 9]
D = C(end:-1:1,:)
```

연습문제 18

1. `x1 = A(1,:)`
2. `Y = A(end-1:end,:)`
3. `sum(A)`
4. `sum(A,2)`
5. `std(A)`
6. `mean(A)`

연습문제 20

1. `B = A(:,2:2:end)`
2. `C = A(1:2:end,:)`
3. `reshape(A,4,3)`
4. `1./A`
5. `sqrt(A)`

함수 5

이 장의 구성

Lesson 5.1 함수 입문
Lesson 5.2 함수의 생성
Lesson 5.3 함수에서 MATLAB® 변수의 범위
일부 연습문제에 대한 풀이

Lesson 5.1 함수 입문

목표

1. MATLAB® 함수에 대한 학습
2. 함수의 목적을 이해
3. 함수 호출방법을 학습

주제

5.1.1 함수란 무엇인가?
5.1.2 함수의 목적
 5.1.2.1 코드 가독성의 향상
 5.1.2.2 코드 재사용성의 향상
 5.1.2.3 코드의 수정
5.1.3 MATLAB® 함수 호출하기

5.1.1 함수란 무엇인가?

MATLAB 함수는 특정 작업을 수행하는 명령어들의 집합으로서 독특한 이름을 갖는다. 함수는 입력인수로서 한 개 이상의 MATLAB 변수들을 받아들인 다음 출력으로서 하나 이상의 MATLAB 변수들을 반환한다. 이러한 과정은 다음 그림에 나타나 있다.

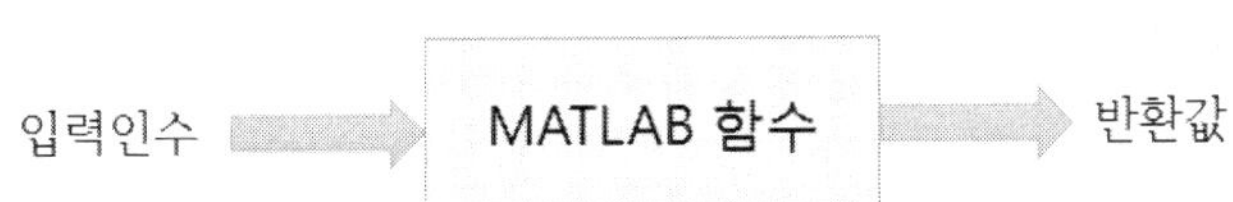

여기에서 보여줄 MATLAB 함수의 첫 번째 보기는 다음과 같다.

```
function a = add2(b,c)
a = b + c;
end
```

이 함수의 이름은 add2이다.
이 함수는 두 개의 입력인수 b와 c를 갖는다.
이 함수에서 명령어들의 집합은 a = b + c;이다.
이 함수는 b와 c의 합인 a하나를 반환한다.

MATLAB 함수의 두 번째 보기는 다음과 같다.

```
function [r,theta] = Cartesian2polar(x,y)
r = sqrt(x^2+y^2);
theta = atan2(y,x);
end
```

이 함수의 이름은 Cartesian2polar이다.
이 함수는 두 개의 입력인수 x와 y를 갖는다.
이 함수에서 명령어들의 집합은

```
r = sqrt(x^2+y^2);
theta = atan2(y,x);
```

이다.

이 함수는 두 변수 r과 theta를 반환하며 직교좌표를 극좌표로 전환시킨다.

5.1.2 함수의 목적

5.1.2.1 코드 가독성의 향상

잘 읽힐 수 있는 MATLAB 프로그램을 만드는 것은 좋은 습관이다. 프로그래머들은 코드의 작성보다는 코드를 읽는 데에 대부분의 시간을 소비함이 밝혀졌다. 이로 비추어

볼 때 여러분은 물론 다른 사람들도 모두 이해하기가 쉬운 MATLAB 프로그램을 작성하는 방법을 학습하는 것은 중요하다. 프로그램의 가독성을 향상시키는 데에는 5가지 방법이 있다.

1. 적절한 변수 이름을 사용한다.
2. 코드에 코멘트를 붙인다.
3. 함수들을 사용한다.
4. 코드 들여쓰기를 일관성 있게 한다.
5. 코드를 사전에 검토하여 본다.

첫 번째와 두 번째 방법에 대해서는 lesson 1.2에서 설명한 바 있다. 여기에서는 함수들을 이용하여 코드의 가독성을 향상시키는 것에 대하여 논의하기로 한다. 일관성있는 코드 들여쓰기는 lesson 8.5에서 다루게 될 것이다. 사전검토는 코드의 가독성 보장에 가장 좋은 습관이로 여겨진다. 작성된 코드를 동료에게 보여주고 검토를 부탁한다. 5분 이내에 코드에 대하여 설명해 준 다음 그가 코드를 이해하는지를 질문한다. 그가 이해할 수 없다면 여러분의 코드는 가독성이 떨어지는 것이며 프로그램을 다시 작성해야 할 것이다.

보기 1

다음과 같은 함수가 주어져 있다.

$$y(x) = 3x^4 + 1.5x^3 + \sqrt{x}$$

z의 값을 구하는 MATLAB 프로그램을 작성하여라.

z=y(2)+y(7)+y(6)+y(5)

풀이

다음과 같이 두 가지 방법으로 이 문제를 해결할 수 있다.
첫 번째 방법에서는 다음과 같이 함수를 이용하지 않고 MATLAB 명령어를 타이프하여 스크립트 파일에서 z를 구한다.

```
x1 = 2;
x2 = 7;
x3 = 6;
x4 = 5;
```

```
x4 = 5;
y1 = 3*x1^4+1.5*x1^3+sqrt(x1);
y2 = 3*x2^4+1.5*x2^3+sqrt(x2);
y3 = 3*x3^4+1.5*x3^3+sqrt(x3);
y4 = 3*x4^4+1.5*x4^3+sqrt(x4);
z = y1+y2+y3+y4;
```

두 번째 방법에서는 다음과 같이 여러 MATLAB 명령어들을 스크립트 파일과 함수 사이로 구분한다.

```
x1 = 2;
x2 = 7;
x3 = 6;
x4 = 5;
z = y(x1)+y(x2)+y(x3)+y(x4);
function f = y(x)
f = 3*x^4+1.5*x^3+sqrt(x);
end
```

여기에서 바로 알 수 있는 바와 같이 함수의 사용으로 프로그램의 가독성이 향상되었으며 코드 크기가 줄어들었다. 코드 크기는 프로그램 내의 총 문자들 수를 의미한다.

5.1.2.2 코드 재사용성의 향상

"어떤 코드 부분은 한 번만 입력되고 필요에 따라 여러 번 사용된다."

일련의 코드를 포함하는 프로그램을 작성하였다고 하자. 아울러 그 코드 부분을 몇 가지 다른 경우들에서 사용할 필요가 있다고 하자. 이럴 경우 두 가지 옵션이 있다.

1. 코드 부분을 사용할 필요가 있을 때마다 매번 타이프한다.
2. 코드 부분을 함수로 두고 필요에 따라 이 함수를 호출한다.

다음 보기에서 이를 확인하여 보자.

보기 2

다음과 같은 함수가 주어져 있다.

$$y(x) = 3x^4 + 1.5x^3 + \sin(x)$$

z의 값을 구하는 MATLAB 프로그램을 작성하여라.

z=y(2)+y(7)+y(6)+y(5)

풀이

다음과 같이 두 가지 방법으로 이 문제를 해결할 수 있다.

첫 번째 방법에서는 다음과 같이 4번에 걸쳐 MATLAB 명령어를 타이프하고 y(x)를 계산한다. 이 경우 `y=3*x^4+1.5*x^3+sin(x);`를 4번 타이프해야 한다.

```
x1 = 2;
x2 = 7;
x3 = 6;
x4 = 5;
y1 = 3*x1^4+1.5*x1^3+sin(x1);
y2 = 3*x2^4+1.5*x2^3+sin(x2);
y3 = 3*x3^4+1.5*x3^3+sin(x3);
y4 = 3*x4^4+1.5*x4^3+sin(x4);
z = y1+y2+y3+y4;
```

두 번째 방법에서는 다음과 같이 y(x)를 계산하는 MATLAB 명령어를 한 번만 타이프하고 이를 함수에 위치시킨 다음 필요할 때마다 이 함수를 호출한다.

```
x1 = 2;
x2 = 7;
x3 = 6;
x4 = 5;
z = y(x1)+y(x2)+y(x3)+y(x4);
function f = y(x)
f = 3*x^4+1.5*x^3+sin(x);
end
```

위의 보기에서 알 수 있는 바와 같이 함수의 사용으로 코드의 재사용성이 크게 향상된다.

5.1.2.3 코드의 수정

특정 코드 부분을 포함하는 프로그램을 작성하였다고 하자. 아울러 이 코드부분을 수천 가지의 상이한 경우들에서 거듭 사용할 필요가 있다고 하자. 잠시 후에는 그 코드 부분을 수정하기로 결정했다고 하자. 이 경우 프로그램 내에서 그 코드부분이 매번 나타나는 경우를 찾아서 이를 수정해야 한다. 이렇게 하면 많은 시간이 소요되며 실수를 범하기가 쉽다. 대신 이 코드부분을 함수 내에 위치시킨다고 하자. 이제 이 코드부분을 수정할 필요가 있는 경우에는 수천 번이 아닌 한 번만 수정하면 된다.

보기 3

보기 1의 코드를 수정하고 이를 이용하여 다음과 같이 z를 계산하여 보라.

z=y(2)+y(7)+y(6)+y(5)

위에서

$$y(x) = 3x^4 + 1.5x^3 + \cos(x)$$

풀이

다음과 같이 두 가지 방법으로 이 문제를 해결할 수 있다.

첫 번째 방법에서는 스크립트 파일에서 코드를 수정하고 z를 계산한다. 이 경우 코드를 4번 수정해야 한다.

```
x1 = 2;
x2 = 7;
x3 = 6;
x4 = 5;
y1 = 3*x1^4+1.5*x1^3+cos(x1);
y2 = 3*x2^4+1.5*x2^3+cos(x2);
y3 = 3*x3^4+1.5*x3^3+cos(x3);
y4 = 3*x4^4+1.5*x4^3+cos(x4);
z = y1+y2+y3+y4;
```

두 번째 방법에서는 z를 계산하는 함수 f()에서 코드를 수정한다. 이 경우 코드를 한 번만 수정하면 된다.

```
x1 = 2;
x2 = 7;
x3 = 6;
x4 = 5;
z = y(x1)+y(x2)+y(x3)+y(x4);
function f = y(x)
f = 3*x^4+1.5*x^3+cos(x);
end
```

어느 방법이 수정하기가 더 쉬운가?

5.1.3 MATLAB® 함수 호출하기

MATLAB 함수는 스크립트 파일, 명령 창, 혹은 다른 함수에서 호출할 수 있다. 이는 다음 그림에 보인 바와 같으며 다음 lesson에서 자세하게 다루고 있다.

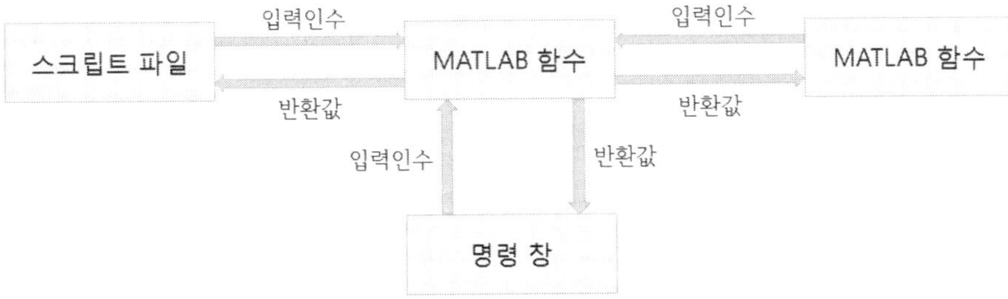

Lesson 5.2 함수의 생성

목표

1. 함수 생성방법을 학습
2. 함수 명명법을 학습
3. 함수 저장방법을 학습
4. 함수 호출방법을 학습

주제

5.2.1 MATLAB® 함수의 생성
5.2.2 MATLAB® 함수의 이름붙이기
5.2.3 MATLAB® 함수의 저장
5.2.4 MATLAB® 함수의 호출
    5.2.4.1 명령 창에서의 MATLAB® 함수의 호출
    5.2.4.2 스크립트 파일에서의 MATLAB® 함수의 호출
    5.2.4.3 다른 함수로부터 MATLAB® 함수의 호출
5.2.5 두 값들을 반환하는 MATLAB® 함수

5.2.1 MATLAB® 함수의 생성

MATLAB 함수에는 한 개 이상의 입력인수들이 공급된다. 아울러 함수는 생성되는 출력값을 반환하고 이를 그 함수를 호출하는 프로그램으로 다시 전달한다. 이는 다음 그림에 나타나 있다. 함수에 의해 생성되는 변수들은 작업공간 창에 나타나지 않으며 함수가 종료되는 순간 사라진다. 즉 함수 내에서 정의된 변수는 MATLAB이 이 함수로부터 되돌아오는 순간 지워질 것이다.

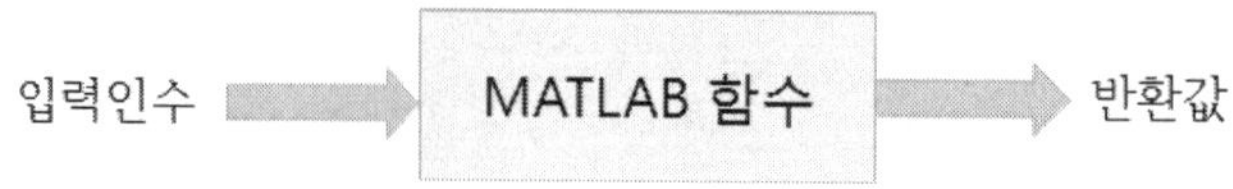

새로운 폴더를 생성하고 이를 MyFunctions이라고 이름붙이자.
MATLAB에서 현재 폴더를 MyFunctions으로 한다.
어떤 폴더를 MATLAB의 현재 폴더로 지정하는 방법에 대해서는 lesson 1.2를 참조한다.

5.2.2 MATLAB® 함수의 이름붙이기

함수의 이름을 선택하는 것은 스크립트 파일의 이름을 고르는 것과 유사하며 고려해야 할 제약사항들도 유사하다.

- 함수 이름은 하이푼(-_이나 빈 칸을 포함하면 안된다.
- 함수 이름은 알파벳 문자(a-z, 혹은 A-Z)로 시작한다.
- 파일 이름은 알파벳 문자(a-z, 혹은 A-Z), 숫자(1-9), 혹은 밑줄(_)들만을 포함한다.
- 콤마(,)나 인용부호(')와 같은 구두점 문자들은 MATLAB에서 특별한 의미를 갖기 때문에 허용되지 않는다.
- 함수 이름은 MATLAB 변수나 기존 MATLAB 스크립트 파일과 같으면 안된다.
- 함수 이름으로 MATLAB 유보 키워드를 사용하면 안된다. MATLAB 유보 키워드들은 다음과 같다.

```
'name'
'node'
'output'
'parameter'
'setup'
'signal'
'source'
'terminal'
'through_variable'
'variable'
'local_variable'
'across_variable'
'build'
'description'
'descriptor'
'element'
'input'
'interface_input'
'interface_node'
'interface_output'
'item_type'
```

- MATLAB 키워드를 함수 이름으로 사용하면 안 된다. MATLAB 키워드는 다음과 같다.

```
'break'
'case'
'global'
'if'
```

```
'catch'          'otherwise'
'classdef'       'parfor'
'continue'       'persistent'
'else'           'return'
'elseif'         'spmd'
'end'            'switch'
'for'            'try'
'function'       'while'
```

두 숫자를 서로 더한 다음 그 결과를 반환하는 함수를 작성한다고 하자. 이 함수는 두 인수들을 받아들이고 하나의 값을 반환한다. 새로운 함수의 이름을 add로 붙일 수 있는지의 여부를 고려한다고 하자. add함수가 MATLAB 키워드나 기존의 MATLAB 함수가 아닌지를 조사하려면 명령어 프롬프트에서 다음을 입력한다.

```
>> help add
```

MATLAB은 add라고 불리는 파일이 이미 존재하고 있음을 알려준다. 따라서 다른 이름을 선택해야 한다.

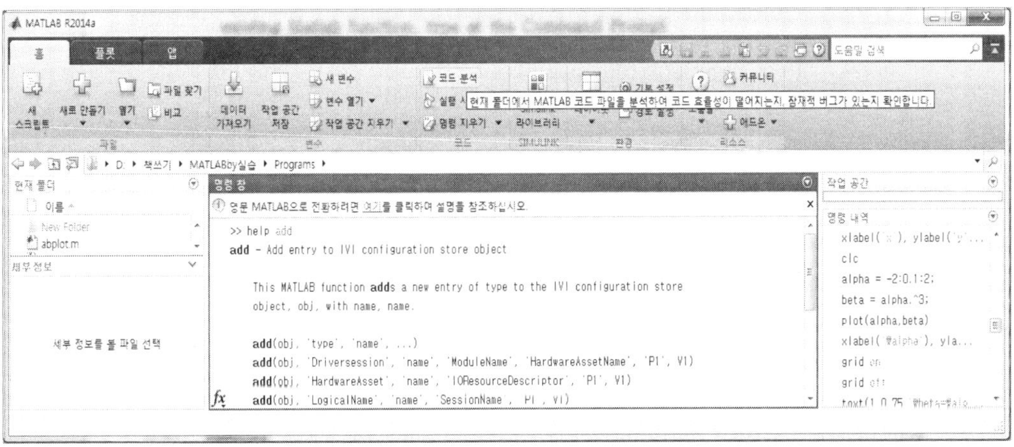

add2 라는 다른 이름을 시도하여 보자. 명령어 프롬프트에서 다음을 입력한다.

```
>> help add2
```

MATLAB은 다음과 같이 add2라고 불리는 파일이 없음을 알려준다.

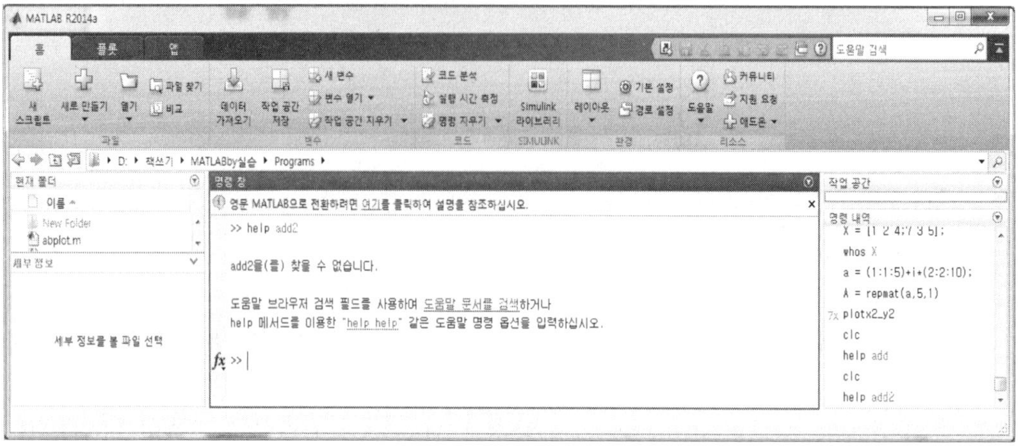

따라서 우리는 안전하게 함수 이름을 add2로 정할 수 있다.

add2함수를 생성하려면 상단 메뉴 바에서 홈을 선택하고 "새로 만들기" 를 클릭하여 "함수" 를 선택한다. 그러면 함수 편집기 창이 나타난다. 편집기 창 내의 모든 것들을 지워버리고 다음 코드를 타이프한다.

```
function z = add2(x,y)
% 이 함수는 두 수 x와 y를 더한 다음 얻어지는 결과 z를 반환한다.
z = x + y;
end
```

5.2.3 MATLAB® 함수의 저장

add2함수를 add2.m라는 이름으로 저장한다. 이 파일의 이름은 함수의 이름과 동일해야 하며 .m라는 확장자가 뒤따라야 한다.

여기에서 함수 이름은 add2이다. 이 이름은 함수 선언라인에서 소괄호() 바로 직전에 나타나는 이름이다.

```
function z=add2(x, y)
```

이 함수에 대한 입력인수는 x와 y이며 반환값은 z이다. 라인 시작부의 %기호는 코멘트의 시작을 의미하며 MATLAB은 그 뒤에 나타나는 텍스트 내용을 무시한다. MATLAB 편집기는 프로그램 과정을 간단히 하기 위해 텍스트들의 색상을 달리 하고 있음을 주목하자.

키워드는 청색이다.
코멘트는 녹색이다.
코드는 검정색으로 나타난다.

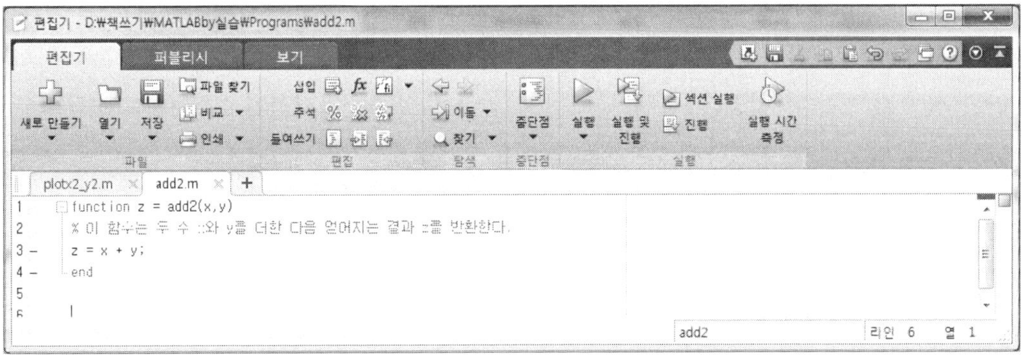

연습문제 1[3]

다음 함수를 *power.m*으로 붙이면 안되는 이유를 두 가지 들어보라.

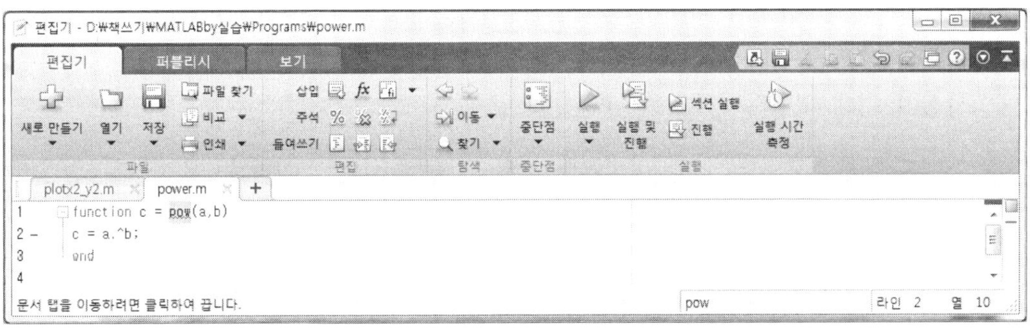

5.2.4 MATLAB® 함수의 호출

5.2.4.1 명령 창에서의 MATLAB® 함수의 호출

명령 창에서 함수를 호출할 수 있다. 명령 창에서 함수 add2를 호출하려면 명령어 프롬프트에서 다음을 입력한다.

```
>> a=add2(3, 5);
```

(괄호 안의) 입력인수들의 수가 함수가 기대하는 대로 맞아야 하며 그렇지 않으면 오류가 생성된다. MATLAB은 add2함수를 실행하고 이 함수로부터 반환되는 결과를 변수 a에 할당한다. 함수 add2를 실행한 후의 작업공간 창의 변화를 살펴보자. 새로운 변수 a가 생성되었으며 그 값은 8이다. 함수 인수 x, y와 add2함수에 의해 생성된 반환되는 값 z는 작업공간 창에 나타나지 않으며 단지 일시적인 함수의 변수들이므로 MATLAB 메모리에 존재하지 않는다.

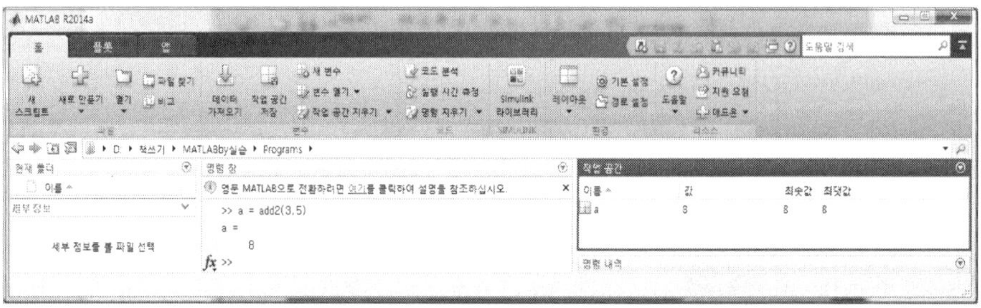

명령어 프롬프트에서 다음을 입력하여 보자.

```
>> help add2
```

MATLAB은 add2함수의 서두에 추가시켰던 코멘트들을 프린트하여 준다. 함수들을 명료하게, 그리고 함수의 기능을 충분하게 설명하도록 함수를 코멘트하는 것이 중요하다는 사실이 이제 명백하여졌을 것이다.

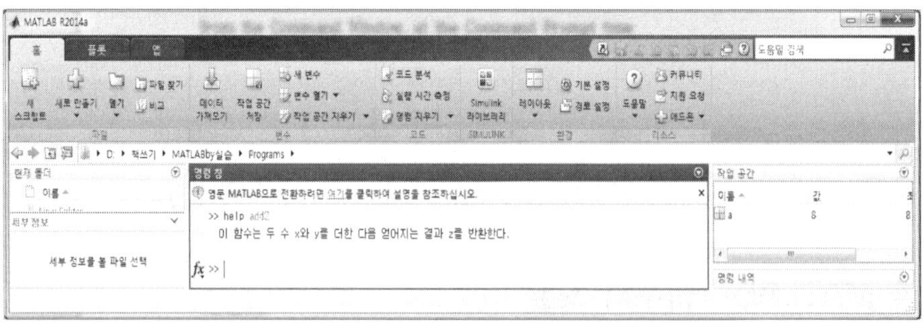

5.2.4.2 스크립트 파일에서의 MATLAB® 함수의 호출

스크립트 파일에서 함수를 호출할 수 있다. 다음 보기는 이를 수행하는 방법을 보여준다.

보기 1

다음 스크립트를 생성하여라.

```
a = 1;
b = 2;
c = add2(a,b)
```

이 스크립트 파일을 ***call_add2.m***이라고 이름붙이자. 이 스크립트 파일은 add2() 함수를 호출하여 두 변수 a와 b를 더한 다음 그 결과를 c라고 불리는 변수에 할당한다. 작업공간 창에서 일어나는 변화를 살펴보자.

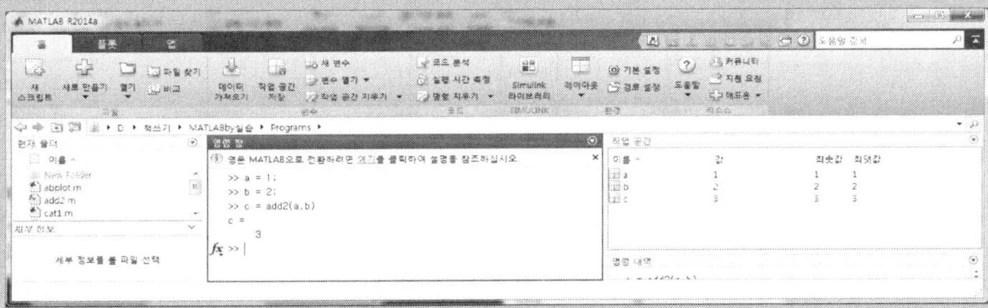

다음을 주목하자: add2()함수의 국부적 변수 x, y, 그리고 z들은 작업공간 창에 존재하지 않는다. ***call_add2.m*** 스크립트 파일은 add2()함수와 같은 디렉토리에 위치한다.

5.2.4.3 다른 함수로부터 MATLAB® 함수의 호출

다른 함수로부터 어떤 함수를 호출할 수 있다. 다음 보기는 다른 함수로부터 add2함수를 호출하는 방법을 보여주고 있다.

보기 2

입력인수가 3개이며 하나의 값을 반환하는 함수를 작성하여라. 이 함수는 입력인수들의 값을 합한 다음 그 결과를 반환한다. 이 함수는 add2함수를 이용하여 덧셈 과정을 수행해야 한다. 이 함수의 이름을 add3이라고 하자.

풀이

```
function d = add3(a, b, c)
e = add2(a,b);
d = add2(e, c);
end
```

이 함수를 호출하려면 명령어 프롬프트에서 다음을 입력한다.

```
>> z=add3(1,2,3)
```

MATLAB은 다음과 같이 응답한다.

```
z =
   6
```

연습문제 2[1]

입력인수가 3개이며 하나의 값을 반환하는 함수를 작성하여라. 이 함수는 입력인수들의 값을 합한 다음 그 결과를 반환한다. 이 함수는 add2와 add3함수를 이용하여 덧셈 과정을 수행해야 한다. 이 함수의 이름을 add4라고 하여라.

5.2.5 두 값들을 반환하는 MATLAB® 함수

MATLAB 함수는 두 개 이상의 값들을 반환할 수 있다. 이 성질을 보이기 위하여 두 개의 입력인수를 받아들이고 이들을 더하고 빼서 얻은 두 개의 값들을 반환하는 함수를 작성하기로 한다. 이 함수의 이름을 add_sub라고 하자. 이 함수에 대한 MATLAB 코드는 다음과 같다.

```
function [addition, subtraction] = add_sub(x,y)
addition = x+y;
subtraction = x-y;
end
```

이 함수를 호출하려면 명령어 프롬프트에서 다음을 입력한다.

```
>> [r, s] = add_sub(5, 3)
```

이 함수의 호출 결과는 다음과 같다.

```
r =
    8

s =
    2
```

연습문제 3[2]

다음 구문을 이용하여 함수 add_sub을 명령 창에서 호출할 수도 있다.

```
>> t=add_sub(5,3);
```

명령어 프롬프트에서 위의 명령어를 타이프하고 Enter키를 눌러 이를 수행하여 보자. 변수 t의 값을 구하고 위와 같은 구문을 이용하여 함수를 호출한 결과에 대하여 설명하여 보라.

연습문제 4[1]

MATLAB을 이용하여 다음 코드를 수행하여라. z의 값은 얼마인가? 이 코드의 연산에 대하여 설명하여라.

```
function c = multiply2(a, b)
c = a * b;
end
```

다음 코드는 multiply2함수를 호출한다.

```
x = 1;
y = 2;
z = multiply2(x, y);
```

Lesson 5.3 함수에서 MATLAB® 변수의 범위

목표

1. 함수에서 변수들의 범위에 대하여 학습
2. 국부적 변수들에 대하여 학습

주제

5.3.1 MATLAB® 함수에서 변수의 범위

5.3.1 MATLAB® 함수에서 변수의 범위

함수 내에서 생성되는 변수는 제한된 범위를 갖는다. 이는 그 변수가 함수 내에서만 접근되거나 수정될 수 있음을 의미한다. 이러한 변수를 국부적 변수라고 한다. 보기를 이용하여 이를 예시하여 보기로 한다.

보기 1

입력인수를 r=2제곱하는 함수를 생성하여라.

풀이

이 함수는 다음과 같다.

```
function c = pow(a)
r = 2;
c = a.^r;
end
```

이를 *pow.m*이라는 파일에 저장하자. 이 함수를 호출하려면 명령어 프롬프트에서 다음을 입력한다.

```
>> f=pow(3)
```

MATLAB은 이 함수를 수행하고f=a^r=3^2=9를 계산한다.

```
f =
     9
```

변수 a, r, 그리고 c들은 함수 pow에 대한 국부적 변수들이며 이 함수에 의해서만 접근될 수 있다. 변수 r에 대하여 이를 확인하려면 명령어 프롬프트에서 다음을 입력한다.

```
>> r
'r'은(는) 정의되지 않은 함수 또는 변수입니다.
```

변수 a의 범위를 조사하려면 명령어 프롬프트에서 다음을 입력한다.

```
>> a
```

MATLAB은 다음과 같이 응답한다.

```
'a'은(는) 정의되지 않은 함수 또는 변수입니다.
```

변수 c의 범위를 조사하려면 명령어 프롬프트에서 다음을 입력한다.

```
>> c
```

MATLAB은 다음과 같이 응답한다.

```
'c'은(는) 정의되지 않은 함수 또는 변수입니다.
```

여기에서는 변수 f만이 정의되는데 이 변수는 명령 창에서 함수의 반환값을 저장하기 위해 생성된 것이다.

보기 2

명령 창에서 생성된 변수는 함수에 의해 접근될 수 없다. 이를 예시하기 위하여 보기 1의 pow함수를 다음과 같이 수정하고 이를 저장하자.

```
function c = pow(a)
c = a.^r;
end
```

다음과 같이 명령 창에서 이 함수를 호출하자.

```
>> r = 2;
>> f = pow(2)
```

MATLAB은 다음과 같이 응답한다.

```
'r'은(는) 정의되지 않은 함수 또는 변수입니다.
오류 발생: pow (line 2)
c = a.^r;
```

명령 창에서 변수 r을 생성했더라도 pow함수는 이 변수에 접근할 수 없다.

보기 3

이와 유사하게 스크립트 파일에서 생성된 변수는 함수에 의해 접근될 수 없다. 이를 예시하기 위하여 편집기를 열고 다음 MATLAB 명령어를 프린트하자. 이 파일을 ***example4.m*** 라는 이름으로 저장하자.

```
r = 2;
f = pow(a)
```

스크립트 파일 ***example4.m***을 수행하여 보자. MATLAB은 다음과 같이 응답한다.

```
'r'은(는) 정의되지 않은 함수 또는 변수입니다.
오류 발생: pow (line 2)
c = a.^r;
오류 발생: example4 (line 2)
f = pow(2)
```

비록 스크립트 파일에서 변수 r을 생성하였지만 pow함수는 이 변수에 접근할 수 없다.

연습문제 1[2]

다음 코드를 수행한 다음에 MATLAB이 보여주는 r값을 구하여라.

```
>> r=sub2(2,2)

function c = sub2(a,b)
a = 1;
c = a-b;
end
```

연습문제 2[2]

다음 코드를 수행한 다음에 MATLAB이 보여주는 r과 c값을 구하여라.

```
>> r = 1;
>> c = foo(1,2);
>> r
>> c
function c = foo(a,b)
r = 3;
c = r*(a+b);
end
```

보기 4

foo6함수는 두 입력인수를 가지며 하나의 값을 반환한다.

```
function c = foo6(a,b)
a = a+1;
b = b.^2;
c = a+2*b;
end
```

이 함수는 다음과 같이 명령 창에서 호출할 수 있다.

```
>> a = 1;
>> b = 2;
>> c = foo6(a,b)
```

foo6함수에서 a와 b변수들은 작업공간에서 생성된a와 b와는 다르다는 것을 유의해야 한다. 함수에서 a와 b의 값을 바꾸더라도 작업공간의 a와 b는 달라지지 않는다. MATLAB을 이용하여 a값을 살펴보자.

```
>> a
```

MATLAB은 다음과 같이 응답한다.

```
a =
    1
```

b값을 살펴보자.

```
>> b
```

MATLAB은 다음과 같이 응답한다.

```
b =
    2
```

연습문제 3[2]

다음 코드를 수행한 다음에 MATLAB이 보여주는 r과 c값을 구하여라.

```
>> clear
>> = 5 foo(1,2);
>> r
>> c
function c = foo(a,b)
r = 3;
c = r*(a+b);
end
```

연습문제 4[2]

다음 코드를 수행한 다음에 MATLAB이 보여주는 c값을 구하여라.

```
>> c = foo1(1,2);
>> c
function c = foo1(a,b)
c = 2*a+foo2(b);
end
```

```
function c = foo2(e)
c = e^2;
end
```

연습문제 5[2]

MATLAB에서 다음 코드가 왜 올바르게 수행되지 않는지 설명하여라.

```
>> clear
>> r = 1;
>> c = foo3(1,2);
function c = foo3(a,b)
c = r*(a+b);
end
```

연습문제 6[2]

MATLAB에서 다음 코드가 왜 올바르게 수행되지 않는지 설명하여라.

```
>> c = foo4(1,2);
>> c
function c = foo4(a,b)
clear
r = 3;
c = r*(a+b);
end
```

연습문제 7[2]

다음 코드를 수행한 다음에 MATLAB이 보여주는 c값을 구하여라.

```
>> c = 1
>> foo5();
>> c
function c = foo5()
c = 2;
c = c+1;
end
```

일부 연습문제에 대한 풀이

Lesson 5.2

연습문제 1

1. MATLAB은 이미 power라는 이름의 내장함수를 지니고 있다.
2. 파일 이름은 함수 이름과 동일해야 한다. 따라서 이 파일을 ***pow.m***이라는 이름으로 저장해야 한다.

연습문제 2

```
function g = add4(a, b, c, d)
e = add3(a,b,c);
g = add2(e,d);
end
```

연습문제 3

함수 add_sub은 다음 구문과 같이 명령 창에서 잘못 호출될 수 있다.

```
>> t=add_sub(5,3);
```

add_sub함수는 반환값이 두 개인데 여기에서는 반환값으로 하나의 스칼라 변수만 제공되어 있다. 따라서 첫 번째 반환값(합인 8)이 제공된 스칼라 변수 t에 할당된다. 두 번째 반환값은 단순히 폐기된다.

연습문제 4

이 코드는 다음 함수를 포함한다.

```
function c = multiply2(a, b)
c = a * b;
end
```

이 함수는 ***multiply2.m***라는 이름으로 저장되어야 한다. 이 함수는 명령창에서 다음과 같이 호출될 수 있다. z값은 2이다..

```
>> x = 1;
>> y = 2;
>> z = multiply2(x, y);
```

Lesson 5.3

연습문제 1

MATLAB이 보여 주는 r값은 –1이다. 이는 a값이 함수 sub2내에서 달라졌기 때문이다.

연습문제 2

r과 c의 값은 각각 1과 9이다.

연습문제 3

c값은 9이다. 명령어 프롬프트에서 다음 MATLAB 명령어를 입력하자.

```
>> r
```

MATLAB은 다음과 같이 응답한다.

```
'r'은(는) 정의되지 않은 함수 또는 변수입니다.
```

연습문제 4

MATLAB이 보여 주는 c값은 6이다.

연습문제 5

r값은 함수 foo3내에서 이용이 불가능하다. 이는 다음과 같은 두 가지 방법으로 바로잡을 수 있다.

1. r을 함수에 대한 파라미터로 전달한다. 혹은
2. 함수 내에서 r을 정의한다.

연습문제 6

```
삭제된 변수 a를 참조하였습니다.
```

MATLAB 명령어 clear는 메모리 내의 모든 현재 변수들을 삭제한다.

이는 a나 b가 더 이상 존재하지 않음을 의미한다. 함수 내에서 모든 MATLAB 변수를 삭제하는 것은 아주 좋지 않은 습관이므로 이를 피해야 한다.

주의: 함수 내에서 `clear` 명령어를 이용하면 다른 함수나 스크립트 파일들에 의해 생성된 것들을 포함한 모든 MATLAB 변수들이 사라진다.

연습문제 7

`foo5()`함수는 아무런 인수도 취하지 않으며 어떤 값도 반환하지 않으므로 이 함수는 아무것도 수행하지 않는다고 간주할 수 있다. `foo5()`함수 내의 국부적 변수 c는 명령 창에서 타이프한 c변수와는 다른 변수이다. `foo5()`함수를 호출해도 작업공간의 c값을 바꾸지 못한다. `foo5()`함수의 수행 전후에서 c값은 항상 1로 유지되며 이 함수에 의해 달라지지 않는다.

조건문 6

이 장의 구성

Lesson 6.1 `if` 문의 구성

목표

1. 두 변수값들을 교환하는 방법을 학습
2. `if` 문을 구성하는 방법을 학습
3. MATLAB® 함수의 가독성을 향상시키는 방법을 학습

주제

6.1.1 두 변수값들의 교환
6.1.2 `if` 문
6.1.3 MATLAB® 함수의 가독성 향상시키기
6.1.4 `if` 문의 보기

6.1.1 두 변수값들의 교환

다음 그림은 세 개의 유리잔들이다. 유리잔 X는 녹색 액체로 채워져 있으며 유리잔 Y는 청색 액체로 채워져 있다. 유리잔 X와 Y의 내용물을 바꾸고자 한다. 이를 위해서는 일시적으로 사용할 빈 유리잔이 하나 필요하다. 빈 유리잔을 temp라고 하자.

X　　Y　　*temp*

유리잔 X와 Y의 내용물을 교환하는 단계는 다음과 같다.

1. 유리잔 X의 내용물을 temp에 붓는다. 이제 유리잔 X는 비어있다.
2. 유리잔 Y의 내용물을 유리잔 X에 붓는다. 이제 유리잔 Y는 비어있다.
3. 유리잔 temp의 내용물을 유리잔 Y에 붓는다.
   이제 유리잔 temp는 비어 있으므로 이 잔은 더 이상 필요하지 않다.

두 변수값들을 서로 교환하려면 위에서와 동일한 단계들을 수행한다. 다음과 같은 두 변수 x와 y가 있다고 하자.

```
>> x=1;
>> y=2;
```

x와 y값을 교환하여 보자. 먼저 x값을 임시 변수에 저장할 필요가 있다. 알다시피 변수에는 이름이 있어야 한다. 임시변수에 `temp`라는 이름을 부여하자. x와 y를 교환하는 세 단계들은 다음과 같다.

1. `x` 값을 `temp`에 저장한다.

```
>> temp=x;
```

2. `y` 값을 `x`에 저장한다.

```
>> x=y;
```

3. `temp` 값을 `t`에 저장한다.

```
>> y=temp;
```

`temp` 변수는 더 이상 필요하지 않으므로 다음과 같이 이를 소거한다.

```
>> clear temp;
```

보기 1

두 입력인수를 가지며 두 값을 반환하는 MATLAB 함수를 작성하여라. 이 함수는 입력인수들의 값을 바꾸어 준다. 이 함수의 이름을 `swap()`이라고 붙여보라.

풀이

```
function [y,x] = swap(x,y)
end
```

이 함수를 ***swap.m***로 저장한다.

다음과 같이 `swap()` 함수의 기능을 테스트할 수 있다.

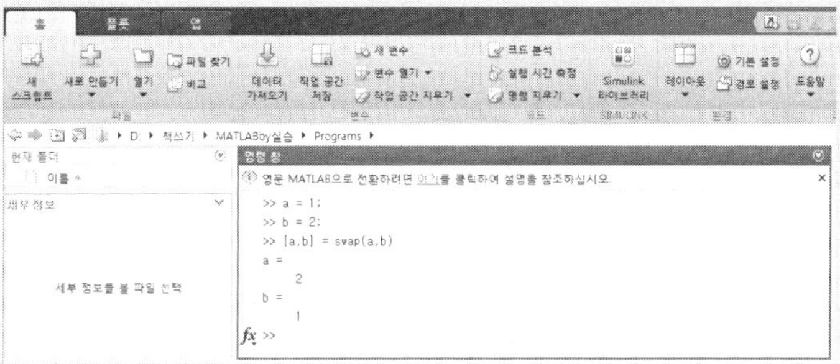

6.1.2 if 문

`if` 문에 대한 구문은 다음과 같다.

if (표현)

  표현이 참이면 명령어들이 수행된다.

end

보기를 통하여 `if` 문을 설명하기로 한다.

보기 2

다음 프로그램에서 r의 값을 구하여라.

```
x=1
r=1
if(x>0)
   r=2
end
```

풀이

r의 초기값은 1이다. x>0은 참이므로 r=2가 수행되며 따라서 r의 값은 2가 된다.

보기 3

다음 프로그램에서 r과 b의 값을 구하여라.

```
x=1;
y=-4;
r=1;
b=0
if (x>0 && y<3)
   r=3;
   b=b-1;
end
```

풀이

r과 b의 초기값은 각각 1과 0이다. x>0은 참이며 y<3도 참이다. 논리연산 true&true로부터 true가 생성되므로 명령어 r=3, b=b-1이 수행된다. 이에 따라 r과 b는 각각 3과 -1이 된다.

보기 4

다음과 같이 x의 값을 바꾸는 프로그램을 작성하여라.
x의 값이 0보다 크면 x를 10으로 설정한다.

풀이

처음에 x를 생성하고 이를테면 1과 같은 숫자를 부여한다. 다음에 MATLAB은 부여된 x의 값을 조사하고 그 값이 0보다 크면 x 값을 10으로 설정한다. 이를 수행하는 MATLAB 프로그램은 다음과 같다.

```
x=1;
if (x>0)
   x=10;
end
x
```

이 프로그램을 수행하면 처음에 x에 0보다 큰 수를 할당하였으므로 다음 결과가 얻어진다.

```
x =
   10
```

이제 x=-1을 이용하여 프로그램을 테스트하여보자.

```
x = -1;
if (x>0)
   x=10;
end
x
```

이 프로그램을 수행하면 처음에 x에 0보다 크지 않은 수를 할당하였으므로 원래 값은 변하지 않으며 다음 결과가 얻어진다.

```
x =
   -1
```

보기 5

하나의 입력인수를 가지며 하나의 값을 반환하는 MATLAB 함수를 작성하여라. 이 함수의 이름을 change_it()이라고 하자. 이 함수는 다음과 같이 작용한다.

- 입력인수의 값이 0보다 크면 함수는 10을 반환한다.
- 입력인수의 값이 0보다 작으면 함수는 입력인수의 값을 반환한다.

풀이

다음 그림은 함수 change_it()의 코드를 보여준다. 이 함수를 change_it.m으로 저장하자.

```
function y = change_it(x)
if (x > 0)
   y = 10;
end
if (x <= 0)
   y = x;
end
end
```

두 값 x=1과 x=-9를 이용하여 다음의 왼쪽 및 오른쪽 그림에 보인 바와 같이 이 함수를 테스트할 수 있다.

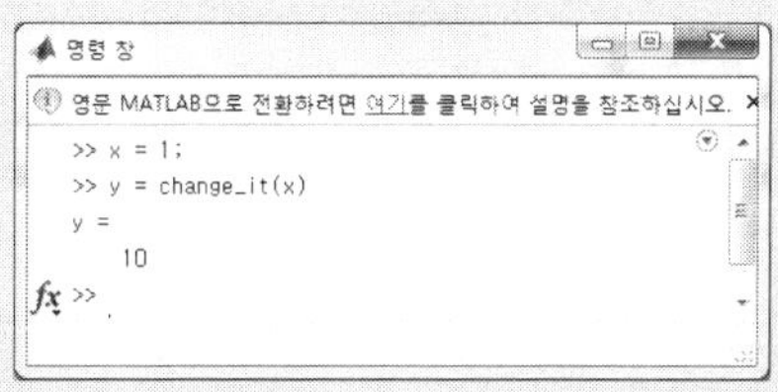

함수 change_it()을 다시 써서 다음과 같이 크기를 줄일 수 있다.

```
function y = change_it(x)
y = x;
if (x>0)
   y = 10;
end
end
```

연습문제 1[1]

다음과 같이 x와 y의 값을 바꾸는 프로그램을 작성하여라.

- x의 값이 y보다 크면 이들의 값을 교환한다.

보기 6

존은 40 파운드를 지니고 있으며 적어도 10kg의 과일을 구입하고자 한다. 사과 1kg의 가격은 3.20파운드이며 오렌지 1kg의 가격은 5파운드이다. 존은 어떤 과일을 얼마나 많이 살 수 있는지를 알아보는 MATLAB 프로그램을 작성하여라.

풀이

다음 MATLAB 프로그램은 그 자체로 이해할 수 있다.

```
clear; clc; close all;
John_has_got_pounds = 40;
price_apple_per_kg = 3.2;
price_orange_per_kg = 5;
minimum_weight_John_wants_kg = 10;
maximum_price_John_should_pay = John_has_got_pounds /...
minimum_weight_John_wants_kg;
if (price_apple_per_kg <= maximum_price_John_should_pay)
    weight_John_buy = John_has_got_pounds / price_apple_per_kg;
    disp('John can buy'); disp(weight_John_buy); disp('kg of apple');
end
if (price_orange_per_kg <= maximum_price_John_should_pay)
    weight_John_buy = John_has_got_pounds / price_orange_per_kg;
    disp('John can buy'); disp(weight_John_buy); disp('kg of orange');
end
```

이를 수행하면 다음 결과를 얻는다.

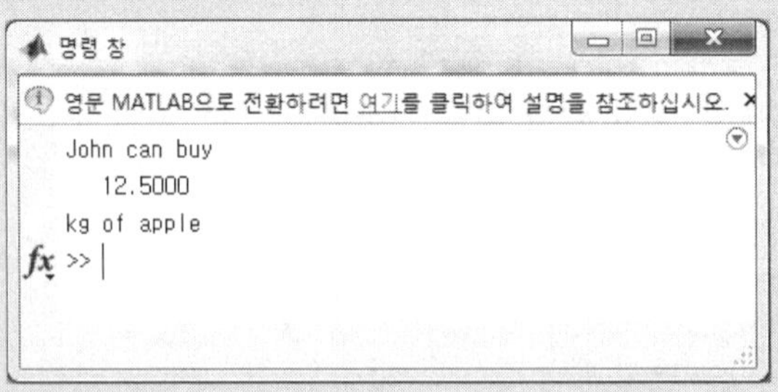

MATLAB 코드 일부를 작성할 때에는 코드의 가독성(readability)에 최우선권을 두어야 한다.

6.1.3 MATLAB® 함수의 가독성 향상시키기

MATLAB 함수를 작성할 때에는 다음에 언급한 프로그래밍 스타일 가이드라인을 따라야 한다. 이 가이드라인들은 MATLAB 함수의 가독성을 향상시키기 위하여 고안된 것들이다.

1. 함수가 수행하는 기능, 입력인수, 그리고 반환값들을 설명하는 코멘트를 추가한다.
2. 함수를 사용하는 방법에 대한 보기를 보여주는 코멘트를 추가한다.
3. 함수 작성자의 이름을 제시한다.
4. 함수가 작성되었거나 수정된 날짜를 기록한다.
5. 함수는 입력인수들의 크기가 올바른지 자동적으로 체크해 주어야 한다.

lesson 5.2에서 설명한 add2() 함수를 위의 가이드라인에 따라 다서 써 보기로 하자. 이 함수는 두 인수들을 받아들이고 이들의 합인 하나의 결과를 반환한다.

```
function z = add2(x,y)
% 이 함수는 "x"를 "y"에 더한 다음 그 결과를 반환한다.
% 다음은 이 함수를 이용하는 방법을 보여주는 보기이다.
% a = 1;
% b = 2;
% c = add2(a,b);
% 이 함수는 "3"을 반환하는데 이는 "1"과 "2"를 더한 결과이다.
% 이 함수는 2011년 10월 25일 Dr. Munther Gdeisat에 의해 작성되었다.
% 두 입력인수들은 모두 스칼라임을 확인하자.
if(~isscalar(x) || ~isscalar(y))
   disp( 'both input arguments must be scalars (numbers)')
   return
end
z = x + y;
end
```

이 함수는 두 인수들이 스칼라인지의 여부를 조사한다. 두 인수들이 모두 스칼라이면 함수는 덧셈을 수행한다. 그렇지 않다면 경고 메시지를 보내고 덧셈을 수행하지 않고 반환한다. 프로젝트의 복잡성 정도에 따라 가능하다면 함수 호출 수행을 계속할 수 있도록 반환되는 표준 오류 메시지를 설정하는 것이 좋을 때가 있다.

다음 그림에 보인 바와 같이 두 숫자들을 이용하여 add2() 함수를 테스트하여 보자. 그림에서 알 수 있듯이 함수는 적절히 작용한다.

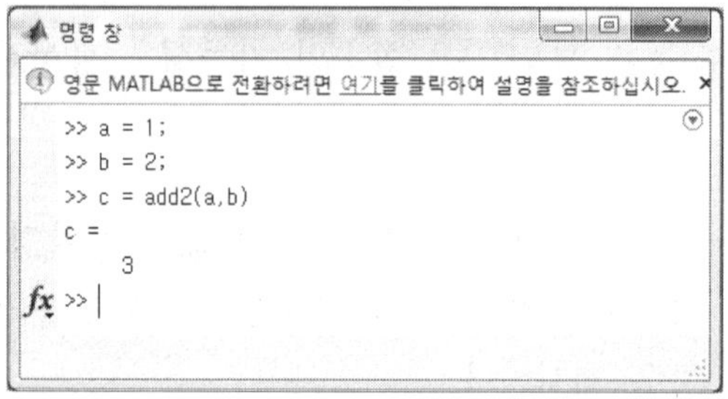

이제 숫자와 벡터를 이용하여 add2() 함수를 테스트하여 보자. 함수는 적절하게 작용하지 않으며 오류 메시지를 보여준다.

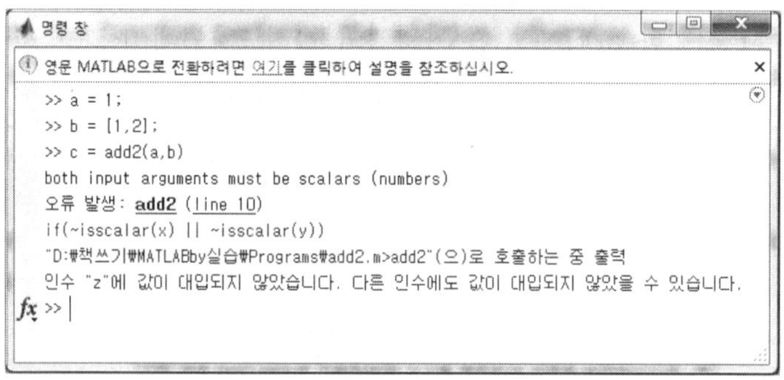

6.1.4 `if` 문의 보기

보기 7

벡터 s는 두 원소들만을 포함하고 있다. 벡터 s를 오름차순(가장 작은 값이 맨 앞에 위치)으로 정렬하는 MATLAB 프로그램을 작성하여라.

풀이

다음 코드 부분에서 MATLAB은 s(1)의 값이 s(2)의 값보다 큰지의 여부를 조사한다. 더 크다면 s의 두 원소들을 교환한다.

```
s = [2, 1];
if (s(1) > s(2))
   temp = s(1);
   s(1) = s(2);
   s(2) = temp;
```

```
end
```

이 코드부분을 수행하면 다음 결과가 얻어진다.

```
s =
  1 2
```

보기 8

벡터 s는 두 원소들만을 포함하고 있다. 벡터 s를 내림차순(가장 큰 값이 맨 앞에 위치)으로 정렬하는 MATLAB 프로그램을 작성하여라.

풀이

```
s = [1, 2];
if (s(1) < s(2))
   temp = s(1);
   s(1) = s(2);
   s(2) = temp;
end
```

이 코드부분을 수행하면 다음 결과가 얻어진다.

```
s =
   2 1
```

연습문제 2[1]

벡터 s는 두 원소들만을 포함하고 있다. 벡터 s를 오름차순)으로 정렬하는 MATLAB 프로그램을 작성하여라. 코드에서 swap() 함수를 사용하여라.

연습문제 3[1]

2원소 벡터를 오름차순으로 정렬하는 MATLAB 프로그램을 작성하여라.

보기 9

두 스칼라 입력을 받아들이고 입력인수들 가운데 최대값을 반환하는 MATLAB 함수를 작성하여라. 이 함수의 이름을 max2라고 정하여라.

풀이

```
function maximum = max2(x,y)
maximum = x;
if (x < y)
   maximum = y;
```

```
    end
    end
```

max2 함수를 사용하는 보기는 다음에 보인 바와 같다.

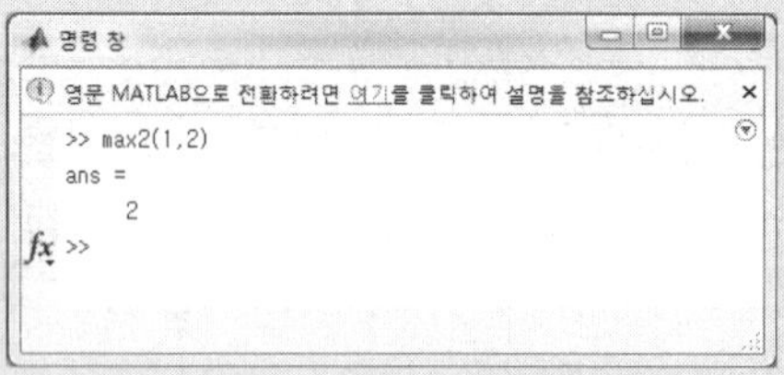

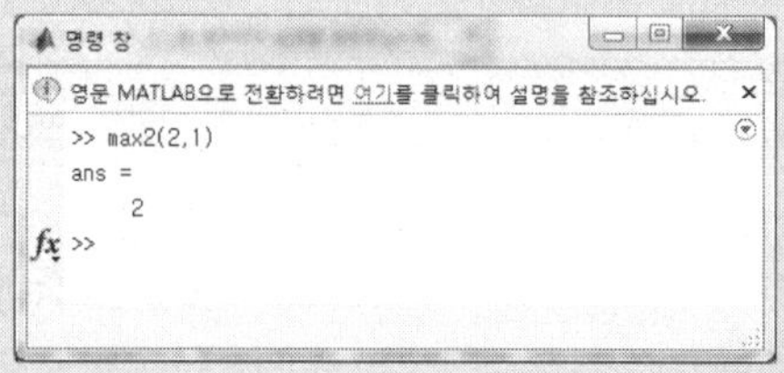

연습문제 4[1]

이전의 lesson 6.1의 6.1.3 절에서 소개한 프로그래밍 스타일 가이드라인에 따라 max2() 함수를 다시 작성하여라.

보기 10

세 입력인수들을 받아들이고 입력인수들 가운데 최대값을 반환하는 MATLAB 함수를 작성하여라. 이 함수의 이름을 max3이라고 정하여라. max2 함수를 이용하여 max3 함수의 코드를 작성하는 데에 도움이 되도록 하여라.

풀이

```
function maximum = max3(x,y)
e = max2(a,b);
d = max2(e,c);
end
```

max3 함수를 사용하는 보기는 다음에 보인 바와 같다.

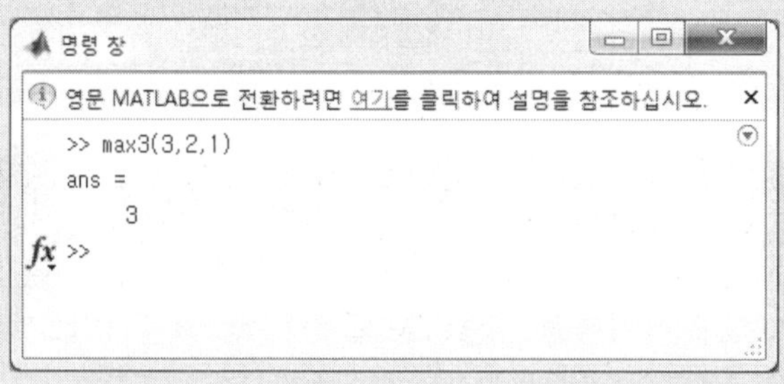

연습문제 5[1]

4개의 입력인수들을 받아들이고 입력인수들 가운데 최대값을 반환하는 MATLAB 함수를 작성하여라. 이 함수의 이름을 max4라고 정하여라. max2함수와 max3함수를 이용하여 max4함수의 코드를 작성하는 데에 도움이 되도록 하여라.

연습문제 6[1]

세 입력인수들을 받아들이고 입력인수들 가운데 최대값을 반환하는 MATLAB 함수를 작성하여라. 이 함수의 이름을 max3a라고 정하여라. 이 함수는 다른 함수를 호출하면 안 된다.

연습문제 7[1]

4개의 입력인수들을 받아들이고 입력인수들 가운데 최대값을 반환하는 MATLAB 함수를 작성하여라. 이 함수의 이름을 max4a라고 정하여라. 이 함수는 다른 함수를 호출하면 안 된다.

Lesson 6.2 if slae 문의 구성

목표 if else 문을 구성하는 방법을 학습

주제 6.2.1 if else 문

6.2.1 if slae 문

MATLAB if else 문의 구문은 다음과 같다.

```
if (표현)
   표현이 참이면 수행되는 명령어들
else
   표현이 거짓이면 수행되는 명령어들
```

end

몇 가지 보기들을 통하여 if else 문을 살펴보기로 한다.

보기 1

다음 프로그램에서 r의 값을 구하여라.

```
x = 1;
r = 1;
if (x > 0)
  r = 2;
else
  r = 3;
end
```

풀이

r의 초기값은 1로 설정된다. x>0 표현은 참이다. 따라서 명령어 r=2가 수행되고 r의 값은 2로 설정된다.

보기 2

다음 프로그램에서 r의 값을 구하여라.

```
x = 1;
r = 1;
if (x > 3)
  r = 2;
else
  r = 3;
end
```

풀이

r의 초기값은 1로 설정된다. x>3 표현은 거짓이다. 따라서 명령어 r=3이 수행되고 r의 값은 3으로 설정된다.

보기 3

MATLAB의 디버그 툴을 이용하여 다음 프로그램의 수행을 단계별로 추적하여 보라.

```
x = 1;
r = 1;
if (x > 0)
  r = 2;
else
  r = 3;
end
```

풀이

단계 1: 위의 프로그램을 MATLAB 편집기에서 타이프한다. 이 프로그램을 이를테면 ***find_r.m***과 같은 이름으로 저장한다. 다음 그림의 왼쪽 화살표가 가리키는 기호를 클릭하여 프로그램의 첫 번째 라인에 분기점을 설정한다.

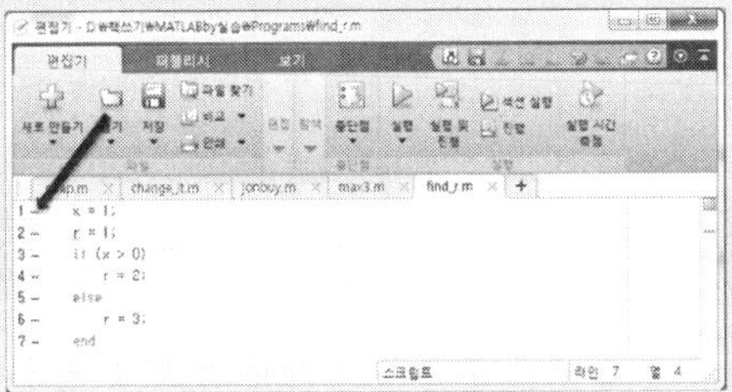
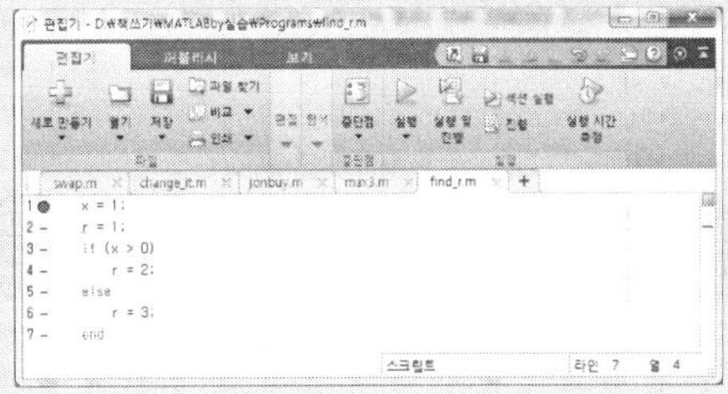

단계 2: 아이콘을 클릭하여 프로그램을 수행한다. MATLAB은 프로그램이 분기점에 이르면 수행을 중단한다. F10 키를 눌러 프로그램의 첫 번째 라인을 실행한다.

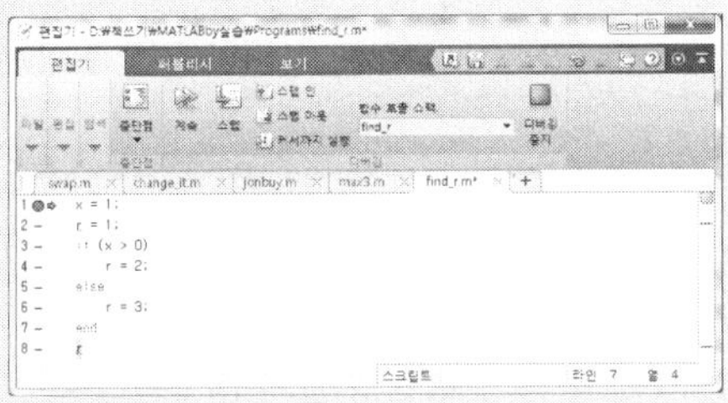
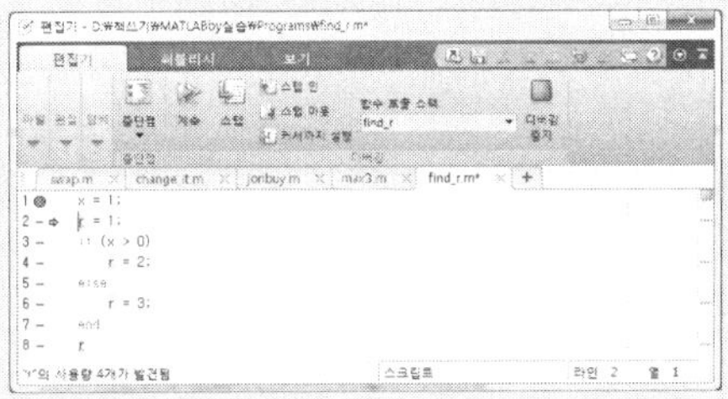

단계 3: F10을 두 번 눌러 프로그램의 두 번째와 세 번째 라인을 실행한다. 표현 x>0은 참이므로 MATLAB은 4번째 라인으로 진행한다.

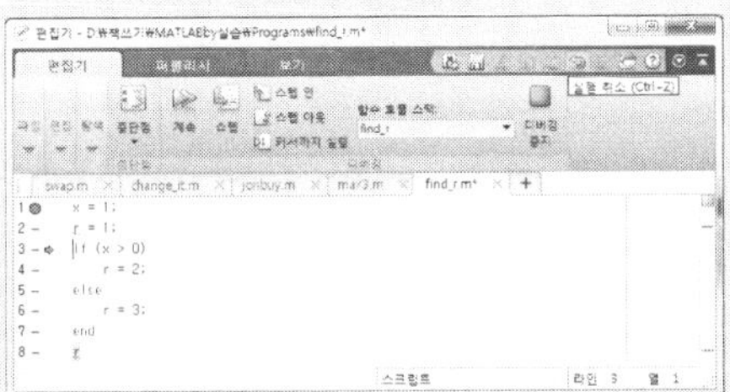
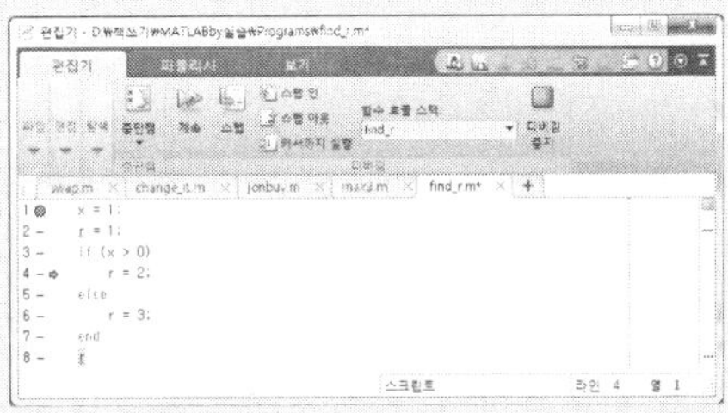

단계 4: F10을 눌러 4번째 라인을 실행한다. 이제 `r`의 값은 2이다. 다음에 MATLAB은 8번째 라인으로 점프한다. `else` 명령어 `r=3`은 실행되지 않는다.

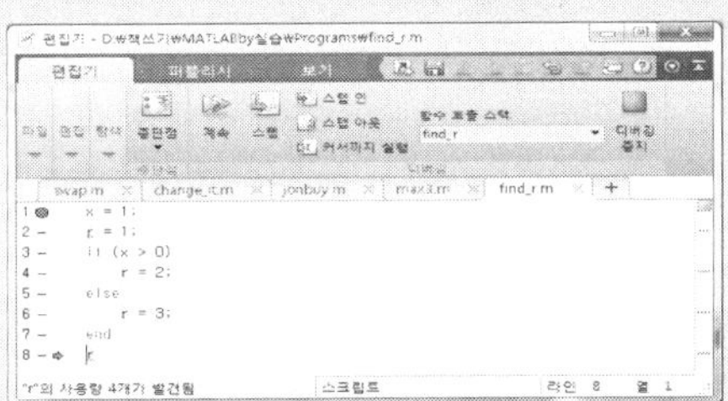

단계 5: F10을 눌러 8번째 라인을 실행한다. MATLAB은 `r`의 값을 보여준다.

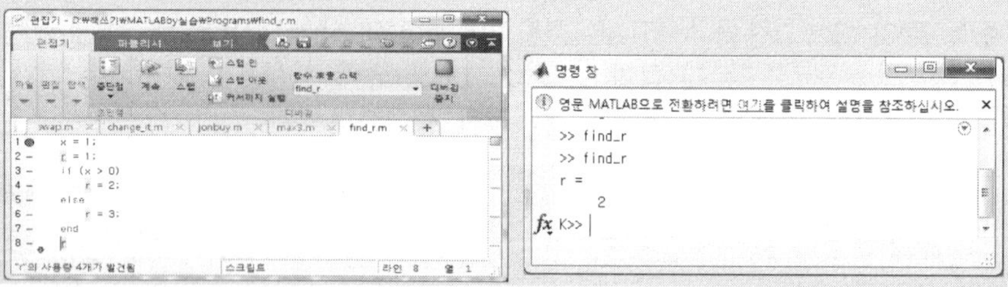

보기 4

다음 프로그램에서 r의 값을 구하여라.

```
a = 1;
b = 2;
r = 0;
if (a > 0)
   if (b > 10)
      r = 1;
   end
   r = 2;
else
   r = 3;
end
```

풀이

r의 초기값은 0으로 설정된다. a>0 표현은 참이며 표현 b>10은 거짓이다. 따라서 명령어 r=1은 실행되지 않으며 명령어 r=2가 실행된다. r의 값은 2로 설정된다.

연습문제 1[1]

MATLAB의 디버그 툴을 이용하여 보기 4의 MATLAB 프로그램의 수행을 단계별로 추적하여 보라.

보기 5

다음 프로그램에서 r의 값을 구하여라.

```
a = 1;
b = 2;
r = 0;
if (a > 0)
   if (b > 10)
      r = 1;
   else
```

```
        r = 2;
    end
    r = 3;
end
```

풀이

r의 초기값은 0으로 설정된다. a>0 표현은 참이며 표현 b>10은 거짓이다. 따라서 명령어 r=1은 실행되지 않으며 명령어 r=2가 실행된다. r의 값은 2로 설정된다. 다음에 명령어 r=3이 실행된다. 이제 r의 값은 3이 된다.

연습문제 2

MATLAB의 디버그 툴을 이용하여 보기 5의 MATLAB 프로그램의 수행을 단계별로 추적하여 보라.

보기 6

다음과 같이 변수 x의 값을 변경하는 MATLAB 프로그램을 작성하여라.

- x의 값이 1보다 크면 x를 10으로 둔다.
- 위의 조건이 만족되지 않으면 x를 x의 절대값으로 둔다.

풀이

먼저 변수 x를 생성하고 특정값을 여기에 부여한다. 예를 들면 x를 2로 설정할 수 있다. 다음에 MATLAB은 x 값을 조사한다. x가 1보다 크지 않으면 MATLAB은 x를 그의 절대값으로 둔다. x의 초기값은 2이다. 따라서 x>1은 참이다. 그러므로 x의 값은 10으로 설정된다.

```
x = 2;
if (x > 1)
    x = 10;
else
    x = abs(x);
end
x
```

이 프로그램을 실행하면 다음 결과를 얻는다.

```
x =
    10
```

이제 x=-1을 이용하여 이 프로그램을 테스트하여 보자. x>1은 거짓이다. 따라서 x의 값은 abs(x)로 설정된다. 그러므로 x의 최종값은 1이 된다.

```
x = -1;
if (x > 1)
   x = 10;
else
   x = abs(x);
end
x
```

이 프로그램을 실행하면 다음 결과를 얻는다.

```
x =
   1
```

보기 7

두 입력인수를 받아들이고 그들 가운데 최대값을 반환하는 MATLAB 프로그램을 작성하여라. 코드에서 `if else` 문을 사용하여라.

풀이

다음 코드는 이전의 lesson에서 작성한 `max2()` 함수를 보여주고 있다.

```
function maximum = max2(x,y)
maximum = x;
if (x < y)
   maximum = y;
end
end
```

이 함수 코드를 다스 쓰는데 이번에는 `if else` 문을 이용하기로 한다.

```
function maximum = max2b(x,y)
if (x < y)
   maximum = y;
else
   maximum = x;
end
end
```

두 함수의 가독성을 비교하여 보라. 어느 함수가 더 쉽게 이해되는가?

보기 8

MATLAB의 디버그 툴을 이용하여 `max2b()` 함수의 실행을 단계별로 추적하여 보라.

풀이

단계 1: `max2b()` 함수의 호출을 테스트할 스크립트 파일을 작성하고 이를 ***test.m***이라고 이름붙인다.

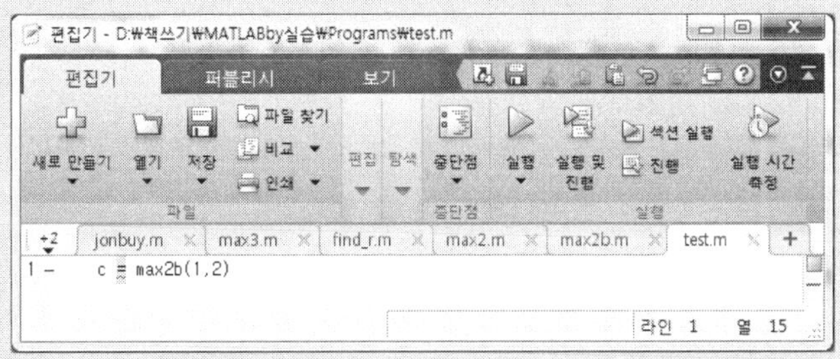

단계 2: 기호를 클릭하여 프로그램의 첫 번째 라인에 분기점을 설정한다.

단계 3: 아이콘을 클릭하여 프로그램을 실행한다. MATLAB은 분기점에서 프로그램의 실행을 멈춘다.

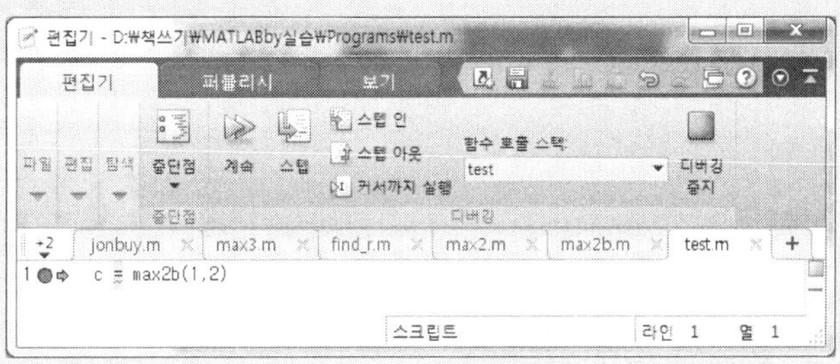

단계 4: F11을 눌러 `max2b()` 함수로 들어간다. MATLAB은 ***max2b.m*** 파일을 열고 2번째 라인에서 그 함수의 실행을 멈춘다.

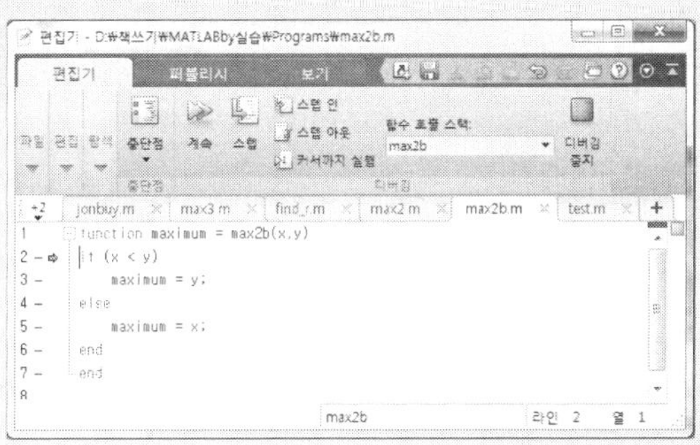

단계 5: 마우스를 x와 y변수 위로 움직여서 이들의 값을 살펴본다.

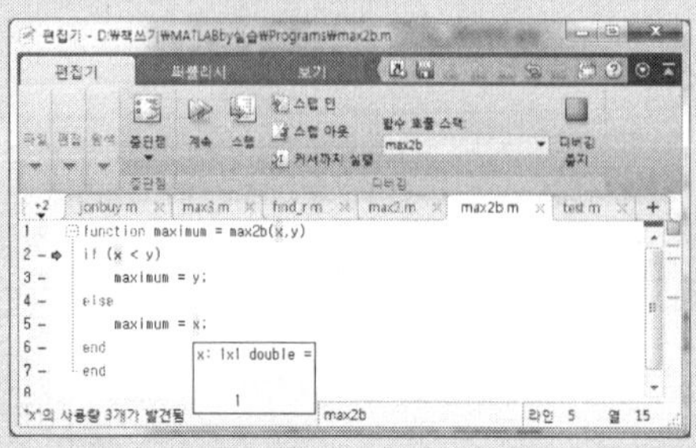

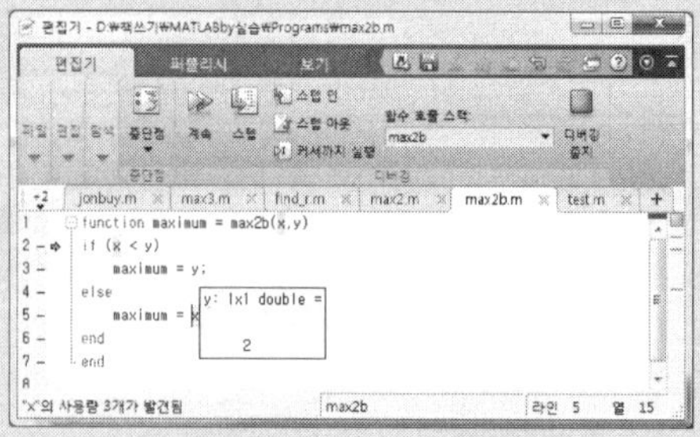

단계 6: F10 키를 누른다. 조건 x<y는 참이다. 따라서 MATLAB은 3번째 라인으로 진행한다.

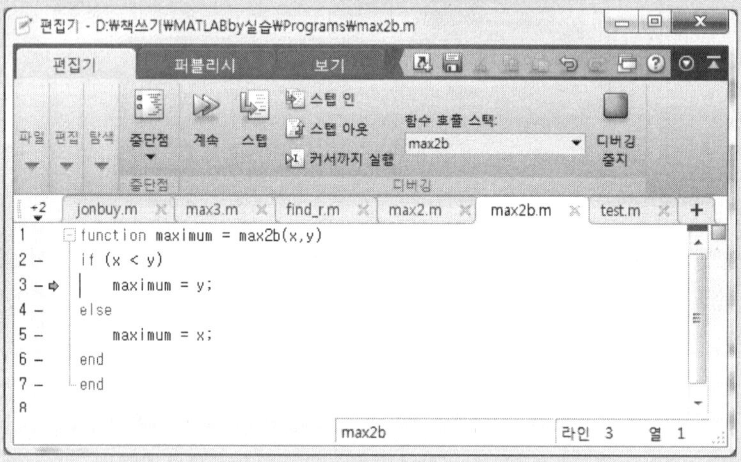

단계 7: F10 키를 누른다. MATLAB은 3번째 라인을 실행한다. 최대 변수의 값은 2이다. 다음에 MATLAB은 7번째 라인으로 점프한다. 명령어 maximum=x는 실행되지 않는다.

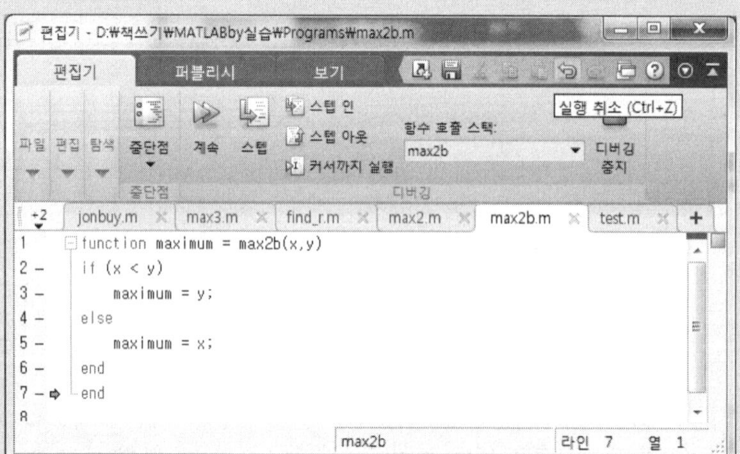

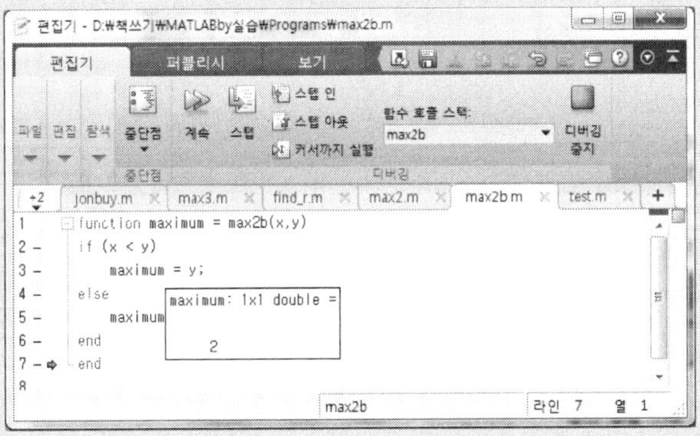

단계 8: F10 키를 누른다. MATLAB은 함수의 실행을 중단한다.

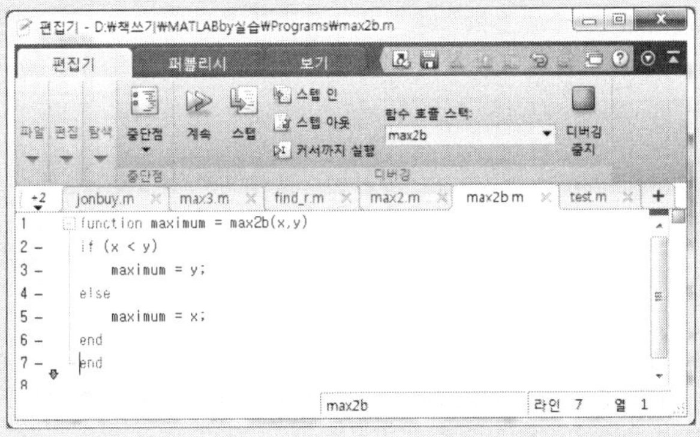

단계 9: F10 키를 누른다. MATLAB은 max2b() 함수를 호출했던 원래 스크립트 파일 ***test.m***으로 컨트롤을 반환한다.

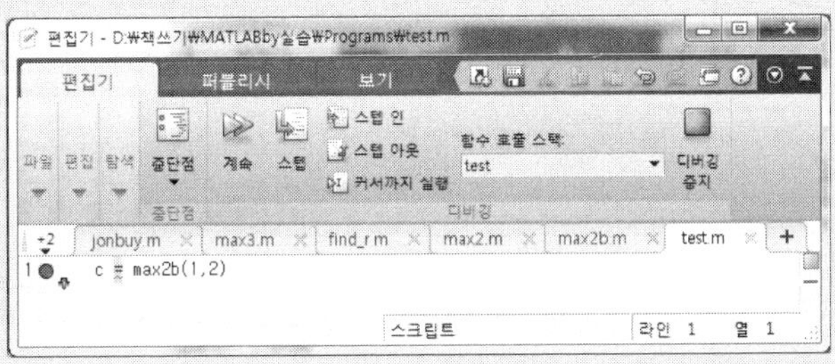

단계 10: 마우스를 변수 c위로 움직여서 그 값을 살펴본다.

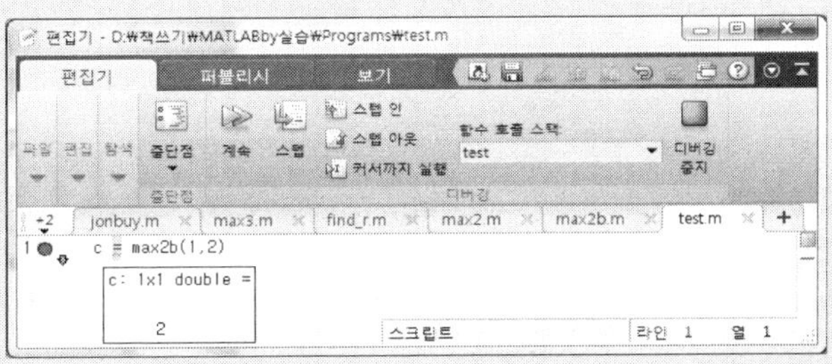

단계 11: F10 키를 누른다. MATLAB은 ***test.m*** 스크립트 파일의 실행을 종료한다. 이제 c의 값은 2이다.

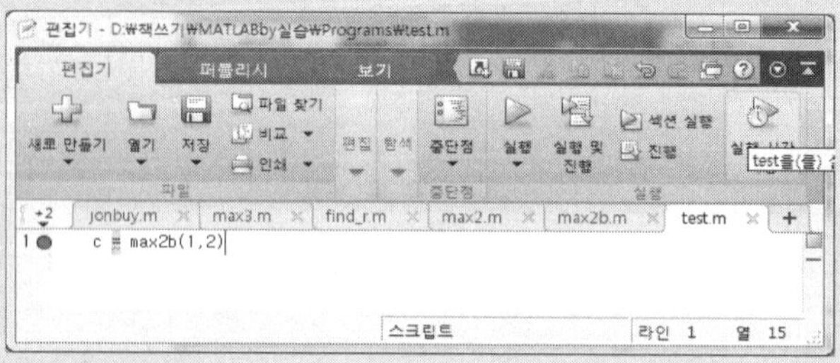

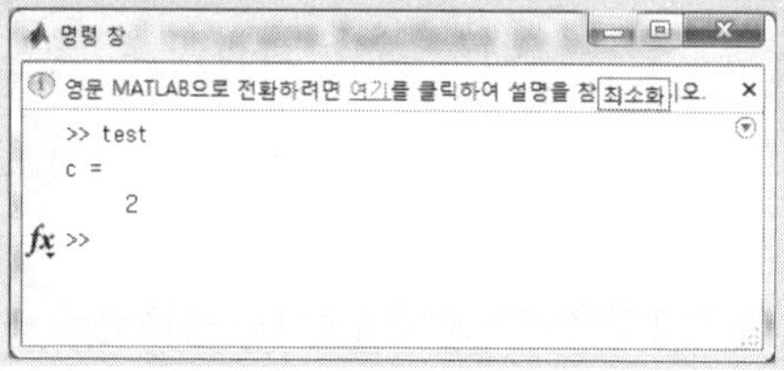

Lesson 6.3 재귀함수

목표

1. MATLAB® 의 재귀함수에 대해서 학습

주제

6.3.1 재귀함수

6.3.1 재귀함수

보기 9

스스로를 호출하는 함수를 재귀(recursive, 혹은 iterative)함수라고 부른다. 다음 코드는 재귀함수의 예를 보여주고 있다. MATLAB의 디버그 툴을 이용하여 이 함수의 실행을 단계별로 추적하여 보자. x=1:3을 이용하여 이 함수를 테스트하여 보자.

```
function addition = sum_vector(x)
if (length(x) > 1)
  x = [x(1:end-2), x(end-1)+x(end)];
  addition = sum_vector(x);
else
  addition = x(1);
end
end
```

풀이

단계 1: 편집기 메뉴에서 "새로 만들기"를 클릭하고 "함수"를 선택한다. 나타나는 편집기 창 내의 모든 내용을 삭제한다.

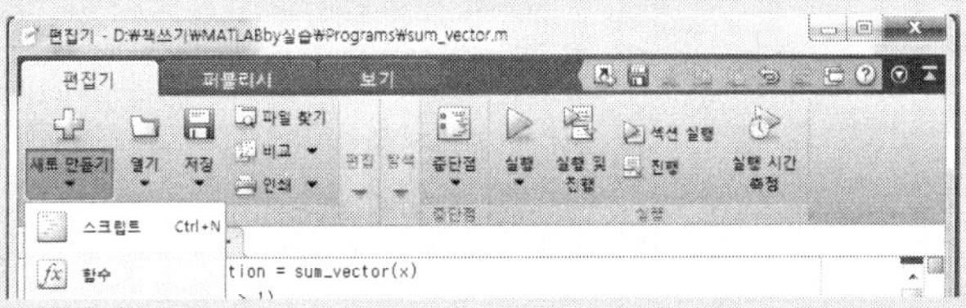

단계 2: `sum_vector()` 함수의 코드를 타이프한다. 이 파일의 이름을 ***sum_vector.m*** 이라고 정한다.

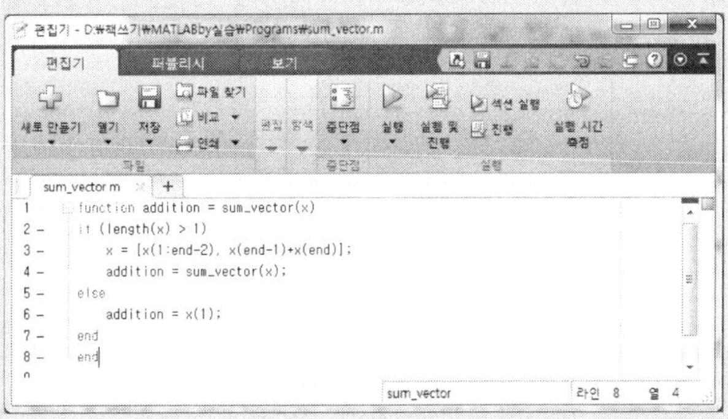

단계 3: `sum_vector()` 함수를 호출하는 스크립트 파일을 작성한다. 이 스크립트 파일의 이름을 ***test1.m***이라고 정한다.

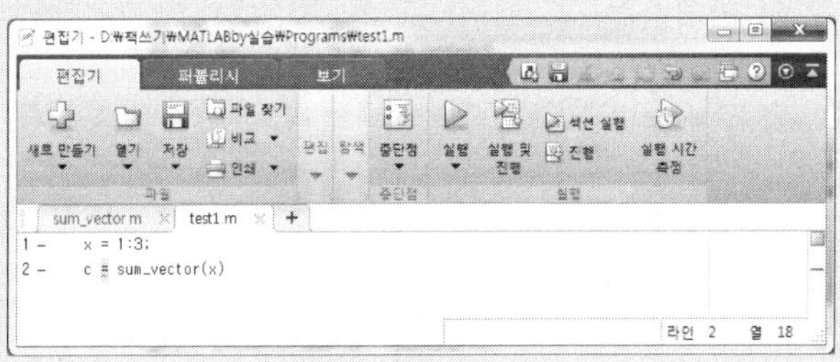

단계 4: 기호를 클릭하여 프로그램의 첫 번째 라인에 분기점을 설정한다.

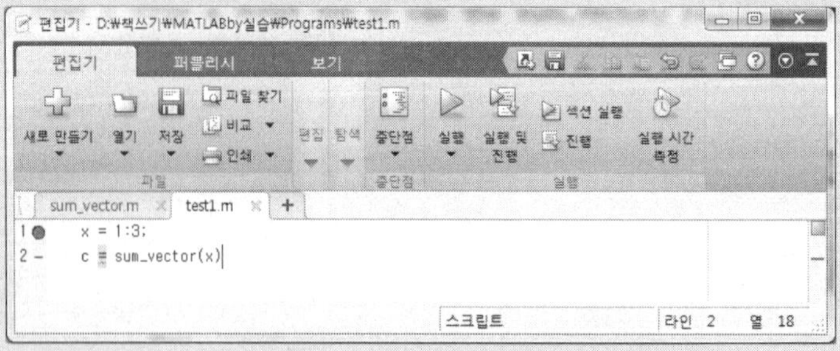

단계 5: 아이콘을 클릭하여 ***test1.m*** 프로그램을 실행한다. MATLAB은 분기점에서 프로그램의 실행을 멈춘다.

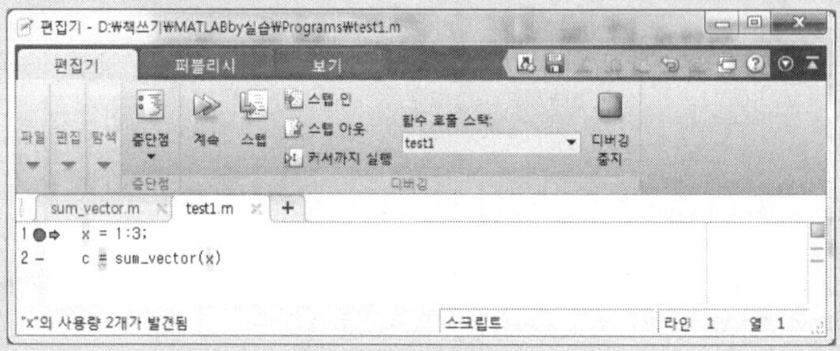

단계 6: F10 키를 누른다. MATLAB은 첫 번째 라인을 실행한다.

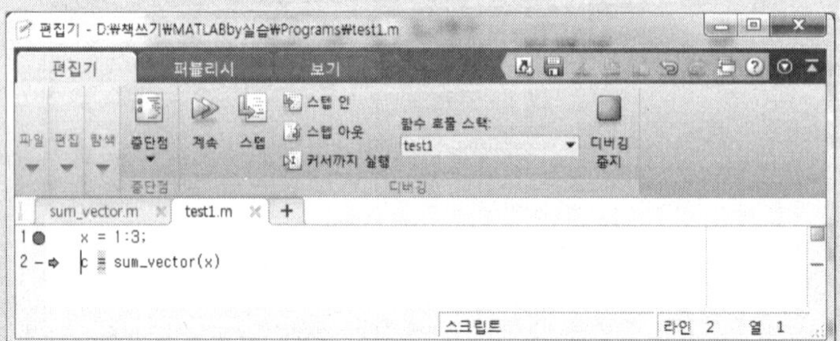

단계 7: F11 키를 눌러 `sum_vector()` 함수로 들어간다. MATLAB은 ***sum_vector.m*** 파일을 열고 2번째 라인에서 실행을 멈춘다. 마우스를 `x`변수 위로 움직여서 그 값을 살펴보자.

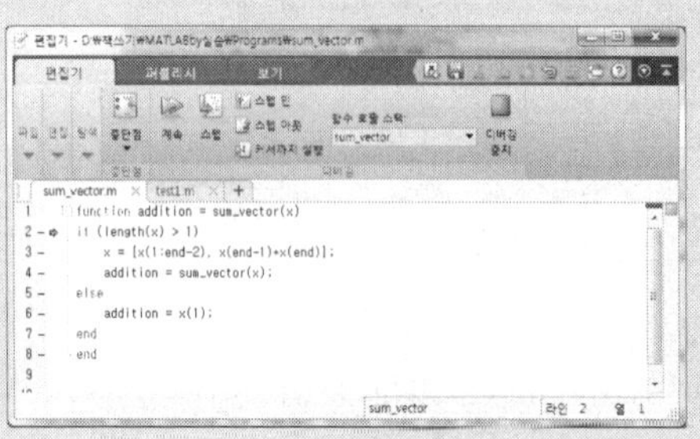

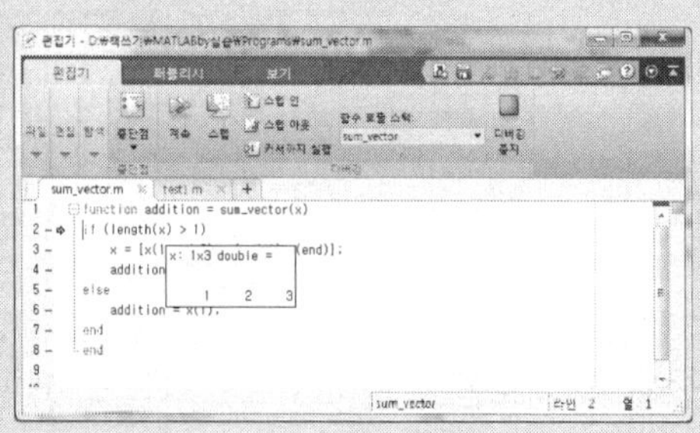

단계 8: 표현 `length(x)>1`은 참이다. F10 키를 누르면 MATLAB은 2번째 라인을 실행한다. 다시 F10을 누르면 MATLAB은 라인 3을 실행한다. 마우스를 x변수 위로 움직여서 그 값을 살펴보자. x벡터의 마지막 두 원소들은 그들의 합으로 대체되었음을 주목하자.

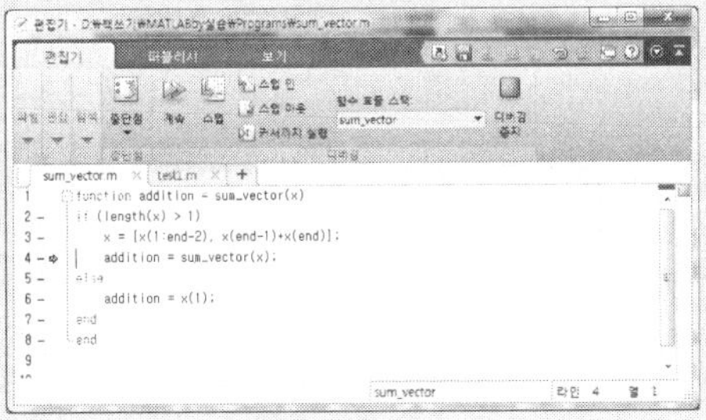

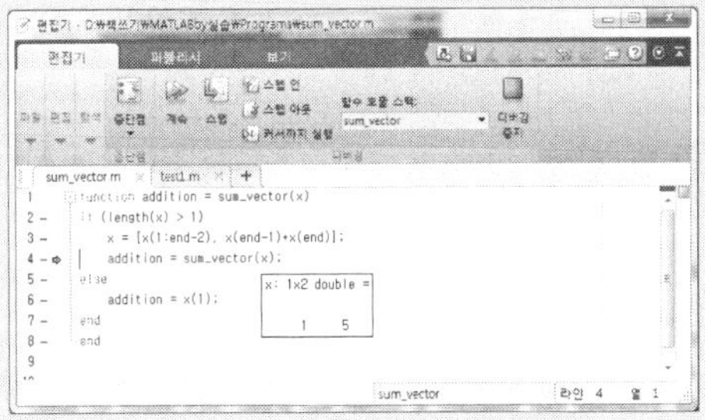

단계 9: F11을 누른다. 다음 그림에 보인 바와 같은 흰색 및 녹색 화살표들을 주목하자. 이는 함수가 그 자신을 호출했기 때문이다. 지금까지 함수 `sum_vector()`는 두 번 호출되었음을 상기하자. 마우스를 x변수 위로 움직여서 그 값을 살펴보자.

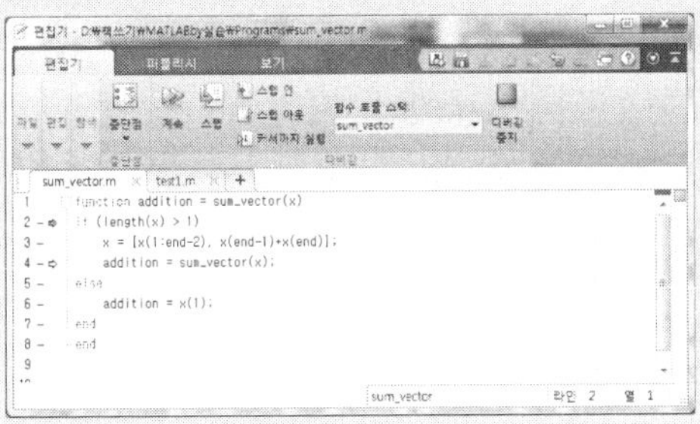

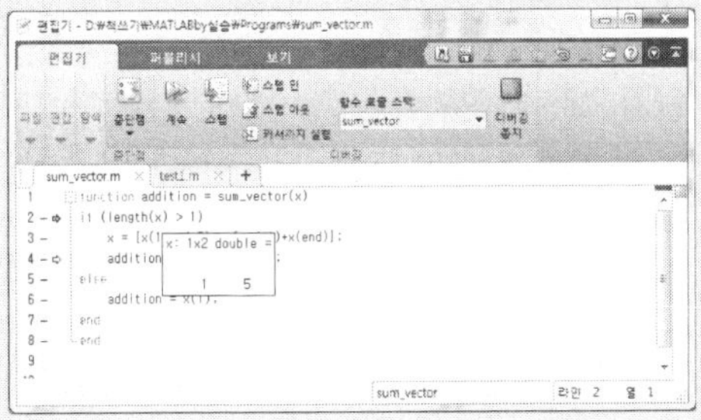

단계 10: F10을 누른다. 벡터 x는 두 원소들을 포함하고 있으므로 MATLAB은 라인 3으로 들어간다.

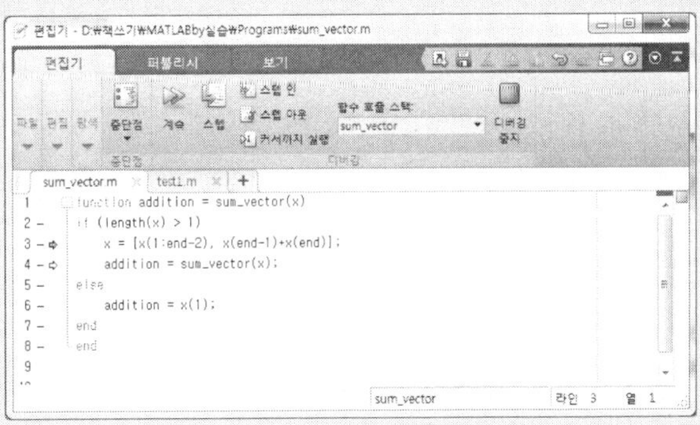

단계 11: F10을 누른다. MATLAB은 라인 4를 실행한다. 마우스를 x변수 위로 움직여서 그 값을 살펴보자. 벡터 x는 하나의 원소만을 가짐을 주목하자.

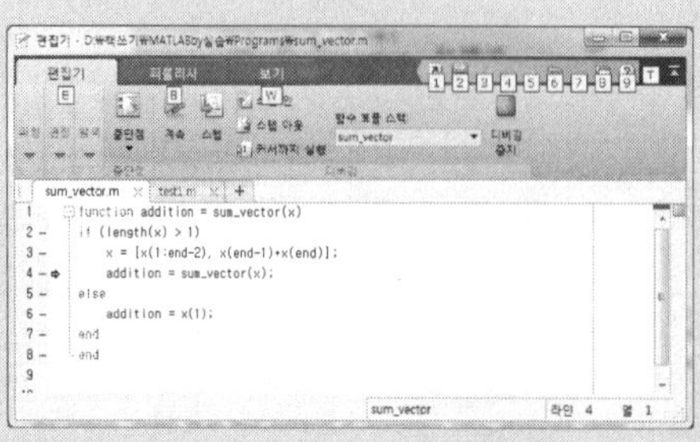
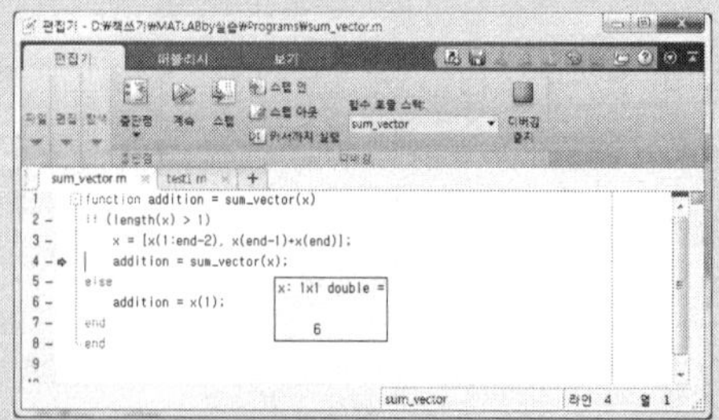

단계 12: F11을 누른다. MATLAB은 `sum_vector()` 함수를 호출하고 2번째 라인에서 멈춘다. 지금까지 함수 `sum_vector()`는 3번 호출되었다. 마우스를 `x`변수 위로 움직여서 그 값을 살펴보자. 벡터 `x`는 하나의 원소만을 가짐을 주목하자.

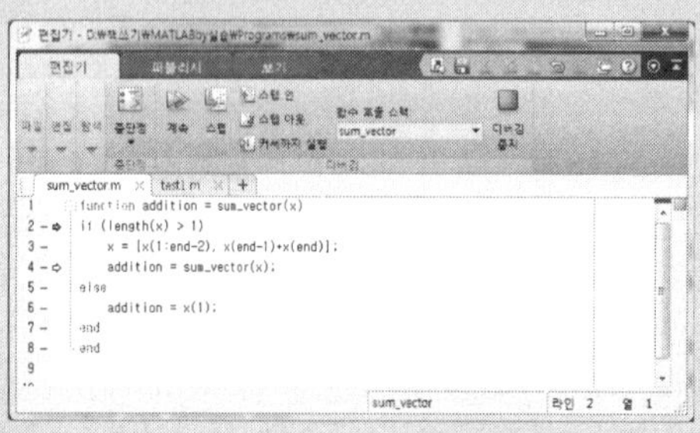
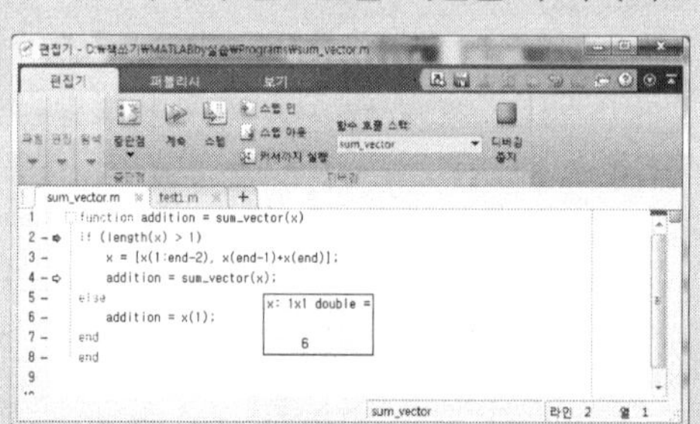

단계 13: F10을 누른다. 벡터 `x`는 하나의 원소만을 포함한다. 표현 `length(x)>1`는 거짓이다. 따라서 MATLAB은 라인 5로 점프한다.

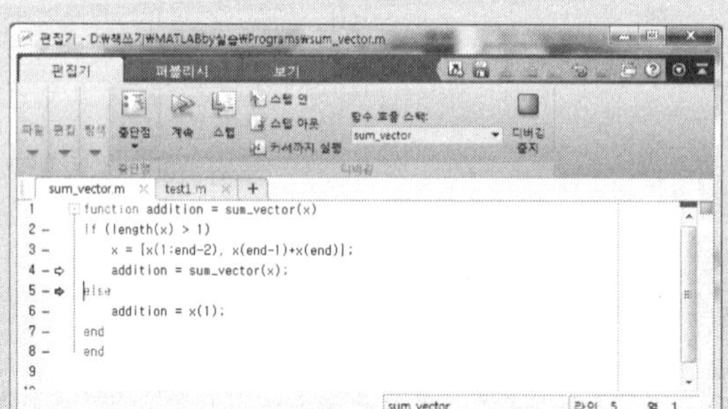

단계 14: F10을 누른다. MATLAB은 라인 6으로 들어선다.

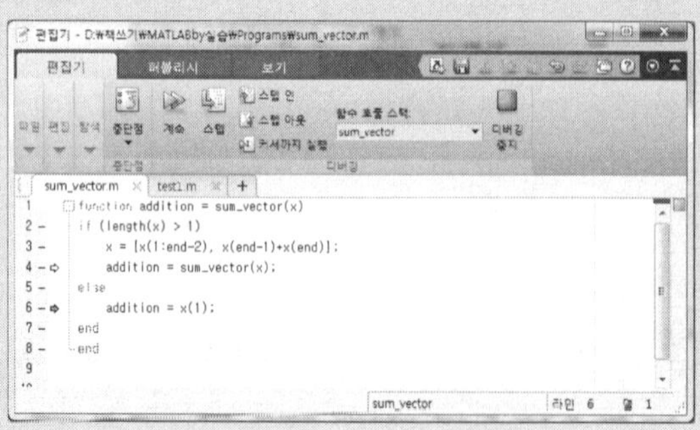

단계 15: F10을 누른다. MATLAB은 라인 6을 실행하고 함수 `sum_vector()`를 다시 호출하지 않는다. 변수 `addition`의 값은 6과 같다.

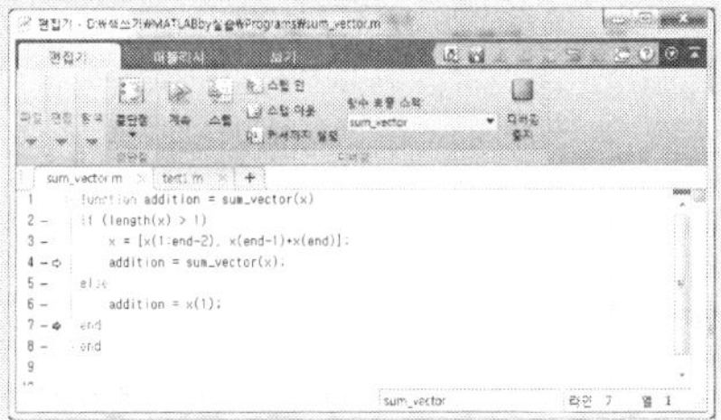

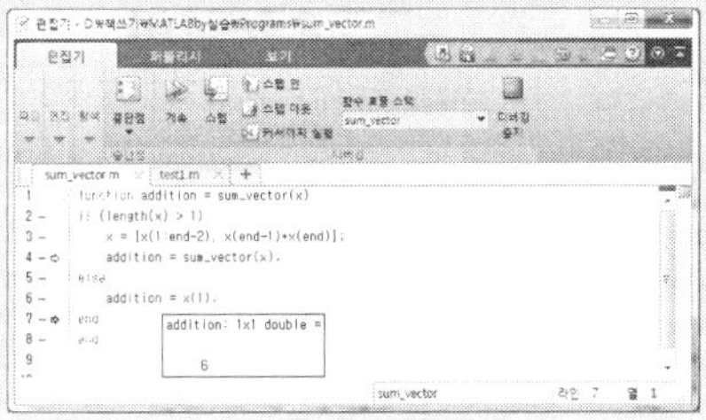

단계 16: F10을 누른다. MATLAB은 라인 7을 실행한다. F10을 누르면 MATLAB은 라인 8을 실행하며 이제 호출함수 `sum_vector()`로 컨트롤을 반환할 준비가 되어 있다.

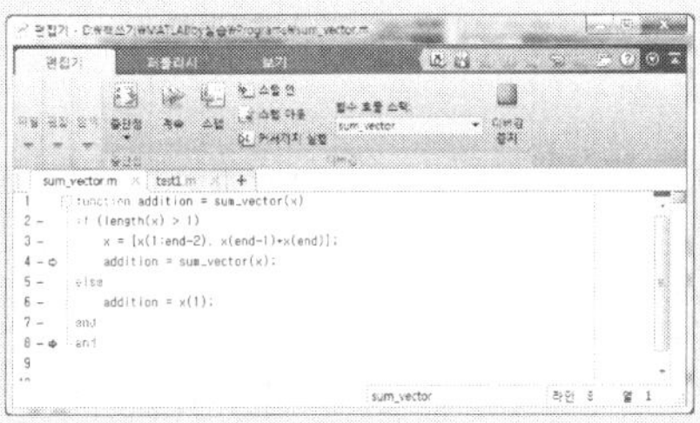

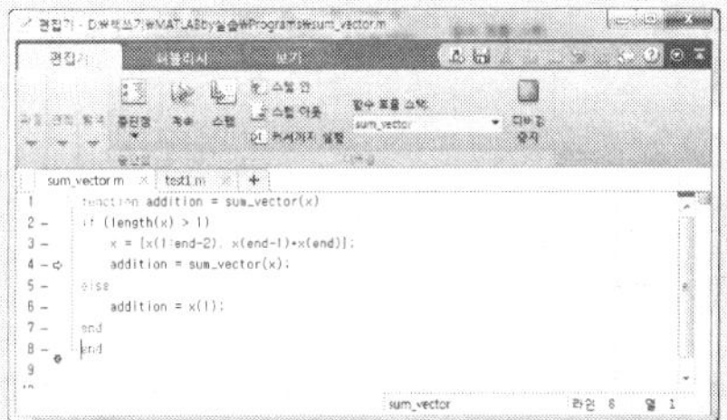

단계 17: F10을 누른다. MATLAB은 라인 7을 실행한다. F10을 누르면 MATLAB은 라인 8을 실행하며 이제 호출함수 `sum_vector()`로 컨트롤을 반환할 준비가 되어 있다.

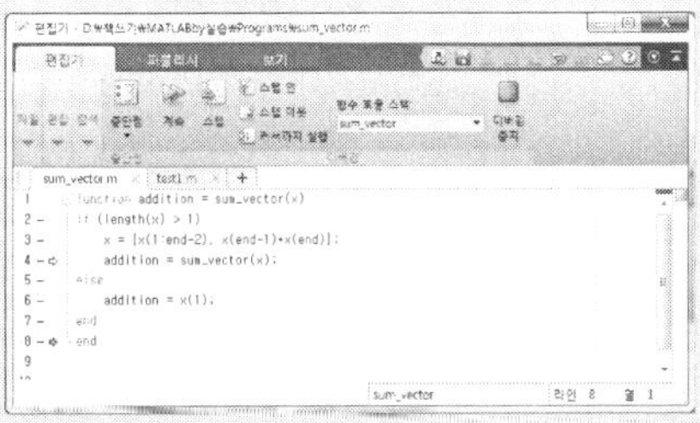

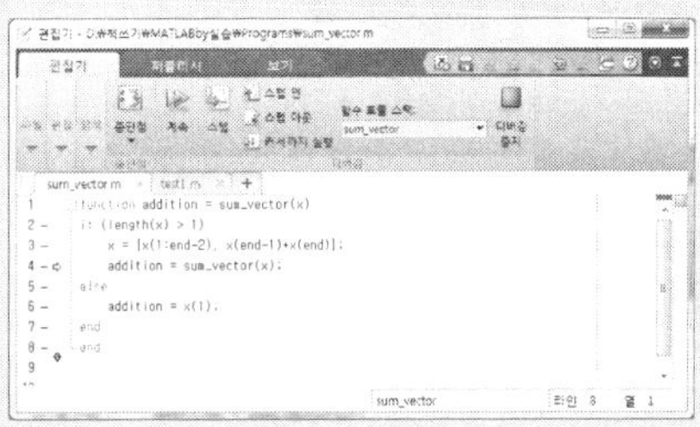

단계 18: F10을 누른다. MATLAB은 라인 7을 실행한다. F10을 누르면 MATLAB은 라인 8을 실행하며 이제 호출함수 `sum_vector()`로 컨트롤을 반환할 준비가 되어 있다.

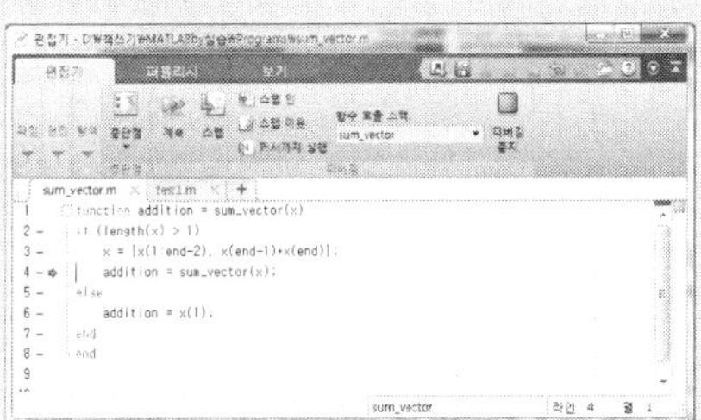

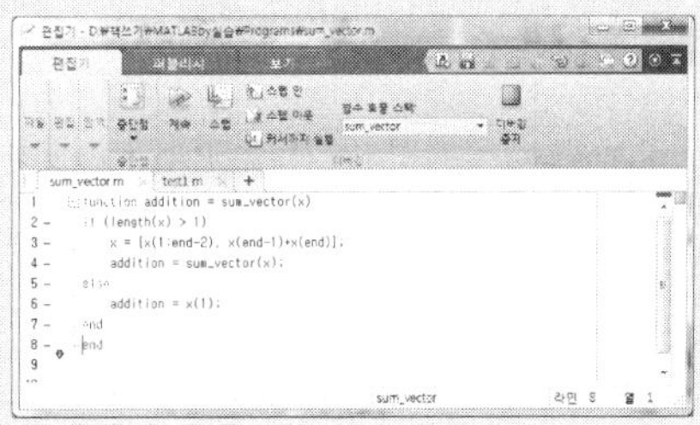

단계 19: F10을 누른다. MATLAB은 **test1.m** 파일로 컨트롤을 반환한다. c의 값은 6이다.

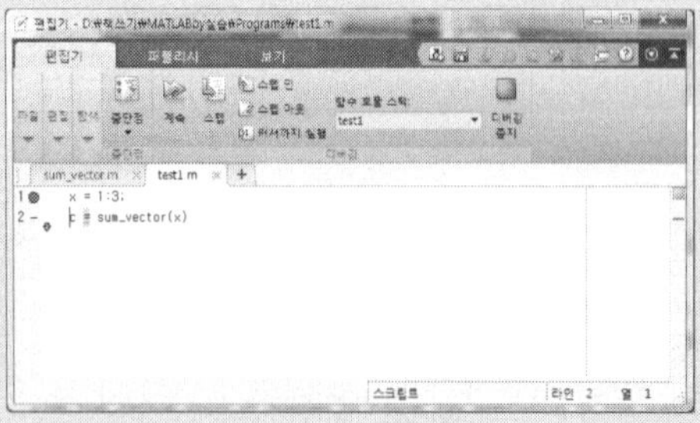

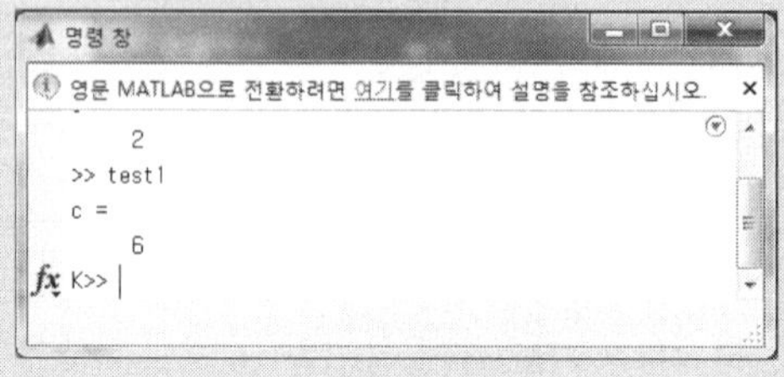

단계 20: F10을 누른다. 이로써 ***test1.m*** 파일의 실행이 종료된다.

연습문제 1[1]

MATLAB의 디버그 툴을 이용하여 함수 `sum_vector(x)`의 수행을 단계별로 추적하여 보라. `x=1:4`를 이용하여 이 함수를 테스트하여 보라.

연습문제 2[1]

MATLAB의 디버그 툴을 이용하여 함수 `factorial2(x)`의 수행을 단계별로 추적하여 보라.

```
function fact = factorial2(x)
if (x>1)
   x=x-1;
   fact=factorial2(x)*(x+1);
else
   fact=x(1);
end
end
```

다음 코드를 이용하여 이 함수의 연산을 테스트하여 보라.

```
x=3;
c=factorial2(x)
```

Lesson 6.4 if elsief else 문의 구성

목표

1. if elseif else 문의 작성을 학습

주제

6.4.1 if elseif else 문

6.4.1 if elsief else 문

MATLAB if elseif else 문의 구문은 다음과 같다.

if (표현 1)

(표현 1)이 참이면 이 부분의 명령어들을 수행한 다음 end로 점프.

elseif (표현 2)

(표현 2)가 참이면 이 부분의 명령어들을 수행한 다음 end로 점프.

:

elseif (표현 n)

(표현 n)이 참이면 이 부분의 명령어들을 수행한 다음 end로 점프.

else

모든 표현 1,2,... n들이 거짓이면 이 부분의 명령어들을 수행.

end

보기들을 이용하여 if elseif else 문을 예시하기로 한다.

보기 1

다음 프로그램에서 r값을 구하여라.

```
x = 1;
y = 3;
r = 1;
if (x > 0)
   r = 2;
elseif (y < -2)
```

```
    r = 3;
else
    r = 4;
end
```

풀이

r의 초기값은 1이다. x>0은 참이므로 r=2가 수행된다. 이에 따라 r의 값은 2이다. 다음에 MATLAB은 end문으로 점프한다. 조건 y<-2는 거짓임을 주목하자.

보기 2

다음 프로그램에서 r값을 구하여라.

```
x = 1;
y = -3;
r = 1;
if (x > 0)
    r = 2;
elseif (y < -2)
    r = 3;
else
    r = 4;
end
```

풀이

r의 초기값은 1이다. x>0은 참이므로 r=2가 수행된다. 이에 따라 r의 값은 2이다. 다음에 MATLAB은 end문으로 점프한다. 비록 조건 y<-2는 참이지만 명령어 r=3은 수행되지 않음을 주목하자.

보기 3

다음 프로그램에서 r값을 구하여라.

```
x = -1;
y = -3;
r = 1;
if (x > 0)
    r = 2;
elseif (y < -2)
    r = 3;
else
    r = 4;
end
```

풀이

r의 초기값은 1이다. x>0은 거짓이므로 r=2는 수행되지 않는다. 조건 y<-2는 참이므로 명령어 r=3이 수행된다. 이에 따라 r의 값은 3이 된다. 다음에 MATLAB은 end문

으로 점프한다.

보기 4

다음 프로그램에서 r값을 구하여라.

```
x = -1;
y = 3;
r = 1;
if (x > 0)
   r = 2;
elseif (y < -2)
   r = 3;
else
   r = 4;
end
```

풀이

r의 초기값은 1이다. x>0은 거짓이므로 r=2는 수행되지 않는다. 조건 y<-2는 거짓이므로 명령어 r=3역시 수행되지 않는다. MATLAB은 명령어 r=4를 수행하며 따라서 r의 값은 4가 된다. 다음에 MATLAB은 end문으로 점프한다.

보기 5

다음 프로그램에서 r값을 구하여라.

```
x = -1;
y = 3;
z = 1;
r = 1;
if (x > 0)
   r = 2;
elseif (y < -2)
   r = 3;
elsief (z ~= 1)
   r = 5;
else
   r = 4;
end
```

풀이

r의 초기값은 1이다. x>0은 거짓이므로 r=2는 수행되지 않는다. 조건 y<-2는 거짓이므로 명령어 r=3역시 수행되지 않는다. 조건 z~=1은 거짓이므로 명령어 r=5는 수행되지 않는다. MATLAB은 명령어 r=4를 수행하며 따라서 r의 값은 4가 된다. 다음에 MATLAB은 end문으로 점프한다.

연습문제 1[2]

MATLAB은 왜 다음 프로그램을 수행할 수 없는지 설명하여라.

```
x = -1;
if (x > 0)
   x = 2;
elseif (x < -2)
   x = 3;
else
   x = 4;
end
```

Lesson 6.5 switch case 문의 구성

목표

1. switch case 문을 구성하는 방법을 학습

주제

6.5.1 switch case 문

6.5.1 switch case 문

switch case 문에 대한 구문은 다음과 같다.

```
switch (표현)
   case {표현 1}
      {표현 1}이 참이면 이 부분의 명령어들을 수행한 다음 end로 점프.
  case {표현 2}
      {표현 2}가 참이면 이 부분의 명령어들을 수행한 다음 end로 점프.
      :
      :
```

```
  :
case {표현 n}
  {표현 n}이 참이면 이 부분의 명령어들을 수행한 다음 end로 점프.
otherwise
  모든 {표현 1, 2, ..., n}들이 거짓이면  이 부분의 명령어들을 수행.
end
```

위에서 (표현)은 스칼라 정수이거나 문자열이어야 한다. 스칼라 정수의 예로서 -1과 100을 들 수 있다. 문자열로는 'm', 'hello', 그리고 'cars' 들을 들 수 있다. 몇 가지 보기들을 이용하여 switch case 문을 예시하여 보기로 한다.

보기 1

킬로미터, 미터, 센티미터, 혹은 밀리미터 단위의 길이를 미터로 전환시키는 MATLAB 프로그램을 작성하여라.

풀이

10센티미터를 미터로 전환시킨다고 하자.

```
x = 10;
units = 'cm';
switch (units)
  case {'km'}
    y = 1000 * x
  case {'m'}
    y = x
  case {'cm'}
    y = x / 100
  case {'mm'}
    y = x / 1000
  otherwise
    disp(['Unknown Units: ', units])
end
```

units는 'cm'인 문자열 변수이다. switch문에서 (표현)은 units이다.

첫 번째 case문에서 {표현 1}은 'km'이며 이는 units문자열 변수와 같지 않으므로 명령어 y = 1000 * x는 수행되지 않는다.

두 번째 case문에서 {표현 2}는 'm'이며 이는 units문자열 변수와 같지 않으므로 명령어 y = x는 수행되지 않는다.

세 번째 case문에서 {표현 3}은 'cm'이며 이는 units문자열 변수와 같으므로 명령어 y = x / 100이 수행된다. y값은 10/100=0.1이 된다. 다음에 MATLAB은 end 문으로 점프한다.

otherwise문의 MATLAB 명령어 disp(['Unknown Units: ', units])는 수행되지 않는다. 이는 case표현들 가운데 하나({여기에서는 {표현 3})가 참이기 때문이다.

위의 MATLAB 프로그램을 수행하면 다음 결과를 얻는다.

```
y =
   1
```

연습문제 1[1]

if-elseif-else 문을 이용하여 보기 1의 프로그램을 다시 써보라.

연습문제 2[1]

MATLAB의 디버깅 툴을 이용하여 보기 1의 프로그램 수행을 단계별로 추적하여 보라.

보기 2

보기 1의 코드를 수정하여 보라.

풀이

```
x = 10;
units = 'cm';
switch (units)
   case {'km', 'kilometer'}
      y = 1000 * x
   case {'m', 'meter'}
      y = x
   case {'cm', 'centimeter'}
      y = x / 100
   case {'mm', 'millimeter'}
      y = x / 1000
   otherwise
      disp(['Unknown Units: ', units])
end
y
```

case {'km', 'kilometer'}는 units문자열 변수가 'km'이거나 'kilometer'이면 명령어 y = 1000 * x가 수행됨을 의미한다.

연습문제 3[1]

if-elseif-else 문을 이용하여 보기 2의 프로그램을 다시 써보라.

보기 3

다음 프로그램에서 r값을 구하여라.

```
x = 1;
r = 0;
switch (x)
   case {1}
      r = 1;
   case {2}
      r = r + 1;
   otherwise
      r = 3;
end
r
```

풀이

x는 1과 같다. switch문의 표현은 x이다. 첫 번째 case문의 표현은 1이며 이는 x의 값과 같다. 따라서 명령어 r=1이 수행된다. 두 번째 case문의 표현은 2이며 이는 x의 값과 같지 않다. 따라서 명령어 r=r+1은 수행되지 않는다. otherwise문의 명령어 r=3은 수행되지 않는다. 위의 프로그램을 수행하면 다음과 같은 출력이 생성된다.

```
r =
   1
```

연습문제 4[1]

다음 프로그램에서 r값을 구하여라.

```
x = 4;
r = 0;
switch (x)
   case {1}
      r = 1;
   case {2}
      r = r + 1;
   otherwise
      r = 3;
end
r
```

일부 연습문제에 대한 풀이

Lesson 6.1

연습문제 1

```
clc; clear; close all
x = 2;
y = 1;
if (x > y)
   temp = x;
   x = y;
   y = temp;
end
x, y
```

연습문제 2

```
clear; clc; close all
s = [2, 1];
if (s(1) > s(2))
[s(1), s(2)] = swap(s(1), s(2));
end
s
```

연습문제 3

```
function t = sort2(s)
% 이 함수는 2원소 벡터를 정렬한다.
```

```
% 입력이 벡터가 아닌 경우:
if (isvector(s) ~= 1)
  disp('The input argument must be a vector');
  return
end
% 입력벡터의 원소 수가 2가 아닌 경우
if (length(s) ~= 2)
  disp('The input vector must contain two elements');
  return
end
if (s(1) > s(2))
  temp = s(1);
  s(1) = s(2);
  s(2) = temp;
end
t = s;
end
```

이 함수를 ***sort2.m***라는 이름으로 저장한다.

연습문제 4

```
function z = max2(x,y)
% 이 함수는 두 입력숫자들 가운데 큰 수를 반환한다.
% 다음 보기는 이 함수의 사용법을 보여준다.
% a = 1;
% b = 2;
% c = max2(a,b);
% 이 함수는 1과 2 가운데 큰 수인 2를 반환한다.
% 이 함수는 Dr. Gdeisat에 의해 25/10/2011 작성되었다.
% 두 입력인수들은 숫자들임을 확실히 한다.
if( ~isscalar(x) || ~isscalar(y) )
  disp('both input arguments must be scalars (numbers)')
return
end
maximum = x;
if (x < y)
  maximum = y;
end
```

연습문제 5

```
function e = max4(a,b,c,d)
f = max3(a,b,c);
e = max2(f,d);
end
```

이 함수를 ***max4.m***라는 이름으로 저장한다.

연습문제 6

```
function maximum = max3a(x,y,z)
maximum = x;
if (maximum < y)
  maximum = y;
end
if (maximum < z)
  maximum = z;
end
end
```

이 함수를 ***max3a.m***라는 이름으로 저장한다.

연습문제 7

```
function maximum = max4a(v,x,y,z)
maximum = v;
if (maximum < x)
  maximum = x;
end
if (maximum < y)
  maximum = y;
end
end
```

이 함수를 ***max4a.m***라는 이름으로 저장한다.

Lesson 6.4

연습문제 1

elseif는 하나의 단어로 나타나야 한다. 여기에서 else if처럼 두 단어로 사용하는 것은 틀린 것이며 오류를 생성할 것이다.

Lesson 6.5

연습문제 1

```
x = 10;
units = 'cm';
if ( strcmp(units, 'km') )
  y = 1000 * x;
elseif ( strcmp(units, 'm') )
  y = x;
elseif ( strcmp(units, 'cm') )
  y = x/ 100;
elseif ( strcmp(units, 'mm') )
  y = x/ 1000;
else
  disp(['Unknown Units: ', units])
end
```

연습문제 3

```
x = 10;
units = 'cm';
if ( strcmp(units, 'km') || strcmp(units, 'kilometer') )
  y = 1000 * x;
elseif ( strcmp(units, 'm') || strcmp(units, 'meter') )
  y = x;
elseif ( strcmp(units, 'cm') || strcmp(units, 'centimeter') )
  y = x/ 100;
elseif ( strcmp(units, 'mm') || strcmp(units, 'millimeter') )
  y = x/ 1000;
else
  disp(['Unknown Units: ', units])
end
```

MATLAB®의 루프 문 7

이 장의 구성

Lesson 7.1 for 루프 문의 구성

목표

1. for 루프 문을 구성하는 방법을 학습
2. 중첩된 for 루프 문을 구성하는 방법을 학습

주제

7.1.1 루프 문의 필요성

가장 자주 필요로 하고 가장 빈번하게 사용하는 MATLAB 키워드들 가운데 하나는 for 키워드이다. 이 키워드는 다음 보기에 예시한 바와 같이 한 부분의 코드를 특정 횟수만큼 수행할 때에 사용된다.

보기 1

피보나치 수열에서 처음부터 7번째 까지의 숫자들을 생성하는 MATLAB 프로그램을 작성하여라. 정의에 따라 피보나치 수열의 처음 두 숫자들은 0과 1이며 이어지는 숫자는 바로 이전의 두 숫자들의 합으로 주어진다. 수학기호로 나타낸다면 피보나치 수열 F_n은

$$F_n = F_{n-1} + F_{n-2}$$

로 주어진다. 피보나치 수열의 처음 7 숫자들은

```
0, 1, 1, 2, 3, 5, 8
```

과 같다.

풀이

다음 프로그램은 피보나치 수열의 처음 7 숫자들을 생성한다. 여기에서 우리는 벡터 f를 사용하여 피보나치 수열의 처음 7 숫자들을 저장하고 있다.

```
f(1) = 0;
f(2) = 1;
f(3) = f(2) + f(1);
f(4) = f(3) + f(2);
f(5) = f(4) + f(3);
f(6) = f(5) + f(4);
f(7) = f(6) + f(5)
```

이제 피보나치 수열의 처음 1000 숫자들을 생성하는 MATLAB 프로그램을 작성한다면 어떻게 할 것인가? 1000라인의 프로그램을 작성하여 이런 간단한 작업을 수행할 것인가? 이 프로그램을 작성하는 다른 방법은 없는가? 답은 있다이다. 다음 보기에 예시한 바와 같이 MATLAB의 루프를 사용하여 이러한 간단한 작업을 수행할 수 있다.

보기 2

MATLAB의 `for` 키워드를 사용하여 피보나치 수열에서 처음부터 1000번째 까지의 숫자들을 생성하는 MATLAB 프로그램을 작성하여라.

```
f(1) = 0;
f(2) = 1;
n = 1000;
for iNo = 3:n
   f(iNo) = f(iNo-1)+f(iNo-2);
end
```

7.1.2 for 루프 문의 구성

7.1.2.1 for 루프 입문

for 문의 구문은 다음과 같다.

```
for (반복변수) = (초기값) : (증분) : (최종값)
     (명령어)
end
```

for 루프의 반복 횟수는 $\left[\frac{\text{최종값} - \text{초기값}}{\text{증분}}\right]+1$ 과 같다. 여기에서 [ ]는 실수를 가장 가까운 정수로 만들어준다. 루프는 (반복변수)의 값이 (최종값)보다 커지면 (명령어)의 실행을 중단한다.

보기 3

다음 프로그램을 고려하여 보자.

```
f(1) = 0;
f(2) = 1;
for iNo = 3:1:7
  f(iNo) = f(iNo-1)+f(iNo-2);
end
```

반복변수는 iNo이다.
반복변수에 대한 초기값은 3이다.
반복변수에 대한 증분은 1이다.
반복변수에 대한 최종값은 7이다.
for 문의 명령어는 f(iNo) = f(iNo-1)+f(iNo-2); 이다.
for 루프에 대한 반복횟수는 [(7-3)/1]+1=5이다.
iNo 값들은 3, 4, 5, 6, 그리고 7이다.

보기 4

다음 프로그램을 고려하여 보자.

```
f(1) = 0;
f(2) = 1;
for iNo = 3:7
  f(iNo) = f(iNo-1)+f(iNo-2);
end
```

반복변수에 대한 기정 증분은 1이다.

보기 5

다음 프로그램을 고려하여 보자.

```
x = 1;
for ix = 0:2:10
   x = 0.9 * x;
end
```

반복변수는 ix이다.
반복변수에 대한 초기값은 0이다.
반복변수에 대한 증분은 2이다.
반복변수에 대한 최종값은 10이다.
for 문의 명령어는 x = 0.9 * x; 이다.
for 루프에 대한 반복횟수는 [(10-0)/2]+1=6이다.
ix 값들은 0, 2, 4, 6, 8, 그리고 10이다.

보기 6

다음 프로그램을 고려하여 보자.

```
x = 1;
for ix = 1:2:10
   x = 0.9 * x;
end
```

반복변수는 ix이다.
반복변수에 대한 초기값은 1이다.
반복변수에 대한 증분은 2이다.
반복변수에 대한 최종값은 10이다.
for 문의 명령어는 x = 0.9 * x; 이다.
for 루프에 대한 반복횟수는 [(10-1)/2]+1=5이다.
ix 값들은 1, 3, 5, 7, 그리고 9이다.

보기 7

다음 프로그램을 고려하여 보자.

```
x = 1;
for ix = 1:2:1
   x = 0.9 * x;
end
```

반복변수는 ix이다.
반복변수에 대한 초기값은 1이다.

반복변수에 대한 증분은 2이다.
반복변수에 대한 최종값은 1이다.
for 문의 명령어는 x = 0.9 * x; 이다.
for 루프에 대한 반복횟수는 [(1-1)/2]+1=1이다.
ix 값은 1이다.

보기 8

다음 프로그램을 고려하여 보자.

```
x = 1;
for ix = 1:2:-3
   x = 0.9 * x;
end
```

반복변수는 ix이다.
반복변수에 대한 초기값은 1이다.
반복변수에 대한 증분은 2이다.
반복변수에 대한 최종값은 -3이다.
for 문의 명령어는 x = 0.9 * x; 이다.
for 루프에 대한 반복횟수는 [(-3-1)/2]+1=-1이다. 이 경우 반복횟수가 음이므로 MATLAB은 루프 안의 명령어들을 수행하지 않는다.
ix 값은 []이다.

보기 9

다음 프로그램을 고려하여 보자.

```
x = 1;
for ix = 6:-2:-6
   x = 0.9 * x;
end
```

반복변수는 ix이다.
반복변수에 대한 초기값은 6이다.
반복변수에 대한 증분은 -2이다.
반복변수에 대한 최종값은 -6이다.
for 문의 명령어는 x = 0.9 * x; 이다.
for 루프에 대한 반복횟수는 [(6--6)/2]+1=7이다. 7
ix 값은 6, 4, 2, 0, -2, -4, 그리고 -6이다.

7.1.2.2 스칼라에 대한 for 루프

보기 10

다음 프로그램으로부터 생성되는 x의 값을 구하여라.

```
x = 1;
for ix = 1:2:10
   x = 0.9 * x*ix
end
```

풀이

반복 횟수는 5이다.
x의 초기값은 1이다.
첫 번째 반복과정에서 ix = 1, x = 0.9*1*1 = 0.9
두 번째 반복과정에서 ix = 3, x = 0.9*0.9*3 = 2.43
세 번째 반복과정에서 ix = 5, x = 0.9*2.43*5 = 10.9350
네 번째 반복과정에서 ix = 7, x = 0.9*10.9350*7 = 68.8905
다섯 번째 반복과정에서 ix = 9, x = 0.9*68.8905*9 = 558.0131
표를 이용하여 이 프로그램의 실행을 다음과 같이 추적할 수 있다.

반복과정	ix	x
첫 번째	1	0.9×1×1 = 0.9
두 번째	3	0.9×0.9×3 = 2.43
세 번째	5	0.9×2.43×5 = 10.9350
네 번째	7	0.9×10.9350×7 = 68.8905
다섯 번째	9	0.9×68.8905×9 = 558.0131

보기 11

다음 프로그램의 실행과정을 MATLAB의 디버그 툴을 이용하여 단계별로 추적하여 보라.

```
x = 1;
for ix = 1:2:10
   x = 0.9 * x*ix
end
```

풀이

단계 1: 위의 프로그램을 MATLAB 편집기에서 타이프하고 *ex8.m*라는 이름으로 저장한다. 다음 왼쪽 그림창의 번호 1 바로 우측의 - 기호를 클릭하여 프로그램의 첫 번째 줄에 분기점을 설정한다.

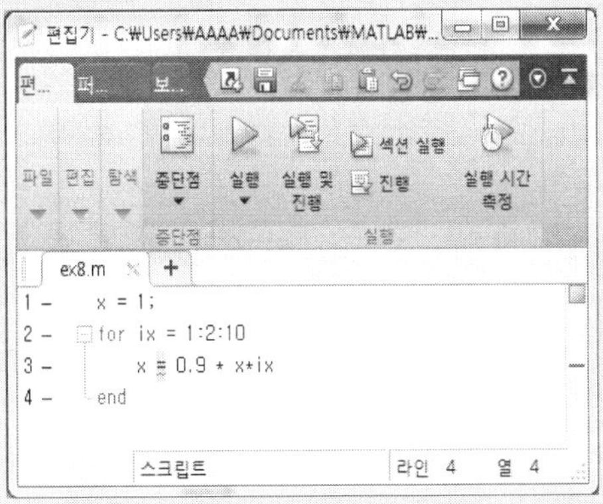

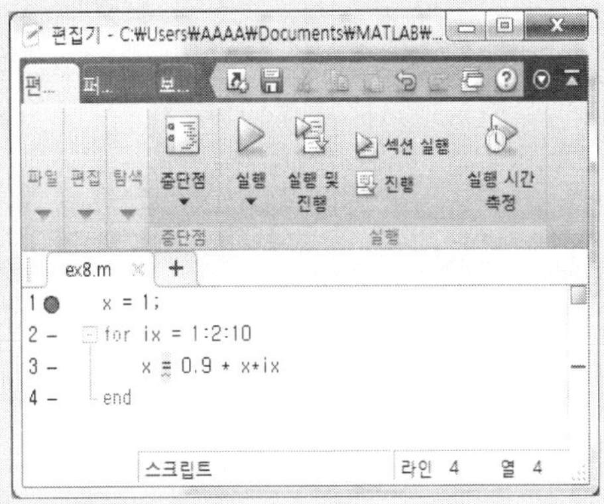

단계 2: 실행 아이콘을 클릭하여 프로그램을 실행한다. MATLAB은 분기점에서 실행을 멈춘다.

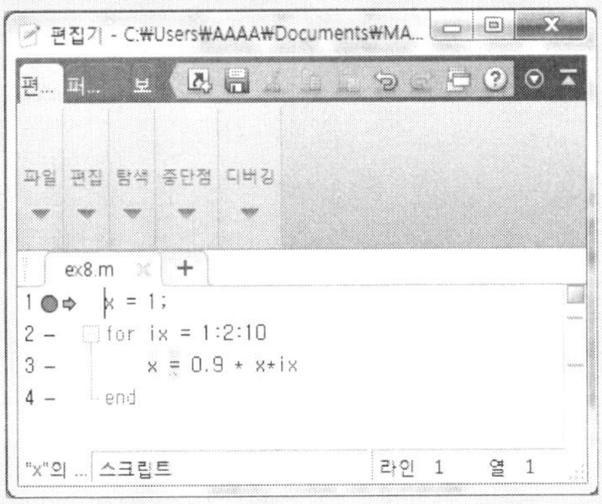

단계 3: 프로그램의 첫 번째 줄에서 F10 키를 누른다. 마우스를 움직여서 변수 x위에 위치시킨다. x의 값은 1이다.

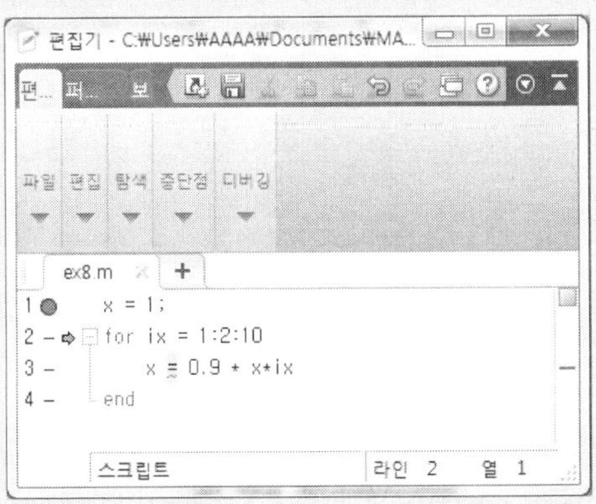

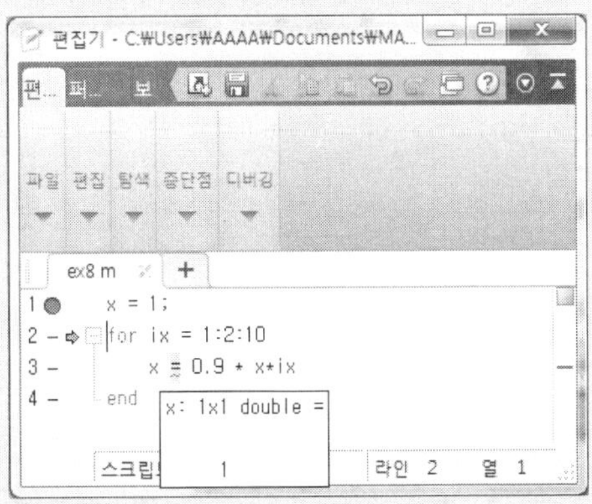

단계 4: 프로그램의 두 번째 줄에서 F10 키를 누른다. ix의 값은 1이다.

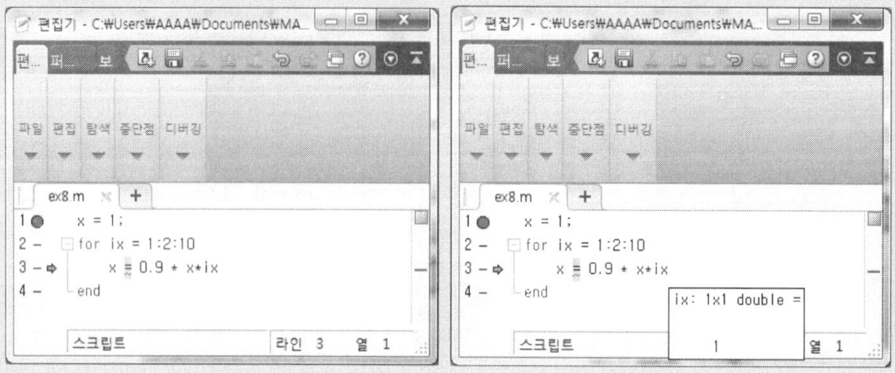

단계 5: 프로그램의 세 번째 줄에서 F10 키를 누른다. 이는 루프에서의 첫 번째 반복과정이다. x의 값은 0.9x1x1=0.9와 같다.

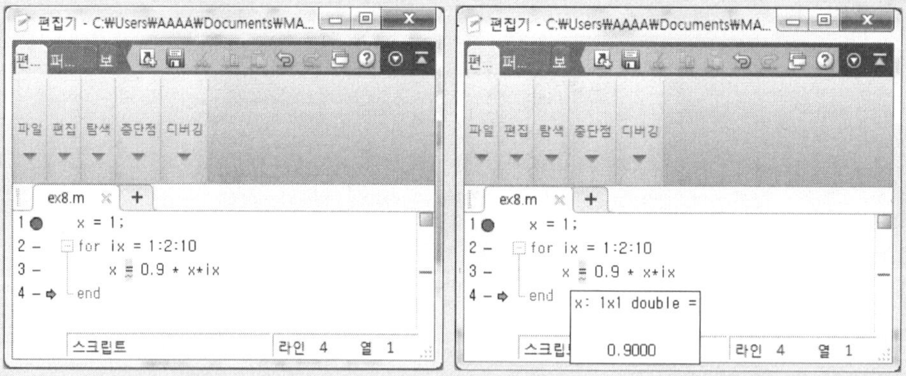

단계 6: F10 키를 두 번 눌러 루프의 두 번째 반복과정을 수행한다. x의 값은 0.9x0.9x3=2.43과 같다. ix의 값은 3이다.

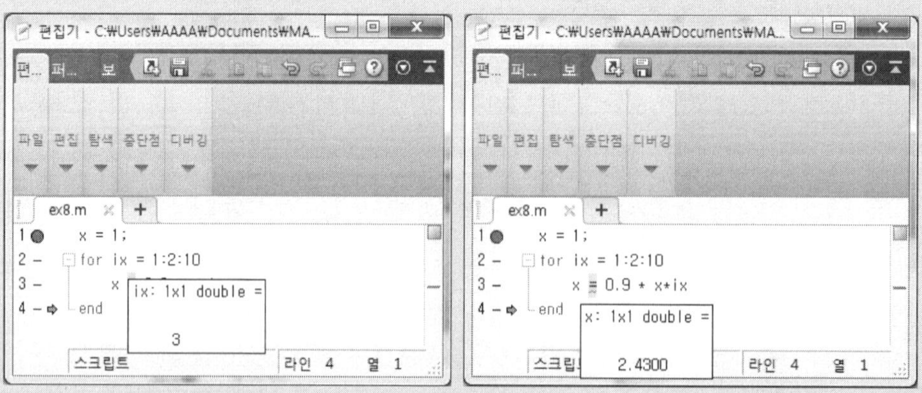

단계 7: F10 키를 두 번 눌러 루프의 세 번째 반복과정을 수행한다. x의 값은 0.9x2.43x5=10.9350과 같다. ix의 값은 5이다.

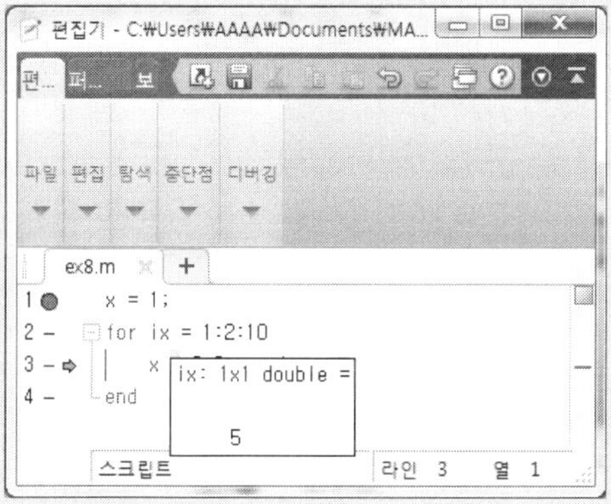

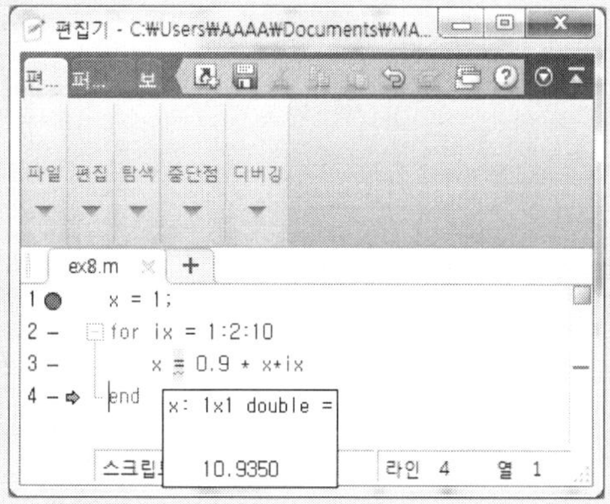

단계 8: F10 키를 두 번 눌러 루프의 네 번째 반복과정을 수행한다. x의 값은 0.9x10.9350x7=68.8905와 같다. ix의 값은 7이다.

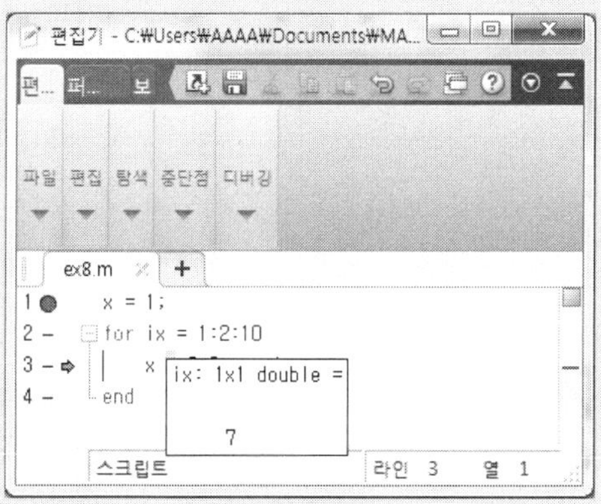

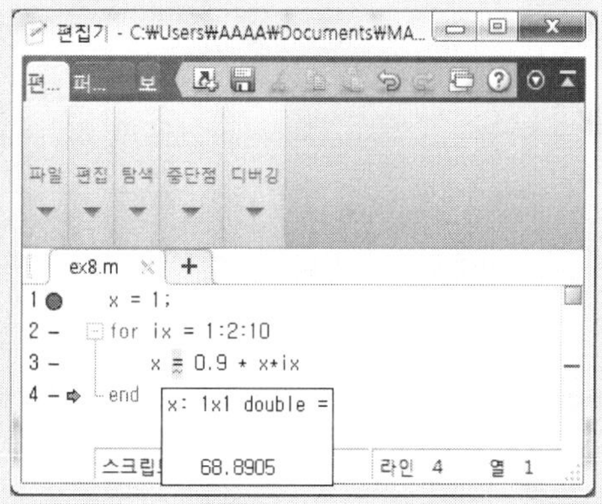

단계 9: F10 키를 두 번 눌러 루프의 다섯 번째 반복과정을 수행한다. x의 값은 0.9x68.8905x5=558.0131과 같다. ix의 값은 9이다.

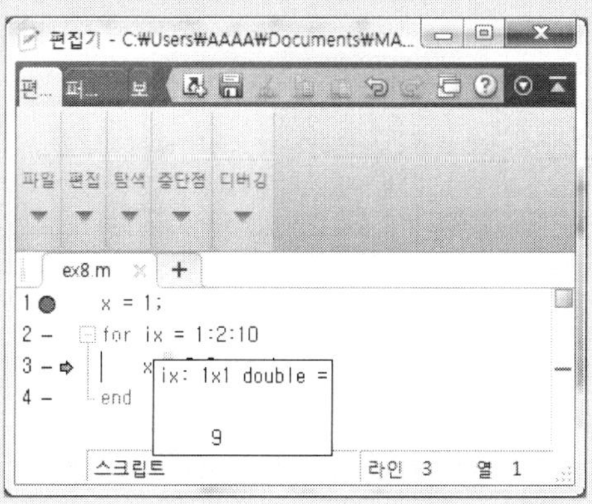

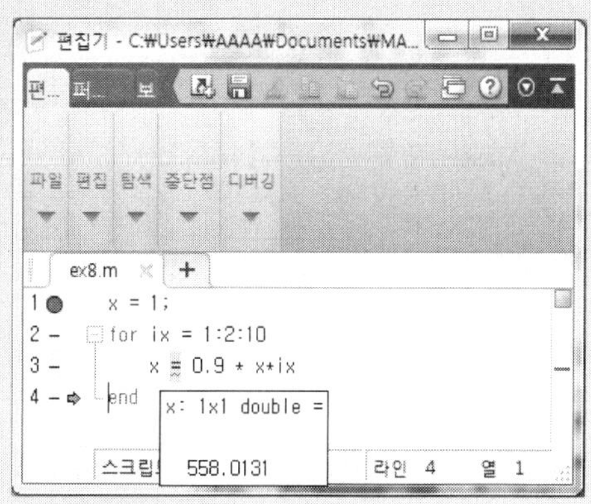

단계 10: F10 키를 누르면 MATLAB은 루프로부터 빠져 나온다. F10을 누르면 MATLAB은 프로그램의 실행을 종료한다.

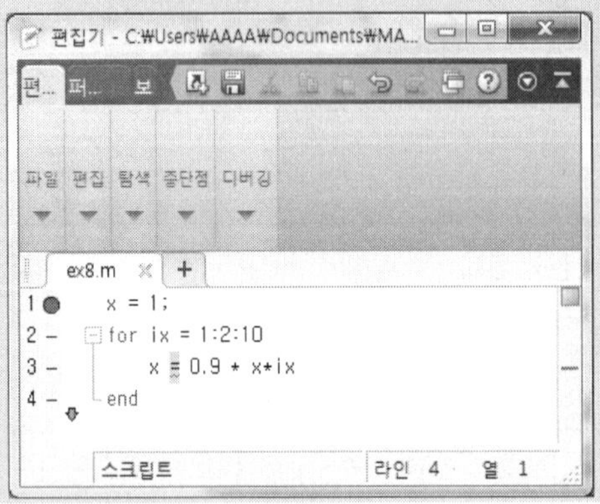

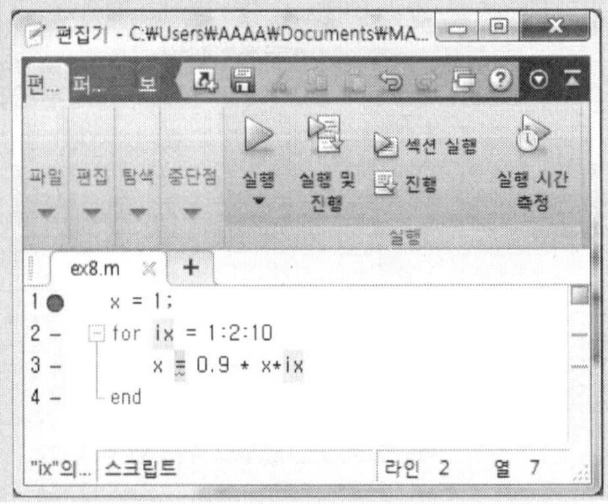

연습문제 1[1]

다음 프로그램의 실행과정을 MATLAB의 디버그 툴을 이용하여 단계별로 추적하여 보라.

```
f(1) = 0;
f(2) = 1;
n = 7;
for iNo = 3:n
   f(iNo) = f(iNo-1)+f(iNo-2);
end
```

보기 12

정수 n의 팩토리얼을 계산하는 MATLAB 프로그램을 작성하여라. 숫자 n의 팩토리얼은

$$n! = n\times(n-1)\times(n-2)\times(n-3)\cdot\cdots\cdot(3)\times(2)\times(1)$$

와 같이 정의된다.
1의 팩토리얼은 정의에 의해 1이다.
2의 팩토리얼은 2×1=2이다.
3의 팩토리얼은 3×2×1=6이다.
4의 팩토리얼은 4×3×2×1=24이다.

풀이

다음 프로그램은 n=4의 팩토리얼을 계산한다.

```
% 이 프로그램은 n의 팩토리얼을 계산한다.
n = 4;
% n의 팩토리얼을 계산
factorial_of_n = 1;
for in=2:n
   factorial_of_n = factorial_of_n * in;
```

```
end
```

첫 번째 반복과정에서 in=2, factorial_of_n = 1 * 2 = 2;
두 번째 반복과정에서 in=3, factorial_of_n = 2 * 3 = 6;
세 번째 반복과정에서 in=4, factorial_of_n = 6 * 4 = 24;
표를 이용하여 이 프로그램의 실행을 다음과 같이 추적할 수 있다.

반복과정	in	factorial_of_n
첫 번째	2	$1 \times 2 = 2$
두 번째	3	$2 \times 3 = 6$
세 번째	4	$6 \times 4 = 24$

보기 13

정수 n의 팩토리얼을 계산하는 MATLAB 프로그램을 작성하여라.

풀이

다음 프로그램은 n의 팩토리얼을 계산한다.

```
% 이 함수는 n의 팩토리얼을 계산한다.
function fact_of_n = factorialN(n)
fact_of_n = 1;
for in=2:n
   fact_of_n = fact_of_n * in;
end
end
```

보기 14

이항계수 $\binom{n}{r} = \dfrac{r!}{n!(n-r)!}$ 를 계산하는 MATLAB 프로그램을 작성하여라. !는 정수 n의 팩토리얼을 의미한다.
정수 n의 팩토리얼을 계산하는 MATLAB 프로그램을 작성하여라. factorialN(n) 함수를 이용한다.

풀이

```
% 이 프로그램은 n과 r의 이항계수를 계산한다.
n = 5;
r = 3;
binomial_n_r = factorialN(r) / ( factorialN(n) * factorialN(n-r) )
```

연습문제 2[1]

보기 13의 프로그램의 실행과정을 MATLAB의 디버그 툴을 이용하여 단계별로 추적하여 보라. F11 키를 이용하여 `factorialN` 함수로 스텝인 한다.

보기 15

지수함수는 수열을 이용하여 계산할 수 있다.

$$e^x = 1 + x + \frac{x^2}{2} + \frac{x^3}{6} + \cdots + \frac{x^n}{n!} + \cdots$$

이 수열을 이용하여 $e^{0.3}$을 계산하여라. n은 100으로 설정한다. 얻은 결과를 MATLAB 함수 `exp`에 의해 생성된 값과 비교하여라.

풀이

MATLAB 프로그램은 다음과 같이 쓸 수 있다.

```
n = 100;
x = 0.3;
ex = 1 + x;
for ix=2:n
   ex = ex + x^ix / factorialN(ix);
end
```

이 프로그램에서 `ex = 1.3499`이다.
유사하게 MATLAB exp에 의해 생성된 값은 `exp(0.3) = 1.3499`이다.

7.1.2.3 벡터에 대한 for 루프

보기 16

벡터의 합을 계산하는 MATLAB 프로그램을 작성하여라. 작성된 프로그램은 길이에 상관없이 벡터의 합을 계산해야 한다. 벡터의 합은 $\sum_{i=1}^{n} v(i)$로 주어진다. 여기에서 $v(1)$은 벡터 v의 첫 번째 원소이며 n은 벡터의 원소들의 수이다.

풀이

MATLAB 프로그램은 다음과 같이 쓸 수 있다.

```
v = [1,3,6,9];
```

```
n = length(v);
summation = 0;
for I=1:n
    summation = summation + v(i);
end
```

처음에는 벡터 v의 길이를 구할 필요가 있다. 벡터 v의 길이는 4이다. 다음에는 벡터 v의 합을 저장할 스칼라 변수를 정의할 필요가 있다. 이 스칼라 변수를 summation이라 부르기로 하고 그 초기값을 0으로 설정한다. 벡터의 합을 구하려면 원소들을 하나씩 더하고 그 결과를 summation 변수에 저장할 필요가 있다. 이 때문에 루프를 사용하게 된다.

루프의 첫 번째 반복과정에서 MATLAB은 벡터 v의 첫 번째 원소를 summation변수에 더한다. 여기에서 summation의 값은 0+1=1이다.

루프의 두 번째 반복과정에서 MATLAB은 벡터 v의 두 번째 원소를 summation변수에 더한다. 여기에서 summation의 값은 1+3=4이다.

루프의 세 번째 반복과정에서 MATLAB은 벡터 v의 세 번째 원소를 summation변수에 더한다. 여기에서 summation의 값은 4+6=10이다.

루프의 네 번째 반복과정에서 MATLAB은 벡터 v의 네 번째 원소를 summation변수에 더한다. 여기에서 summation의 값은 10+9=19이다.

표를 이용하여 이 프로그램의 실행을 다음과 같이 추적할 수 있다.

반복과정	i	v(i)	summation
첫 번째	1	1	1
두 번째	2	3	4
세 번째	3	6	10
네 번째	4	9	19

연습문제 3[1]

보기 16의 프로그램의 실행과정을 MATLAB의 디버그 툴을 이용하여 단계별로 주석하여 보라.

연습문제 4[1]

벡터의 평균을 계산하는 MATLAB 프로그램을 작성하여라. 작성된 프로그램은 길이에 상관없이 벡터의 평균을 계산해야 한다. 벡터의 평균은 $m = \frac{1}{n}\sum_{i=1}^{n} v(i)$로 주어진다. 여기에서 $v(1)$은 벡터 v의 첫 번째 원소이며 n은 벡터의 원소들의 수이다.

보기 17

벡터의 표준편차를 계산하는 MATLAB 프로그램을 작성하여라. 작성된 프로그램은 길이에 상관없이 벡터의 표준편차를 계산해야 한다. 벡터의 표준편차는

$$\sigma = \sqrt{\frac{1}{n-1}\sum_{i=1}^{n}(v(i)-m)^2}, \quad m = \frac{1}{n}\sum_{i=1}^{n}v(i)$$

로 주어진다. 그리이스 문자 σ는 시그마로 읽으며 표준편차를 나타낸다. $v(1)$은 벡터 v의 첫 번째 원소이며 n은 벡터의 원소들의 수이고 m은 벡터의 평균이다.

풀이

MATLAB 프로그램은 다음과 같이 쓸 수 있다.

```
v = [1,3,6,10];
n = length(v);
summation = 0;
for I=1:n
   summation = summation1 v(i);
end
m = summation/n; % m은 평균
sigma = 0;
for I=1:n
   sigma = sigma + (v(i)-m)^2;
end
sigma = sqrt(sigma/(n-1));
```

연습문제 5[2]

표를 이용하여 다음 프로그램을 종이에서 직접 수행하여 보고 y값을 구하여 보라. 얻은 결과를 MATLAB을 이용하여 확인하여라.

```
x = [1,2];
h = [3, 4];
nx = length(x);
nh = length(h);
N = nx+nh-1;
x = [x zeros(1,N-nx)];
h = [h zeros(1,N-nh)];
y = zeros(1,n);
for n = 1:n
   for m = 1:n
      y(n) = y(n) + x(m)*h(n-m+1);
   end
end
```

보기 18

3점 이동평균은 다음과 같이 정의된다.

$$b(j) = \frac{1}{3}\sum_{i=1}^{3}\{a(i-1)+a(i)+a(i+1)\} \quad (j=1,2,3,\cdots,n)$$

예를 들어 벡터 a = [1, 4, 3, 2, 7, 5, 6, 9, 8, 10]이라고 하자. n은 a의 원소 수이다. a의 3점 이동평균은 b(1) = (1+4)/2 = 2.5로 주어진다. 데이터 왼쪽에는 평균에 이용되는 이전 원소 a(i-1)이 없다. 이 때문에 여기에서는 3점이 아닌 2점들만을 이용하여 평균을 구하였다.

b(2)=(1+4+3)/3=2.6667
b(3)-(4+3+2)/3=3
b(4)=(3+2+7)/3=4
b(5)=(2+7+5)/3=4.6667
b(6)=(7+5+6)/3=6
b(7)=(5+6+9)/3=6.6667
b(8)=(6+9+8)/3=7.6667
b(9)=(9+8+10)/3=9
b(10)=(8+10)/2=9.

데이터의 오른쪽 끝에는 이어지는 a(i+1) 원소가 없으므로 10에서는 3점이 아닌 2점들만을 사용하여 평균을 구한다. 벡터의 처음과 마지막 점들은 특수한 경우들이다. 3점 평균방법을 이용하여 데이터를 처리하는 MATLAB 프로그램을 작성하여라.

풀이

이를 수행하는 MATLAB 프로그램은 다음과 같다.

```
a = [1, 4, 3, 2, 7, 5, 6, 9, 8, 10];
b(1) = (a(1) + a(2))/2;
for i=2:9
   b(i)=(a(i-1)+a(i)+a(i+1))/3;
end
b(10) = (a(9)+a(10))/2;
```

연습문제 6[2]

5점 이동평균은 다음과 같이 정의된다.

$$b(j)=\frac{1}{5}\sum_{i=1}^{5}\{a(i-2)+a(i-1)+a(i)+a(i+1)+a(i+2)\} \quad (j=1,2,3,\cdots,n)$$

예를 들어 a = [1, 4, 3, 2, 7, 5, 6, 9, 8, 10]이라고 하자. a의 5점 이동평균은 다음과 같다.

b(1)=(1+4+3)/3=2.6667
b(2)=(1+4+3=2)/4=2.5
b(3)=(1+4+3+2+7)/5=3.4
b(4)=(4+3+2+7+5)/5=4.2
b(5)=(3+2+7+5+6)/5=4.6
b(6)=(2+7+5+6+9)/5=5.8
b(7)=(7+5+6+9+8)/5=7
b(8)=(5+6+9+8+10)/5=7.6
b(9)=(6+9+8+10)/4=8.25
b(10)=(9+8+10)/4=9

여기에서도 벡터의 처음과 마지막 점들은 특수한 경우들이다. 벡터의 처음 두 점들과 마지막 두 점들은 특수한 경우들로서 5점 평균의 계산에는 점들이 불충분하다. 처음과 마지막 점들에서는 3점 평균의 계산만이 가능하다. 두 번째 및 마지막에서 두 번째 점들은 상황이 조금 나으며 4점 평균의 계산이 가능하다. 벡터 중간의 나머지 점들에서는 5점 평균의 계산이 이루어진다. 5점 평균방법을 이용하여 데이터를 처리하는 MATLAB 프로그램을 작성하여라.

7.1.3 중첩된 for 루프 문의 구성

7.1.3.1 중첩된 for 루프 입문

for 문에 대한 구문은 다음과 같다.

```
for 반복변수1=초기값1: 증분1: 최종값1
   for 반복변수2=초기값2: 증분2: 최종값2
      (명령어)
   end
end
```

외부 for 루프의 반복횟수는 N1=(최종값1-초기값1)/(증분1)+1이며 내부 for 루프의 반복횟수는 N2 = (최종값2-초기값2)/(증분2)+1이다. 중첩된 for 루프들의 반복횟수는 N=N1xN2이다. 몇 가지 보기들을 통하여 중첩된 for 루프들을 예시하여 보기로 한다.

7.1.3.2 배열에 대한 중첩된 for 루프

중첩된 루프들은 스칼라, 벡터, 배열, 그리고 논리변수들을 처리하는 데에 이용될 수 있다. 중첩된 루프들은 대개 배열들과 함께 이용되므로 여기에서는 중첩된 루프를 이용하여 배열을 처리하는 과정을 살펴보기로 한다.

보기 19

배열의 합을 구하는 MATLAB 프로그램을 작성하여라. 이 프로그램은 차원에 관계없이 배열의 합을 구할 수 있어야 한다. 배열의 합은 다음 식으로 주어진다.

$$(\text{합})=\sum_{i=1}^{m}\sum_{j=1}^{n}v(i,j)$$

여기에서 m은 배열의 행의 수이며 n은 열의 수이다.

풀이

다음 MATLAB 프로그램은 배열의 합을 계산한다.

```
V = [1, 3, 6; 4, 9 10];
m = size(V,1);
n = size(V,2);
summation = 0;
for i=1:m
   for j=1:n
      summation = summation+V(i,j);
   end
end
```

배열 V의 원소 수는 6이다. 행의 수 m은 2이고 열의 수 n은 3이다. 표를 이용하여

위 프로그램의 수행을 추적할 수 있다.

반복과정	i	j	summation
첫 번째	1	1	1
두 번째	1	2	4
세 번째	1	3	10
네 번째	2	1	14
다섯 번째	2	2	23
여섯 번째	2	3	33

연습문제 7[1]

보기 19의 프로그램의 실행과정을 MATLAB의 디버그 툴을 이용하여 단계별로 추적하여 보라.

보기 20

다음 MATLAB 프로그램에서 배열 A의 값을 구하여라.

```
A = [1, 4, 6; 2, 3, 5; 7, 8, 9];
for I=2:3
    A(i,:) = A(i,:) - A(i-1,:);
end
```

풀이

처음에 배열 A는 $\begin{bmatrix}1 & 4 & 6\\2 & 3 & 5\\7 & 8 & 9\end{bmatrix}$ 와 같다. for 루프의 첫 번째 반복에서 첫 번째 행을 두 번째 행으로부터 뺀다. 그 결과는 두 번째 행에 저장된다. 이제 배열 A는 $\begin{bmatrix}1 & 4 & 6\\1 & -1 & -1\\7 & 8 & 9\end{bmatrix}$ 과 같다. for 루프의 두 번째 반복에서는 두 번째 행을 세 번째 행으로부터 뺀다. 그 결과는 세 번째 행에 저장된다. 이제 배열 A는 $\begin{bmatrix}1 & 4 & 6\\1 & -1 & -1\\6 & 9 & 10\end{bmatrix}$ 과 같다.

연습문제 8[2]

다음 MATLAB 프로그램에서 배열 A를 구하여라.

```
A = [1, 4, 6; 2, 3, 5; 7, 8, 9];
for i=2:3
   A(i-1,:) = A(i,:) - A(i-1,:);
end
```

연습문제 9[2]

다음 MATLAB 프로그램에서 배열 A를 구하여라.

```
A = [1, 4, 6; 2, 3, 5; 7, 8, 9];
for j=2:3
   A(:,j) = A(:,j) - A(:,j-1);
end
```

연습문제 10[2]

다음 MATLAB 프로그램에서 배열 A를 구하여라.

```
m = 3;
n = 3;
A = zeros(m,n);
for i=1:m
   for j=i:n
      A(i,j) = i+j;
   end
end
```

연습문제 11[1]

다음 프로그램의 실행과정을 MATLAB의 디버그 툴을 이용하여 단계별로 추적하여 보라.

```
m = 3;
n = 2;
A = zeros(m,n);
for i=1:m
   for j=i:n
      A(i,j) = 3*i+2*j;
   end
end
```

Lesson 7.2 결합된 for와 if문의 구성

목표

1. 결합된 for와 if문 구성방법을 학습
2. for 루프문과 함께 continue키워드를 사용하는 방법을 학습
3. for 루프문과 함께 break키워드를 사용하는 방법을 학습

주제

7.2.1 결합된 for와 if문의 구성
7.2.2 continue키워드
7.2.3 break키워드

7.2.1 결합된 for와 if문의 구성

보기 1

벡터 변수의 최대값을 구하는 MATLAB 프로그램을 작성하여라. 이 프로그램은 벡터의 길이에 상관없이 벡터의 최대값을 구할 수 있어야 한다.

풀이

다다음 프로그램은 벡터 v의 최대값을 계산한다.

```
v = [1, 5, -5, 6, 1];
maximum = v(1);
for i=2:length(v)
 if ( v(i) > maximum )
     maximum = v(i)
   end
end
```

이 함수의 작용은 다음과 같다. 처음에는 벡터 v가 정의된다. 벡터의 첫 번째 원소 v(1)은 스칼라 변수 maximum으로 설정한다. 벡터 v의 나머지 원소들을 하나씩 조사한다. 어떤 원소가 현재의 maximum보다 크면 maximum변수값은 수정되고 그 원소값으로 설정한다. 다음 표를 이용하여 프로그램의 수행을 추적할 수 있다.

반복과정	i	v(i)	maximum
첫 번째	2	5	5
두 번째	3	−5	5
세 번째	4	6	6
네 번째	5	1	6

MATLAB에는 벡터의 최대값 계산에 이용할 수 있는 함수 max가 내장되어 있다.

연습문제 1[1]

벡터 변수의 최소값을 구하는 MATLAB 프로그램을 작성하여라. 이 프로그램은 벡터의 길이에 상관없이 벡터의 최소값을 구할 수 있어야 한다.

보기 2

버블정렬 방법을 이용하여 벡터를 오름차순으로 정렬하는 MATLAB 프로그램을 작성하여라. 이 프로그램은 벡터의 길이에 상관없이 정렬을 수행할 수 있어야 한다.

풀이

다음 프로그램은 벡터 v를 오름차순으로 정렬한다.

```
v = [1, 5, -5, 6];
n = length(v);
for i=1:1:n-1
   for j=1:1:n-1
      if v(j) > v(j+1);
         temp = v(j);
         v(j) = v(j+1);
         v(j+1) = temp;
      end
   end
end
```

처음에 MATLAB은 `length()` 명령어를 이용하여 벡터 v의 길이를 결정하는데 여기에서는 스칼라 변수 n을 4로 설정하며 이는 루프에 이용된다. 다음에 알고리듬은 벡터의 숫자를 이웃하는 그 다음 숫자와 비교한다. 숫자의 값이 이웃하는 그 다음 숫자 이하이면 아무런 작용도 취하지 않는다. 이는 반복과정 1, 6, 8, 그리고 9에 나타나 있다. 숫자의 값이 이웃하는 그 다음 숫자보다 크면 두 숫자를 교환한다. 이는 반복과정 2, 3, 4, 5, 그리고 7에 나타나 있다. 다음 표를 이용하여 프로그램의 수행을 추적할 수 있다.

반복과정	i	j	v
1	1	1	[1, 5, -5, -6]
2	1	2	[1, -5, 5, -6]
3	1	3	[1, -5, -6, 5]
4	2	1	[-5, 1, -6, 5]
5	2	2	[-5, -6, 1, 5]
6	2	3	[-5, -6, 1, 5]
7	3	1	[-6, -5, 1, 5]
8	3	2	[-6, -5, 1, 5]
9	3	3	[-6, -5, 1, 5]

MATLAB 내장함수 `sort`를 이용하여 벡터를 오름차순으로 정렬할 수 있다.

연습문제 2[1]

버블정렬 방법을 이용하여 벡터를 오름차순으로 정렬하는 MATLAB 로그램을 작성하여라. 이 프로그램은 벡터의 길이에 상관없이 정렬을 수행할 수 있어야 한다.

보기 3

다음 식에 따라 y(x)를 계산하는 MATLAB 프로그램을 작성하여라.

$$y(x) = \begin{cases} 2x & x < 3 \\ 3x & x = 3 \\ 5x & x > 3 \end{cases}$$

위에서 x는 벡터로서 `x=0:1:10`으로 주어져 있다.

풀이

다음 프로그램은 앞의 식에 따라 y를 계산한다.

```
x = 0:1:10;
N = length(x);
for k = 1:N
   if (x(k) < 3)
      y(k) = 2*x(k);
   elseif (x(k) == 3)
      y(k) = 3*x(k);
   else
      y(k) = 5*x(k);
   end
end
```

MATLAB에 의해 생성되는 x와 y값들을 살펴보자.

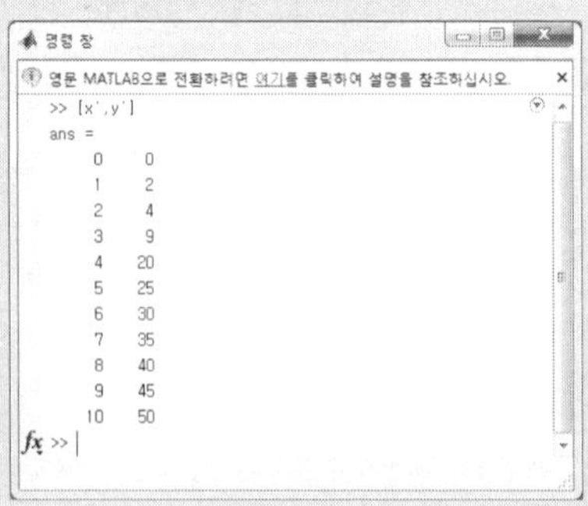

연습문제 3[1]

보기 3에 주어진 프로그램의 실행과정을 MATLAB의 디버그 툴을 이용하여 단계별로 추적하여 보라.

7.2.2 continue 키워드

continue키워드는 그 루프의 나머지 명령어들을 건너뛰고 컨트롤을 루프의 다음 번 반복과정으로 전달한다.

보기 4

다음 프로그램으로부터 생성되는 x의 값을 구하여라.

```
x = 1;
for i=1:3;
   if i == 2
      continue
   end
   x = x+1;
end
```

풀이

처음에는 x값은 1이다.

첫 번째 반복과정에서 i=1이며 따라서 조건 i==2는 거짓이다. 그러므로 명령어 continue는 수행되지 않는다. 다음에 MATLAB은 명령어 x = x+1을 수행한다. 이제 x의 값은 2가 된다.

두 번째 반복과정에서 i는 증가되었으므로 i=2이며 따라서 조건 i==2는 참이다. 이제 명령어 continue가 실행되며 MATLAB은 루프의 나머지 명령어들을 건너뛴다. 따라서 병령어 x = x+1은 수행되지 않는다. x의 값은 2인 채로 남이있다.

세 번째 반복과정에서 i=3이며 따라서 조건 i==2는 거짓이다. 그러므로 명령어 continue는 수행되지 않는다. 다음에 MATLAB은 명령어 x = x+1을 수행한다. 이제 x의 값은 3이 된다.

연습문제 4[1]

보기 4에 주어진 프로그램의 실행과정을 MATLAB의 디버그 툴을 이용하여 단계별로 추적하여 보라.

보기 5

다음 식에 따라 y를 계산하는 MATLAB 프로그램을 작성하여라.

$$y = \sum_{k=-10}^{10} \frac{1}{k^2+2k} \quad (k \neq 0, -2)$$

풀이

다음 프로그램은 위의 식에 따라 y를 계산한다.

```
y = 0;
for k=-10:10;
   if k == 0 || k == -2
      continue
   end
   y = y+ 1/(k^2+2*k);
end
```

여기에서는 continue키워드와 결합된 if문의 사용으로 인하여 위의 코드에서는 k 값이 0 및 –2인 경우 명령어 y = y+ 1/(k^2+2*k);의 수행이 이루어지지 않는다.

7.2.3 break 키워드

break키워드는 for루프의 수행을 종료시킨다. 중첩된 루프에서는 break는 가장 안쪽의 루프만 종료시킨다.

보기 6

다음 프로그램으로부터 생성되는 x의 값을 구하여라.

```
x = 1;
for i=1:3;
   if i == 2
      break
   end
   x = x+1;
end
```

풀이

처음에는 x값은 1이다.

첫 번째 반복과정에서 i=1이며 따라서 조건 i==2는 거짓이다. 그러므로 명령어

break는 수행되지 않는다. 다음에 MATLAB은 명령어 x = x+1을 수행한다. 이제 x의 값은 2가 된다.

두 번째 반복과정에서 i는 증가되었으므로 i=2이며 따라서 조건 i==2는 참이다. 이제 명령어 break가 실행되며 MATLAB은 for루프의 수행을 종료시킨다. 따라서 명령어 x = x+1은 수행되지 않는다. 그러므로 x의 최종값은 2인 채로 남아있다.

연습문제 5[1]

보기 6에 주어진 프로그램의 실행과정을 MATLAB의 디버그 툴을 이용하여 단계별로 추적하여 보라.

보기 7

그 값이 100 미만인 피보나치 수열을 생성하는 MATLAB 프로그램을 작성하여라.

풀이

다음 프로그램은 그 값이 100 미만인 피보나치 수열의 숫자들을 생성한다.

```
f(1)=0;
f(2)=1;
for i=3:10000
   c = f(i-1)+f(i-2);
   if c >= 100
      break
   end
   f(i) = c;
end
```

연습문제 6[3]

어떤 숫자의 팩토리얼이 주어진 경우 그 숫자를 결정하는 MATLAB 함수를 작성하여라. 이 함수는 하나의 입력인수를 가지며 하나의 값을 반환한다. 예를 들어 숫자 120이 함수에 주어지면 5를 반환한다. 이 함수에 의미가 담긴 이름을 부여하여라.

연습문제 7[3]

어떤 숫자의 피보나치가 주어진 경우 그 숫자를 결정하는 MATLAB 함수를 작성하여라. 이 함수는 하나의 입력인수를 가지며 하나의 값을 반환한다. 예를 들어 숫자 89가 함수에 주어지면 12를 반환한다. 이 함수에 의미가 담긴 이름을 부여하여라.

보기 8

30 미만의 소수(prime number)를 생성하는 MATLAB 프로그램을 작성하여라.

```
2 3 5 7 11 13 17 19 23 29
```

소수는 1보다 크며 1과 그 자신 이외의 약수를 갖지 않는 양의 정수이다. 예를 들면 3은 1과 3의 두 개의 약수만을 갖는다. 4는 약수가 3개(1, 2, 4)이므로 소수가 아니다.

풀이

다음 프로그램은 30 미만의 소수(prime number)들을 생성한다.

```
prime_numbers = 2;
n = 30
for i = 3:n
   is_a_prime = true;
   for j = 2:i/2
      if mod(i,j) == 0
         is_a_prime = false;
         break
      end
   end
   if is_a_prime == true
      prime_numbers = [prime_numbers i];
   end
end
```

처음에는 2를 첫 번째 소수로 정의한다. 다음에는 3부터 30까지의 정수를 하나씩 오름차순으로 조사하여 그 수가 소수인지의 여부를 결정한다. 숫자 `i`가 소수인지의 여부를 조사하려면 함수 `mod`를 사용하여 2부터 `i/2`까지의 약수를 찾는다. 예를 들어 9가 소수인지의 여부를 조사하려면 2부터 4까지의 약수들을 찾아본다. 예를 들면 `mod(9,2)`의 값은 1인데 이는 2가 9의 약수가 아님을 의미한다.
따라서 9는 소수가 아니다.

주의: MATLAB 함수 `primes`는 소수들의 목록을 생성하여 준다.

연습문제 8[1]

보기 8에 주어진 프로그램의 실행과정을 MATLAB의 디버그 툴을 이용하여 단계별로 추적하여 보라.

연습문제 9[3]

처음부터 100개까지의 소수들을 생성하는 MATLAB 프로그램을 작성하여라.

보기 9

보기 8의 프로그램은 숫자 i가 2와 i/2사이에서 약수를 갖지 않으면 이를 소수로 간주한다. 이 프로그램은 2, 3, 4, 5, 6, . . .,i/2의 모든 수들을 조사하는데 이는 시간이 소요되는 작업이다. 10,000 미만의 소수 집합을 생성하는 데에 소요되는 수행시간을 측정하여 보라.

풀이

다음 코드는 10,000 미만의 소수 집합을 생성하며 아울러 소요시간을 측정한다. 어떤 코드부분을 MATLAB 명령어 tic과 toc사이에 위치시킴으로써 그 부분의 수행시간을 측정할 수 있다.

```
tic
prime_numbers = 2;
n = 10000
for i = 3:n
  is_a_prime = true;
  for j = 2:i/2
    if mod(i,j) == 0
      is_a_prime = false;
      break
    end
  end
  if is_a_prime == true
    prime_numbers = [prime_numbers i];
  end
end
toc
```

PC 상에서 위의 프로그램을 수행하는 데에 소요되는 시간은 다음 출력창에 보인 바와 같이 0.1145 초이다.

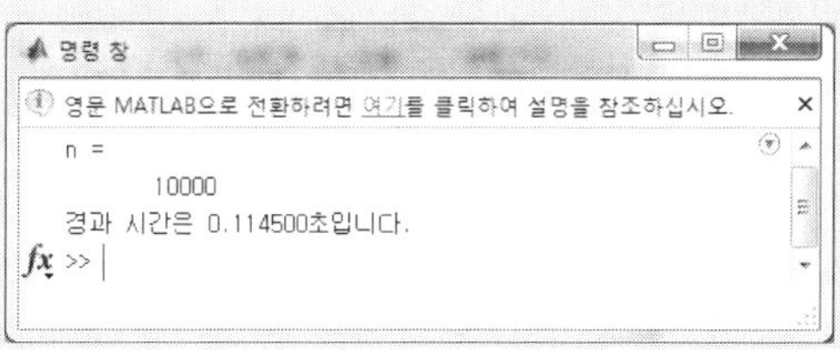

연습문제 10[3]

보기 8의 프로그램은 숫자 i가 2와 i/2사이에서 약수를 갖지 않으면 이를 소수로 간주한다. 이 프로그램은 2, 3, 4, 5, 6, . . .,i/2의 모든 수들을 조사하는데 이는 시간이 소요되는 작업이다. 예를 들어 17이 소수라면 2, 3, 4, 5, 6, 7, 8 들을 조사하여 이들이 17의 약수가 되는지의 여부를 알아보아야 한다. 좀 더 빠른 방법은 2와 i/2사이의 소수들만을 조사하여 이들이 i의 약수가 되는지의 여부를 알아보는 것이다. 예를 들어 17이 소수라면 2, 3, 5, 7 들만을 조사하여 이들이 17의 약수가 되는지의 여부를 알아보면 된다. 이와 같은 빠른 방법을 이용하여 10,000 미만의 소수들을 생성하는 MATLAB 프로그램을 작성하고 수행시간을 측정하여라.

연습문제 11[3]

어떤 숫자의 인수들을 생성하는 MATLAB 함수를 작성하여라. 이 함수는 하나의 스칼라 입력인수를 가지며 벡터를 반환한다. 이 함수의 기능은 MATLAB에 내장되어 있는 factor함수와 유사하다. 이 함수의 이름을 factorN이라고 붙여보라. 이 문제에서 MATLAB 내장함수 factor의 사용은 허용되지 않는다.

연습문제 12[3]

두 숫자들의 최대공약수를 생성하는 MATLAB 함수를 작성하여라. 이 함수는 두 개의 스칼라 입력인수를 가지며 하나의 스칼라를 반환한다. 이 함수의 기능은 MATLAB에 내장되어 있는 gcd함수와 유사하다. 이 함수의 이름을 gcdN이라고 붙여보라. 이 문제에서 MATLAB 내장함수 gcd의 사용은 허용되지 않는다.

두 숫자들의 최대공약수는 다음과 같이 계산할 수 있다.

1. 첫 번째 숫자의 소인수들을 구한다.
2. 두 번째 숫자의 소인수들을 구한다.
3. 두 숫자들의 공통인수들을 구한다.
4. 공통인수들을 곱한다. 이로부터 최대공약수가 얻어진다.

예를 들어 20과 16의 최대공약수를 계산하려면 앞의 4가지 단계들을 따른다.

1. 20의 소인수들은 2, 2, 그리고 5이다.
2. 16의 소인수들은 2, 2, 2, 그리고 2이다.
3. 공통인수들은 2와 2이다.
4. 최대공약수는 2x2=4이다.

연습문제 13[3]

두 숫자들의 최소공배수를 생성하는 MATLAB 함수를 작성하여라. 이 함수는 두 개의 스칼라 입력인수를 가지며 하나의 스칼라를 반환한다. 이 함수의 기능은 MATLAB에 내장되어 있는 `lcm`함수와 유사하다. 이 함수의 이름을 `lcmN`이라고 붙여보라. 이 문제에서 MATLAB 내장함수 `lcm`의 사용은 허용되지 않는다.

두 숫자들의 최소공배수는 다음과 같이 계산할 수 있다.

1. 첫 번째 숫자의 소인수들을 구한다.
2. 두 번째 숫자의 소인수들을 구한다.
3. 두 숫자들의 공통인수들을 구한다.
4. 두 숫자들의 나머지 인수들을 구한다.
5. 공통인수들과 나머지 인수들을 곱한다. 이로부터 최소공배수가 얻어진다.

예를 들어 20과 16의 최소공배수를 계산하려면 앞의 5가지 단계들을 따른다.

1. 20의 소인수들은 2, 2, 그리고 5이다.
2. 16의 소인수들은 2, 2, 2, 그리고 2이다.
3. 공통인수들은 2와 2이다.
4. 나머지 인수들은 2, 2, 그리고 5이다.
5. 최소공배수는 2x2x2x2x5=80이다.

연습문제 14[3]

하나의 스칼라 입력인수를 받아 정방행렬을 반환하는 MATLAB 함수를 작성하여라. 이 함수의 이름을 `inverted_pyramid`라고 하자. 이 함수로부터의 출력의 예는 다음에 보인 바와 같다. 입력인수가 홀수이면 함수는 아래에 보인 정방행렬을 반환하며 짝수이면 경고 메시지를 보여주고 빈 행렬을 반환한다. 입력인수가 소수점 아래 부분을 갖는 실수이면 함수는 경고 메시지를 보여주고 빈 행렬을 반환한다.

```
>> x = inverted_pyramid(1)
   0
>> x = inverted_pyramid(2)
   []
   입력인수는 홀수이어야 함.
>> x = inverted_pyramid(2.5)
   []
   입력인수는 홀수이어야 함.
>> x = inverted_pyramid(3)
   1 1 1
   1 0 1
   1 1 1
>> x = inverted_pyramid(5)
```

```
    2 2 2 2 2
    2 1 1 1 2
    2 1 0 1 2
    2 1 1 1 2
    2 2 2 2 2
>> x = inverted pyramid(7)
    3 3 3 3 3 3 3
    3 2 2 2 2 2 3
    3 2 1 1 1 2 3
    3 2 1 0 1 2 3
    3 2 1 1 1 2 3
    3 2 2 2 2 2 3
    3 3 3 3 3 3 3
>> x = inverted pyramid(9)
    4 4 4 4 4 4 4 4 4
    4 3 3 3 3 3 3 3 4
    4 3 2 2 2 2 2 3 4
    4 3 2 1 1 1 2 3 4
    4 3 2 1 0 1 2 3 4
    4 3 2 1 1 1 2 3 4
    4 3 2 2 2 2 2 3 4
    4 3 3 3 3 3 3 3 4
    4 4 4 4 4 4 4 4 4
```

다음 명령어로부터 그림에 보인 역 피라미드 그래프가 생성된다.

```
>> X = inverted pyramid(91);
>> mesh(X)
```

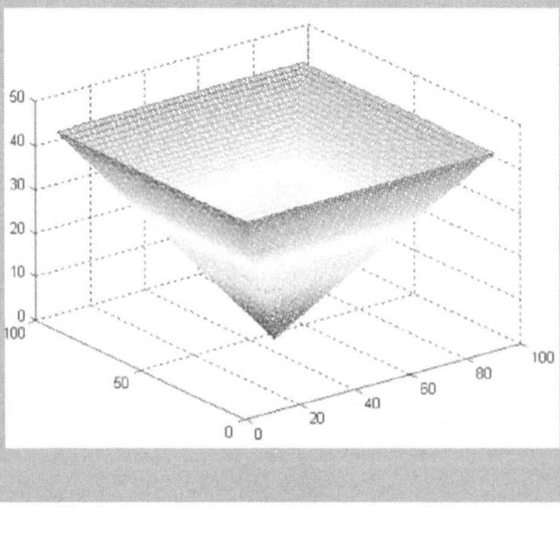

Lesson 7.3 while 루프 문의 구성

목표

1. while 루프 문을 구성하는 방법을 학습
2. 결합된 while과 if문들을 구성하는 방법을 학습
3. while루프 문과 함께 continue 키워드를 사용하는 방법을 학습
4. while루프 문과 함께 break키워드를 사용하는 방법을 학습
5. 재귀함수에 대하여 추가적인 내용을 학습

주제

7.3.1 while루프 문 입문
7.3.2 while루프 문의 보기
7.3.3 재귀함수

7.3.1 while 루프 문 입문

while 루프 문의 구문은 다음과 같다.

```
while (조건문)
   (명령어들)
end
```

(조건문)이 참으로 남아있는 한 MATLAB은 while루프 내의 (명령어들)을 수행한다. 몇 가지 보기를 이용하여 while루프를 살펴보기로 한다.

보기 1

다음 프로그램에 의해 생성되는 r의 값을 구하여라.

```
r = 2;
while (r<10)
   r = 2*r;
end
```

풀이

처음에 r의 값은 2이다.

이는 while루프의 첫 번째 반복과정이다. 따라서 while루프의 조건문 (r<10)은 참이다. 그러므로 MATLAB은 while루프의 (명령어들)을 수행한다. 이에 따라 명령어 r=2*r이 수행되고 새로운 r값은 2*2=4가 된다.

이어서 while루프의 두 번째 반복과정이다. r=4이므로 while루프의 조건문 (r<10)은 여전히 참이다. 그러므로 MATLAB은 while루프의 (명령어들)을 수행한다. 이에 따라 명령어 r=2*r이 수행되고 새로운 r값은 2*4=8이 된다.

이어서 while루프의 세 번째 반복과정이다. r=8이므로 while루프의 조건문 (r<10)은 여전히 참이다. 그러므로 MATLAB은 while루프의 (명령어들)을 수행한다. 이에 따라 명령어 r=2*r이 수행되고 새로운 r값은 2*8=16이 된다.

r=16이면 while루프의 조건문 (r<10)은 이제 거짓이다. 그러므로 MATLAB은 while루프를 종료한다. 이에 따라 명령어 r=2*r은 수행되지 않으며 r값은 16으로 유지된다.

다음 표를 이용하여 앞의 프로그램의 수행과정을 추적할 수 있다.

반복과정	r
첫 번째	4
두 번째	8
세 번째	16

보기 2

다음 프로그램에 의해 생성되는 r의 값을 구하여라.

```
r = 2;
while (r<10)
   if (r == 8)
      r = r - 1
      continue
   end
   r = 2*r
end
```

풀이

continue키워드는 while루프 내의 나머지 명령어들을 건너뛰고 컨트롤을 while 루프의 다음번 반복과정으로 전달한다. 처음에 r의 값은 2이다. while루프의 조건문 (r<10)은 참이다. 그러므로 MATLAB은 while루프의 (명령어들)을 수행한다. 이는 while루프의 첫 번째 반복과정이다. 조건문 (r==8)은 거짓이다. 이에 따라 if문의 두 명령어들은 수행되지 않는다. 명령어 r=2*r이 수행되고 새로운 r값은 2*2=4가 된다.

이어서두 번째 반복과정이다. r=4이므로 hile루프의 조건문 (r<10)은 여전히 참이다. 그러므로 MATLAB은 while루프의 (명령어들)을 수행한다. 조건문 (r==8)은 거짓이다. 이에 따라 if문의 두 명령어들은 수행되지 않는다. 명령어 r=2*r이 수행되고 새로운 r값은 2*4=8이 된다.

세 번째 반복과정에서 r=8이므로 while루프의 조건문 (r<10)은 여전히 참이다. 그러므로 MATLAB은 while루프의 (명령어들)을 수행한다. 이번에는 조건문 (r==8)은 참이다. 이에 따라 if문의 두 명령어들이 수행되며 r=r-1이 계산된다. 새로운 r 값은 7이다. 다음에 MATLAB은 continue명령어를 수행하여 컨트롤을 다음 반복과정의 while루프로 전달하고 while루프 안의 나머지 명령어들을 건너뛴다.

네 번째 반복과정에서 r=7이므로 while루프의 조건문 (r<10)은 여전히 참이다. 그러므로 MATLAB은 while루프의 (명령어들)을 수행한다. 조건문 (r==8)은 거짓이다. 명

령어 r=2*r이 수행되고 새로운 r값은 2*7=14가 된다. r=14이면 while루프의 조건문 (r<10)은 거짓이다. 이에 따라 MATLAB은 while루프를 종료한다. 마지막 r값은 14가 된다. 다음 표를 이용하여 앞의 프로그램의 수행과정을 추적할 수 있다.

반복과정	r
첫 번째	4
두 번째	8
세 번째	7
네 번째	14

보기 3

다음 프로그램에 의해 생성되는 r의 값을 구하여라.

```
r = 2;
while (r<10)
   if (r == 8)
      r = r - 1
      break
   end
   r = 2*r
end
```

풀이

continue키워드는 while루프의 수행을 종료한다. 중첩된 루프에서는 가장 안쪽의 루프만을 종료한다.

처음에 r의 값은 2이다. while루프의 조건문 (r<10)은 참이다. 그러므로 MATLAB은 while루프의 (명령어들)을 수행한다. 이는 while루프의 첫 번째 반복과정이다. 조건문 (r==8)은 거짓이다. 이에 따라 if문의 두 명령어들은 수행되지 않는다. 명령어 r=2*r이 수행되고 새로운 r값은 2*2=4가 된다.

이어서 두 번째 반복과정이다. r=4이므로 while루프의 조건문 (r<10)은 여전히 참이다. 그러므로 MATLAB은 while루프의 (명령어들)을 수행한다. 이는 while루프의 두 번째 반복과정이다. 조건문 (r==8)은 거짓이다. 이에 따라 if문의 두 명령어들은 수행되지 않는다. 명령어 r=2*r이 수행되고 새로운 r값은 2*4=8이 된다.

다음 반복과정에서 r=8이므로 while루프의 조건문(r<10)은 여전히 참이다. 그러므로 MATLAB은 while루프의 (명령어들)을 수행한다. 이는 while루프의 세 번째 반복과정이다. 이번에는 조건문 (r==8)은 참이다. 이에 따라 if문의 두 명령어들이 수행되며 r=r-1이 계산된다. 새로운 r값은 7이다. 다음에 MATLAB은 break명령어를 수행하여 while루프를 종료한다. 따라서 r의 마지막 값은 7이다.

반복과정	r
첫 번째	4
두 번째	8
세 번째	7

7.3.2 while 루프 문의 보기

보기 4

그 값이 100 미만인 피보나치 수열의 숫자들을 생성하는 MATLAB 프로그램을 작성하여라.

풀이

다음 프로그램은 그 값이 100 미만인 피보나치 수열의 숫자들을 생성한다.

```
f(1)=0;
f(2)=1;
counter = 3;
while( ( f(counter-1)+f(counter-2) ) < 100)
  f(counter) = f(counter-1)+f(counter-2);
  counter = counter+1;
end
```

보기 5

어떤 숫자의 피보나치가 주어진 경우 그 숫자를 결정하는 MATLAB 함수를 작성하여라. 이 함수는 하나의 입력인수를 가지며 하나의 값을 반환한다. 예를 들어 숫자 89가 함수에 주어지면 12를 반환한다. 이 함수에 의미가 담긴 이름을 부여하여라.

풀이

다음 함수는 피보나치가 주어진 경우 그 숫자를 결정한다.

```
function n = inverse_fibonacci(fib)
f(1)=0;
f(2)=1;
counter = 3;
while( ( f(counter-1)+f(counter-2) ) <= fib)
  f(counter) = f(counter-1)+f(counter-2);
  counter = counter1 1;
end
n = counter-1;
end
```

이 함수는 명령어 프롬프트로부터 다음과 같이 호출한다.

```
>> n=inverse_fibonacci(89)
```

보기 6

어떤 숫자의 팩토리얼이 주어진 경우 그 숫자를 결정하는 MATLAB 함수를 작성하여라. 이 함수는 하나의 입력인수를 가지며 하나의 값을 반환한다. 예를 들어 숫자 120이 함수에 주어지면 5를 반환한다. 이 함수에 의미가 담긴 이름을 부여하여라.

풀이

다음 함수는 어떤 숫자의 팩토리얼이 주어진 경우 그 숫자를 결정한다.

```
function n = inverse_factorial(f)
fn = 1;
counter = 1;
while( (fn*counter) < f)
fn = fn * counter;
counter = counter+1;
end
n = counter;
end
```

이 함수는 명령어 프롬프트로부터 다음과 같이 호출한다.

```
>> n=inverse_factorial(120)
```

7.3.3 재귀함수

while루프는 재귀함수 프로그래밍에서 빈번하게 사용된다. 다음 문제들을 통하여 이를 살펴보기로 한다.

연습문제 1[2]

다음 재귀함수는 벡터를 오름차순으로 정렬한다. 벡터의 원소 수는 $n=2^m$이며 여기에서 m은 양의 정수로서 m=1, 2, 3, 4,... 이며 n=2, 4, 8, 16,... 이다.

MATLAB의 디버깅 툴을 이용하여 다음에 보인 함수 sort_recursive()의 수행과정을 추적하여 보라. 입력 데이터는 x=[1, -1]로 한다.

```
function y = sort_recursive(x)
n = length(x);
if log2(n) ~= fix(log2(n))
   disp('the data length must be 2^n');
   y = [];
   return
end
if length(x) == 2
   if x(1) > x(2)
      temp = x(1);
      x(1) = x(2);
      x(2) = temp;
```

```
    end
    y = x;
  else
    x1 = x(1:n/2);
    x2 = x(n/2+1:n);
    y1 = sort_recursive(x1);
    y2 = sort_recursive(x2);
    countery1 = 1;
    countery2 = 1;
    countery = 1;
    n2 = length(x1);
    while (countery1 < (n2+1) && countery2 < (n2+1) )
      if ( y1(countery1) <= y2(countery2) )
        y(countery) = y1(countery1);
        countery1 = countery1+1;
        countery = countery+1;
      else
        y(countery) = y2(countery2);
        countery2 = countery2+1;
        countery = countery+1;
      end
    end
    if ( countery1 > n2 )
      y(countery:n) 5 y2(countery2:n2);
    else
      y(countery:n) = y1(countery1:n2);
    end
  end
  end
```

연습문제 2^2

MATLAB의 디버깅 툴을 이용하여 위의 함수 `sort_recursive()`의 수행과정을 추적하여 보라. 입력 데이터는 `x=[-1, 1, -3]`으로 한다.

연습문제 3^2

MATLAB의 디버깅 툴을 이용하여 위의 함수 `sort_recursive()`의 수행과정을 추적하여 보라. 입력 데이터는 `x=[7, 1, -3, -5]`로 한다.

연습문제 4[2]

MATLAB의 디버깅 툴을 이용하여 위의 함수 `sort_recursive()`의 수행과정을 추적하여 보라. 입력 데이터는 `x=[7, 1, -3, -5, -6, 8, 10, -10]`으로 한다.

연습문제 5[3]

함수 `sort_recursive()`의 기능을 상세히 설명하고 어떻게 데이터를 오름차순으로 정렬하는지 언급하여라.

일부 연습문제에 대한 풀이

Lesson 7.1

연습문제 4

```
v = [1,3,6,9];
n = length(v);
summation = 0;
for i=1:n
  summation = summation+v(i);
end
m = summation / n;
```

연습문제 6

```
a = [1, 4, 3, 2, 7, 5, 6, 9, 8, 10];
b(1) = ( a(1)+a(2)+a(3) ) / 3;
b(2) = ( a(1)+a(2)+a(3)+a(4) ) / 4;
for i=3:8
  b(i) = ( a(i-2)+a(i-1)+a(i)+a(i+1)+a(i+2) ) / 5;
end
b(9) = ( a(7)+a(8)+a(9)+a(10) ) / 4;
b(10) = ( a(8)+a(9)+a(10) ) / 3;
```

Lesson 7.2

연습문제 1

```
v = [1, 5, -5, 6, 1];
minimum = v(1);
for I=2:length(v)
   if ( v(i) < minimum)
      minimum = v(i)
   end
end
```

연습문제 2

```
v = [1, 5, -5, 6];
n = length(v);
for i=1:1:n-1
   for j=1:1:n-1
      if v(j) < v(j11);
         temp = v(j);
         v(j) = v(j+1);
         v(j+1) = temp;
      end
   end
end
```

연습문제 6

```
function n = inverse_factorial(f)
fn = 1;
if f == 1
   n = 1;
   return
end
for i=2:1000
   fn = fn * i;
   if fn == f
      break
   end
end
n = i;
end
```

연습문제 7

```
function n = inverse_fibonacci(f)
fib(1) = 0;
fib(2) = 1;
if f == 0
   n = 1;
```

```
    return
  elseif f == 1
    n = 2;
    return
  end
  for i=3:1000
    fib(i) = fib(i-1)+fib(i-2);
    if fib(i) == f
      break
    end
  end
  n = i;
  end
```

연습문제 9

```
  prime_numbers = 2;
  counter = 1;
  n = 3000;
  for i = 3:n
    is_a_prime = true;
    for j=2:i/2
   if mod(i,j) == 0
        is_a_prime = false;
         break
      end
    end
    if is_a_prime == true
      prime_numbers = [prime_numbers i];
      counter = counter+1;
    end
    if counter == 100
      break
    end
  end
```

연습문제 10

```
  tic
  prime_numbers = 2;
  n = 10000;
  for i = 3:n
    is_a_prime = true;
    for j = 2:length(prime_numbers)
      if mod(i,prime_numbers(j)) == 0
```

```
    is_a_prime = false;
        break
      end
    end
    if is_a_prime == true
      prime_numbers = [prime_numbers i];
    end
  end
  toc
```

위의 프로그램을 PC에서 수행하는 데에 소요된 시간은 0.079533 초이다. 여기에서 수행시간은 거의 절반으로 줄어들었음을 주목하자.

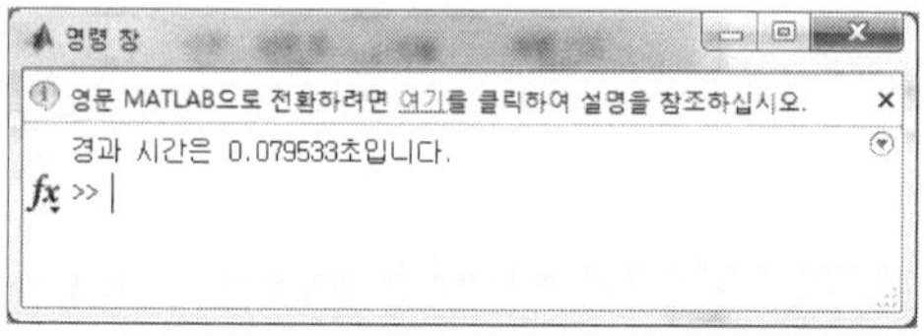

Projects

- 프로젝트 1: Conway의 생명게임(Game of Life)

생명게임(Game of Life)은 플레이어가 없는 게임의 보기로서 초기상태에 의해 모든 것이 결정된다. 이는 1970년 영국의 수학자 John Horton Conway에 의해 고안되었으며 셀 자동화의 한 가지 예이다. MATLAB은 life라는 이름으로 이 게임을 내장하고 있다. 이 게임의 데모를 보려면 MATLAB 명령어 프롬프트에서 다음을 입력하고 시작 버튼을 누른다.

```
>> life
```

이 게임은 정방형 셀들의 격자로 구성된다. 각 셀은 살아있거나 죽어있는 두 가지 가능한 상태 가운데 한 가지를 취한다. 죽은 셀은 흰색이며 살아있는 셀은 청색이다. 각 셀은 8개의 이웃들을 갖는데 이들은 현재의 샐을 중심으로 각각 North, South, East, West, North West, North East, South West, 그리고 South East 셀들이다. 이는 다음 그림에 나타나 있다. 이 그림을 생성하는 MATLAB 코드는 다음과 같다.

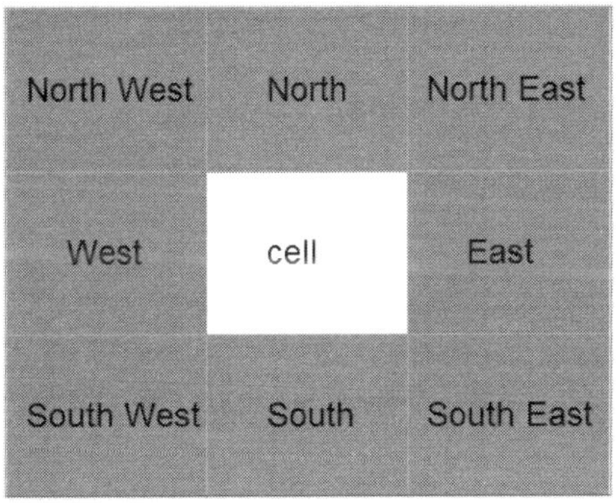


```
clear; clc; close all;
X = zeros(3,3);
X(2,2)=1;
imagesc(X)
colormap([[0.5,0.5,0.5]; [1,1,1]])
hold on
% construct grid, horizontal lines
plot([0.5, 3.5], [1.5, 1.5],'g')
plot([0.5, 3.5], [2.5,2.5],'g')
% vertical lines
plot([1.5, 1.5], [0.5, 5.5],'g')
plot([2.5, 2.5], [0.5, 5.5],'g')
axis off
text(1.8,1,'North', 'FontSize',18)
text(1.8,2,'cell', 'FontSize',18)
text(1.8,3,'South', 'FontSize',18)
text(2.8,2,'East', 'FontSize',18)
text(0.8,2,'West', 'FontSize',18)
text(0.6,1,'North West', 'FontSize',18)
text(2.6,1,'North East', 'FontSize',18)
text(0.6,3,'South West', 'FontSize',18)
text(2.6,3,'South East', 'FontSize',18)
```

Conway의 생명게임 규칙은 다음과 같다.

모든 셀은 8개 이웃들과 상호 작용한다. 각 단계에서 다음과 같은 변환이 일어난다.

1. 이웃하는 셀 가운데 살아있는 셀이 두 개보다 작은 경우에는 임의의 살아있는 셀은 죽어버린다.
2. 이웃하는 셀 가운데 살아있는 셀이 두 개나 세 개이면 임의의 살아있는 셀은 다음 세대까지 살아남는다.
3. 이웃하는 셀 가운데 살아있는 셀이 세 개보다 많은 경우에는 임의의 살아있는 셀은 죽어버린다.
4. 이웃하는 셀 가운데 살아있는 셀이 세 개인 경우에는 임의의 죽어있는 셀은 살아난다.
5. 격자의 가장자리에 위치하는 셀은 죽어버린다.

   예를 들면 다음의 왼쪽 그림은 5x5 격자를 보여주는데 격자 각각은 흰 색으로 나타낸 6개의 살아있는 셀들과 검은 색으로 나타낸 19개의 죽은 셀들을 포함한다. 이 그림을 생성하는 MATLAB 코드는 다음과 같다. 셀의 인덱스는 오른쪽 그림에 나타나 있다.

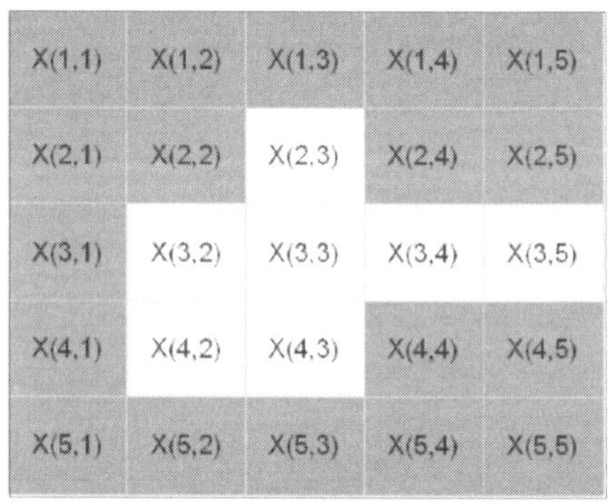


```
clear; clc; close all;
X=zeros(5,5);
X(2,3)=1;
X(3,2)=1;
X(3,3)=1;
X(3,4)=1;
X(3,5)=1;
X(4,3)=1;
imagesc(X), colormap(gray(256))
hold on
% horizontal lines
```

```
plot([0.5, 5.5], [1.5, 1.5],'g')
plot([0.5, 5.5], [2.5, 2.5],'g')
plot([0.5, 5.5], [3.5, 3.5],'g')
plot([0.5, 5.5], [4.5, 4.5],'g')
% vertical lines
plot([1.5, 1.5], [0.5, 5.5],'g')
plot([2.5, 2.5], [0.5, 5.5],'g')
plot([3.5, 3.5], [0.5, 5.5],'g')
plot([4.5, 4.5], [0.5, 5.5],'g')
axis off
```

보기

격자의 초기상태는 아래 왼쪽 그림에 나타나 있다. 이 초기상태는 임의적인 것이며 임의의 셀을 원하는 대로 죽은 상태나 살아있는 상태로 지정할 수 있다. 이는 제 1세대라고 불린다. 제 2세대는 앞에 언급한 규칙에 따라 생성되며 아래 오른쪽 그림에 나타나 있다. 아래 왼쪽 그림에 보인 제 1세대 그림에 대하여

살아있는 셀 (2,3)은 3개의 살아있는 이웃들을 가지며 제 2세대에서 살아있을 것이다.
살아있는 셀 (3,2)는 3개의 살아있는 이웃들을 가지며 제 2세대에서 살아있을 것이다.
살아있는 셀 (3,3)은 4개의 살아있는 이웃들을 가지며 제 2세대에서 죽게 될 것이다.
살아있는 셀 (3,4)는 4개의 살아있는 이웃들을 가지며 제 2세대에서 죽게 될 것이다.
살아있는 셀 (3,5)는 격자의 가장자리에 위치하며 제 2세대에서 죽게 될 것이다.
살아있는 셀 (4,3)은 3개의 살아있는 이웃들을 가지며 제 2세대에서 살아있을 것이다.
죽어있는 셀 (2,2)는 3개의 살아있는 이웃들을 가지며 제 2세대에서 살아있을 것이다.
죽어있는 셀 (4,2)는 3개의 살아있는 이웃들을 가지며 제 2세대에서 살아있을 것이다.

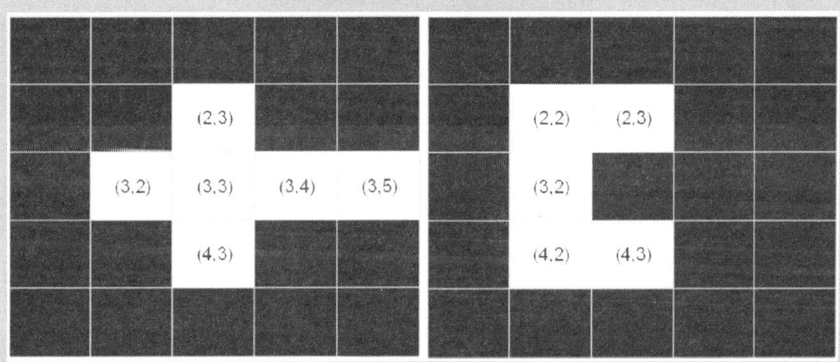

제 3세대 셀은 다음 그림에 나타나 있다. 이는 제 2세대에 존재했던 셀들의 다음과 같은 특별한 경우에 대하여 규칙에 따라 생성된 것이다. 위의 오른쪽에 보인 그림에 대하여

살아있는 셀 (2,2)는 2개의 살아있는 이웃들을 가지며 제 3세대에서 살아있을 것이다.
살아있는 셀 (2,3)은 4개의 살아있는 이웃들을 가지며 제 3세대에서 죽게 될 것이다.

살아있는 셀 (3,2)는 4개의 살아있는 이웃들을 가지며 제 3세대에서 죽게 될 것이다.
살아있는 셀 (4,2)는 2개의 살아있는 이웃들을 가지며 제 3세대에서 살아있을 것이다.
살아있는 셀 (4,3)은 2개의 살아있는 이웃들을 가지며 제 3세대에서 살아있을 것이다.

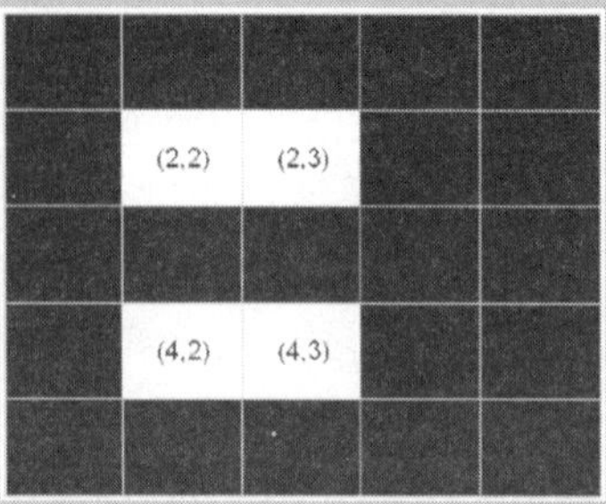

제 4세대 셀은 다음 그림에 나타나 있다. 이는 제 3세대에 존재했던 셀들의 다음과 같은 특별한 경우에 대하여 규칙에 따라 생성된 것이다. 위에 보인 그림에 대하여
살아있는 셀 (2,2)는 1개의 살아있는 이웃들을 가지며 제 4세대에서 죽게 될 것이다.
살아있는 셀 (2,3)은 1개의 살아있는 이웃들을 가지며 제 4세대에서 죽게 될 것이다.
살아있는 셀 (4,2)는 1개의 살아있는 이웃들을 가지며 제 4세대에서 죽게 될 것이다.
살아있는 셀 (4,3)은 1개의 살아있는 이웃들을 가지며 제 4세대에서 죽게 될 것이다.

9x9 격자를 생성하는 MATLAB 프로그램을 작성하고 이를 다음과 같이 초기화시켜라.

```
rng('default')
X=randi(2,9,9)-1;
```

X 배열의 원소가 0이면 죽은 셀에 해당되며 1이면 살아있는 셀에 해당된다. 제 1세대는 아래 그림과 유사하게 나타난다.

다음은 위에 보인 그림을 생성하는 데에 이용될 수 있는 MATLAB 코드이다.

```
close all; clc; clear
rng('default')
rng('default')
X = randi(2,9,9)-1;
imagesc(X)
colormap(gray(256))
hold on
% horizontal lines
plot([0.5, 9.5], [1.5, 1.5],'g','LineWidth',2)
plot([0.5, 9.5], [2.5, 2.5],'g','LineWidth',2)
plot([0.5, 9.5], [3.5, 3.5],'g','LineWidth',2)
plot([0.5, 9.5], [4.5, 4.5],'g','LineWidth',2)
plot([0.5, 9.5], [5.5, 5.5],'g','LineWidth',2)
plot([0.5, 9.5], [6.5, 6.5],'g','LineWidth',2)
plot([0.5, 9.5], [7.5, 7.5],'g','LineWidth',2)
plot([0.5, 9.5], [8.5, 8.5],'g','LineWidth',2)
plot([0.5, 9.5], [9.5, 9.5],'g','LineWidth',2)
plot([0.5, 9.5], [0.5, .5],'g','LineWidth',2)
% vertical lines
plot([0.5, 0.5], [0.5, 9.5],'g','LineWidth',2)
plot([1.5, 1.5], [0.5, 9.5],'g','LineWidth',2)
plot([2.5, 2.5], [0.5, 9.5],'g','LineWidth',2)
plot([3.5, 3.5], [0.5, 9.5],'g','LineWidth',2)
plot([4.5, 4.5], [0.5, 9.5],'g','LineWidth',2)
plot([5.5, 5.5], [0.5, 9.5],'g','LineWidth',2)
plot([6.5, 6.5], [0.5, 9.5],'g','LineWidth',2)
plot([7.5, 7.5], [0.5, 9.5],'g','LineWidth',2)
plot([8.5, 8.5], [0.5, 9.5],'g','LineWidth',2)
plot([9.5, 9.5], [0.5, 9.5],'g','LineWidth',2)
axis off
```

여러분의 MATLAB 코드는 이후 5세대를 생성하고 이를 격자상에 그림으로 나타내어야 한다. 9x9 격자의 가장자리는 흰색으로 나타나 있다.

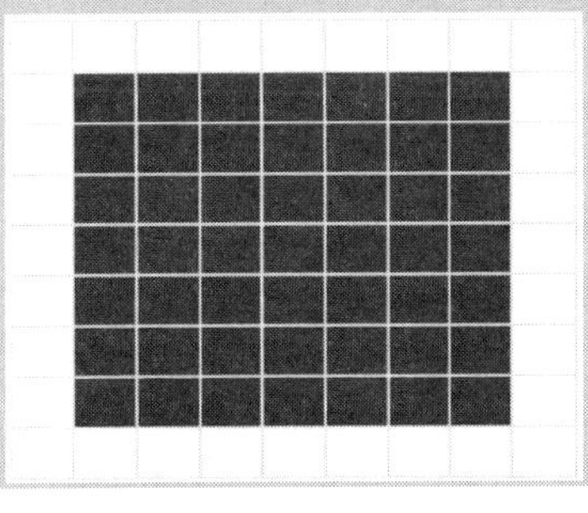

Projects

- 프로젝트 2: Conway의 생명게임(Game of Life) – 말려진 가장자리

생명게임은 정방형 셀들의 격자로 구성된다. 이전의 프로젝트에서 격자의 가장자리에 위치하는 셀들은 처리되지 않았으며 다음 세대에서 죽은 것으로 간주되었다. 실제에 있어서 이 셀들은 다른 셀들과 유사하게 처리된다. 격자의 가장자리에 위치하는 이 셀들을 처리하려면 격자가 둘둘 말려 있다고 간주한다. 이는 격자의 왼쪽 경계가 실제로는 오른쪽 경계와 연결되어 있음을 의미한다. 마찬가지로 상부 경계는 하부 경계와 연결되도록 말려진다. 왼쪽 상부 셀은 하부 오른쪽 셀의 이웃이 된다. 오른쪽 상부 셀은 왼쪽 하부 셀의 이웃이 된다. 말려진 격자의 보기는 다음 4개 그림들에 나타나 있다. 이 그림들은 하나의 셀과 그의 8개 이웃들을 보여준다.

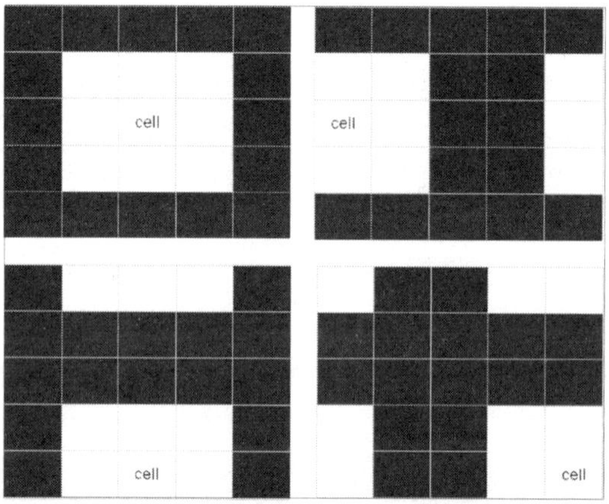

보기

왼쪽 그림은 생명게임의 제 1세대를 보인 것이다. 다음 세대에 대하여 살아있는 셀과 죽어있는 셀을 결정하는 규칙은 다음과 같다.

1. 이웃하는 셀 가운데 살아있는 셀이 두 개보다 작은 경우에는 임의의 살아있는 셀은 죽어버린다.
2. 이웃하는 셀 가운데 살아있는 셀이 두 개나 세 개이면 임의의 살아있는 셀은 다음 세대까지 살아남는다.
3. 이웃하는 셀 가운데 살아있는 셀이 세 개보다 많은 경우에는 임의의 살아있는 셀은 죽어버린다.
4. 이웃하는 셀 가운데 살아있는 셀이 세 개인 경우에는 임의의 죽어있는 셀은 살

아난다.

제 1세대는 왼쪽 그림에 나타나 있다.
제 2세대는 오른쪽 그림에 나타나 있다. 제 2세대는 오른쪽 그림에 나타나 있다. 이는 앞의 규칙들에 의해 생성된 이는 제 1세대에 존재했던 셀들의 다음과 같은 특별한 경우에 대하여 적용된 규칙에 따라 생성된 것이다. 다음은 왼쪽에 보인 그림에 대한 설명이다.
살아있는 셀 (2,1)은 3개의 살아있는 이웃들을 가지며 제 2세대에서 살아있을 것이다.
살아있는 셀 (3,1)은 5개의 살아있는 이웃들을 가지며 제 2세대에서 죽게 될 것이다.
살아있는 셀 (3,2)는 3개의 살아있는 이웃들을 가지며 제 2세대에서 살아있을 것이다.
살아있는 셀 (3,5)는 4개의 살아있는 이웃들을 가지며 제 2세대에서 죽게 될 것이다.
살아있는 셀 (4,1)은 4개의 살아있는 이웃들을 가지며 제 2세대에서 죽게 될 것이다.
살아있는 셀 (4,5)는 3개의 살아있는 이웃들을 가지며 제 2세대에서 살아있을 것이다.
죽어있는 셀 (2,2)는 3개의 살아있는 이웃들을 가지며 제 2세대에서 살아있을 것이다.
죽어있는 셀 (4,2)는 3개의 살아있는 이웃들을 가지며 제 2세대에서 살아있을 것이다.
죽어있는 셀 (2,5)는 3개의 살아있는 이웃들을 가지며 제 2세대에서 살아있을 것이다.

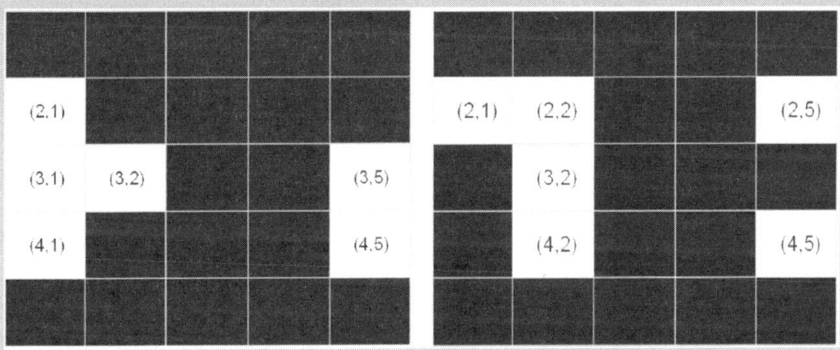

제 3세대는 다음 그림에 나타나 있다. 이는 앞의 규칙들에 의해 생성된 이는 제 2세대에 존재했던 셀들의 다음과 같은 특별한 경우에 대하여 적용된 규칙에 따라 생성된 것이다. 다음은 위의 오른쪽에 보인 그림에 대한 설명이다.
살아있는 셀 (2,1)은 3개의 살아있는 이웃들을 가지며 제 3세대에서 살아있을 것이다.
살아있는 셀 (2,2)는 2개의 살아있는 이웃들을 가지며 제 3세대에서 살아있을 것이다.
살아있는 셀 (2,5)는 1개의 살아있는 이웃들을 가지며 제 3세대에서 죽게 될 것이다.
살아있는 셀 (3,2)는 3개의 살아있는 이웃들을 가지며 제 3세대에서 살아있을 것이다.
살아있는 셀 (4,2)는 1개의 살아있는 이웃들을 가지며 제 3세대에서 죽게 될 것이다.
살아있는 셀 (4,5)는 1개의 살아있는 이웃들을 가지며 제 3세대에서 죽게 될 것이다.
죽어있는 셀 (1,1)은 3개의 살아있는 이웃들을 가지며 제 3세대에서 살아있을 것이다.
죽어있는 셀 (3,3)은 3개의 살아있는 이웃들을 가지며 제 3세대에서 살아있을 것이다.
죽어있는 셀 (4,1)은 3개의 살아있는 이웃들을 가지며 제 3세대에서 살아있을 것이다.

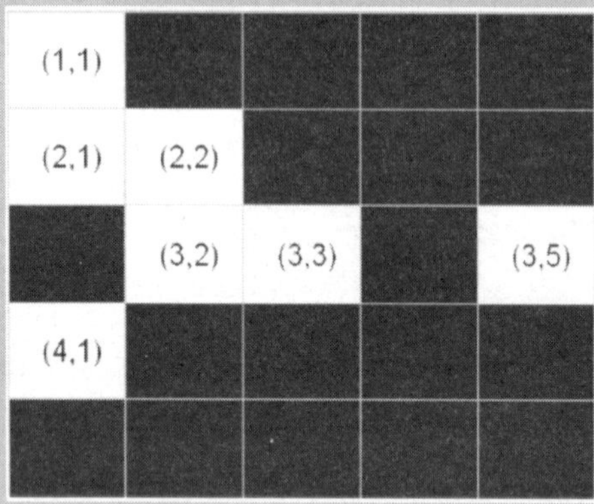

9x9 격자를 생성하는 MATLAB 프로그램을 작성하고 이를 다음과 같이 초기화시켜라.

```
rng('default')
X=randi(2,9,9)-1;
```

X 배열의 원소가 0이면 죽은 셀에 해당되며 1이면 살아있는 셀에 해당된다. 제 1세대는 아래 그림과 유사하게 나타난다.

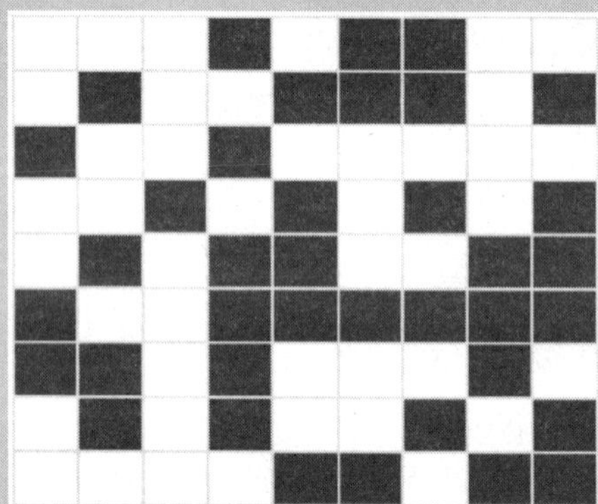

여러분의 MATLAB 코드는 이후 5세대를 생성하고 이를 격자상에 그림으로 나타내어야 한다. 격자의 가장자리에 위치한 셀들은 말려진 셀들로 처리해야 하며 따라서 이전에 설명한 바와 같이 처리되어야 한다.

디버깅, 프로파일링, 그리고 코드 들여쓰기 8

이 장의 구성

Lesson 8.1 MATLAB® 디버깅

목표

1. 구문오류와 수행오류 사이의 차이를 학습
2. MATLAB® 스크립트 파일의 디버깅 방법을 학습
3. MATLAB® 코드의 디버깅에서 분기점 툴의 사용방법을 학습
4. 스텝 툴을 이용하여 프로그램을 한 줄씩 수행하는 방법을 학습

주제

8.1.1 구문오류와 수행시간 오류
- 8.1.1.1 구문오류
- 8.1.1.2 수행시간 오류

8.1.2 MATLAB® 코드의 디버깅
- 8.1.2.1 분기점의 설정
- 8.1.2.2 프로그램을 단계별로 살펴보기

8.1.1 구문 오류와 수행시간 오류

MATLAB 표현에 나타나는 오류에는 구문오류와 수행시간 오류의 두 가지 형태가 있다. 이들을 일반적으로 MATLAB 코드에서의 버그라고 칭한다. 디버깅 과정은 이러한 버그들을 발견하고 이를 바로잡는 과정이다.

8.1.1.1 구문오류

먼저 첫 번째 오류형태, 즉 구문오류부터 시작하기로 한다. 이 오류들은 주로 변수나 파일 이름을 잘못 타이프하거나 괄호, 혹은 인용부호 등을 빠뜨리는 데에서(혹은 추가적으로 너무 많이 타이프하는 데에서) 비롯된다. 이러한 오류들의 보기를 들어보자.

```
>> x=x*(1+2*x));  % 괄호를 너무 많이 타이프
>> x=1; x=x(x+1)  % 곱하기 기호를 빠뜨림
>> y=`hello       % 인용부호를 누락
>> z=1; disp(Z);  % MATLAB은 대소문자에 민감하므로 z와Z는 서로 다르다.
```

한 라인에 하나 이상의 MATLAB 명령어들을 입력할 수 있음을 주목하자. 그러나 이 명령어들은 콤마(,)나 세미콜론(;)으로 구분해 주어야 한다. 명령 창에서 MATLAB 명령어를 입력하는 경우 MATLAB은 명령어를 실행하기 전에 먼저 구문오류를 먼저 조사한다. 구문오류가 없다면 MATLAB은 그 명령어를 실행하고 그렇지 않으면 구문오류가 존재하며 실행하기 전에 이를 수정해야 한다는 메시지를 보낸다. 아울러 MATLAB은 이 오류를 인식하고 수정하는 데에 도움이 될 만한 정보를 제공하기도 한다.

구문오류를 포함하는 MATLAB 스크립트 파일을 실행한다고 하자. MATLAB은 이 파일을 실행하지 않고 이 파일이 구문오류를 포함하고 있다는 응답을 보낸다. 즉 그 파일에서 첫 번째로 발견된 구문오류가 위치하는 라인 번호를 제공하며 아울러 이 오류를 수정하는 방법까지도 제시한다.

8.1.1.2 수행시간 오류

수행시간 오류는 프로그램의 실행 도중에 MATLAB이 찾아낸 오류로서 일반적으로 단순한 구문오류보다 수정하기가 더 어렵다. 수행시간 오류를 수정하는 능력은 경험과 함께 향상되는 것으로서 보기를 통하여 가장 효과적으로 학습될 수 있다.

벡터의 절대값을 계산하는 MATLAB 프로그램을 작성하여 보자. 이 보기에서 입력벡터는 -10에서 +10까지의 정수들로 이루어진다. 따라서 이 벡터의 절대값을 계산한 결과로서 -10에서 +10까지의 범위에 이르는 모든 양의 입력값들은 변하지 않으며(0도 변하지 않는다) 모든 음의 값들만 음의 부호가 제거되고 그 크기만 남게 된다. 이를테면 -3은 3이 될 것이다. 입력벡터가

-10 -9 -8 -7 -6 -5 -4 -3 -2 -1 0
1 2 3 4 5 6 7 8 9 10

이라면 출력벡터는 다음과 같을 것이다.

10 9 8 7 6 5 4 3 2 1 0
1 2 3 4 5 6 7 8 9 10

MATLAB 편집창을 띄어보자. 아래 코드를 편집창에 입력한 다음 이 스크립트를 *absolute.m*이라는 이름으로 저장하자. MATLAB 스크립트 파일을 `clear; clc;`와 같은 명령어로 시작할 것을 권하고 싶다. 이들 두 명령어들은 MATLAB 메모리에 남아있는 불필요한 변수들을 제거해 버리고 명령창도 깨끗하게 비워준다. `close all` 명령어는 MATLAB의 모든 그림들을 닫아준다.

```
clear; clc; close all
x = -10:10;
for k = 0:length(x)
if (x(k) > 0)
      x(k) = -x(k);
   end
end
disp(x)
```

이 프로그램을 수행하여 보자. MATLAB은 코드에 오류가 있음을 알려준다. MATLAB은 다음과 같이 오류 메시지를 보낸다.

```
x(0) 액세스를 시도했습니다. 인덱스는 양의 정수이거나 논리형이어야 합니다.
오류 발생: ex8 (line 4)
   if (x(k) > 0)
```

MATLAB은 벡터의 인덱스 붙이기를 1부터 시작한다. 이는 인덱스가 0부터 시작되는 C와 같은 다른 언어와 다른 점이다. 따라서 이러한 수행시간 오류를 알게 되었는데 이 오류는 다음에 보인 바와 같이 세 번째 줄(k = 로 시작)의 인덱스를 0에서 1로 바꿈으로써 수정될 수 있다.

```
clear; clc;
x = -10:10;
for k = 1:length(x)
   if (x(k) > 0)
```

```
        x(k) = -x(k);
    end
end
disp(x)
```

버그를 수정한 다음 프로그램을 다시 수행하여 보자. MATLAB은 다음 그림에 보인 바와 같은 결과를 제시하는데 이는 기대했던 바가 아니다. 생성된 숫자들은 양수여야 하는데 그렇지 않다. 따라서 이 버그를 수정할 필요가 있으며 우리는 MATLAB의 디버깅 기능을 이용하여 버그의 위치와 정확한 성질을 추적할 것이다.

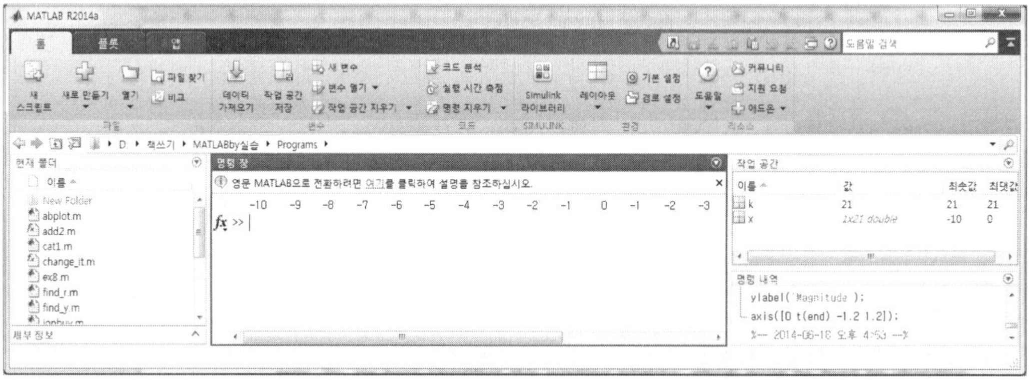

8.1.2 MATLAB® 코드의 디버깅

8.1.2.1 분기점의 설정

MATLAB은 사용자가 M-파일 프로그램의 수행을 제어할 수 있도록 하여주는 속성을 지니고 있다. 이 속성은 버그를 추적하고 이를 수정하는 데에 도움을 준다. 예를 들면 프로그램에 분기점을 도입하고 이 분기점에서 코드의 실행을 일시적으로 중단시킬 수 있다. 다음에 이 점에서 MATLAB의 값들을 조사한 후 버그의 원인을 알아낼 수 있다.

프로그램을 디버깅하려면 편집기 창으로 이동한다. 마우스 커서를 라인번호가 있는 열과 코드 자체 사이의 대쉬("-")들이 있는 공간에 위치시킨 후 마우스 왼쪽 버튼을 클릭하여 아래 그림의 화살표가 가리키는 위치에 분기점을 설정한다. 그림에 보인 바와 같이 붉은색 작은 원이 나타날 것이다. 이를 클릭하여 상태(활성, 비활성)를 바꿀 수 있다. 분기점 상태를 활성상태로 유지하자(즉 붉은 색 원이 나타나 있는 상태).

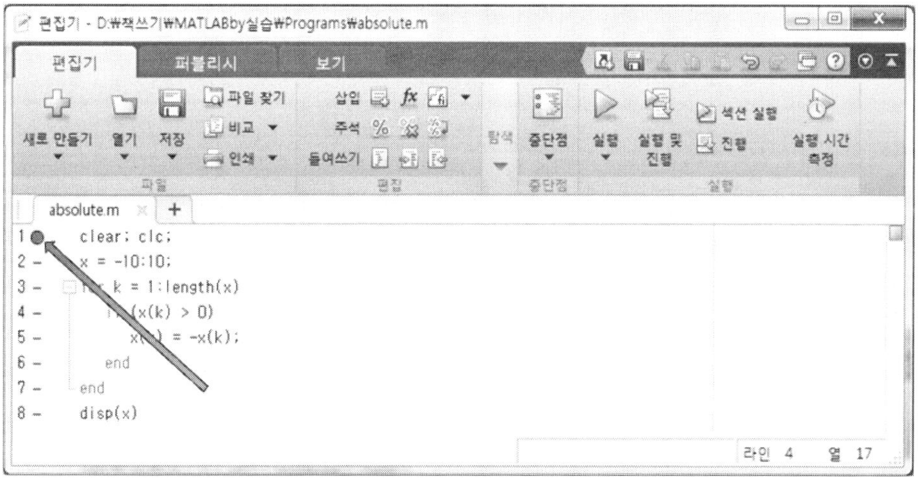

편집기 창의 메뉴 바에서 녹색 화살표(실행)를 클릭하여 absolute.m을 수행하자.

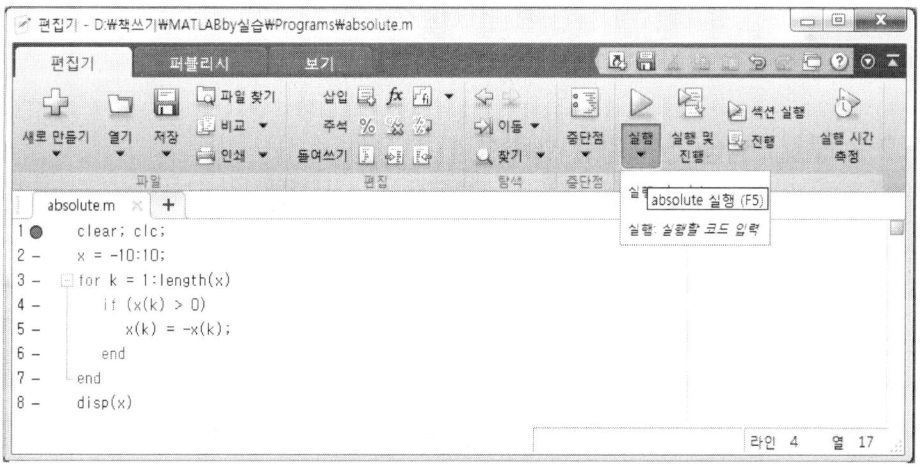

이렇게 하면 MATLAB 명령어 프롬프트는 다음 그림에 보인 바와 같이 k>>로 변함을 주목하자. 이는 MATLAB이 디버깅 모드로 수행하고 있음을 알려주는 것이다.

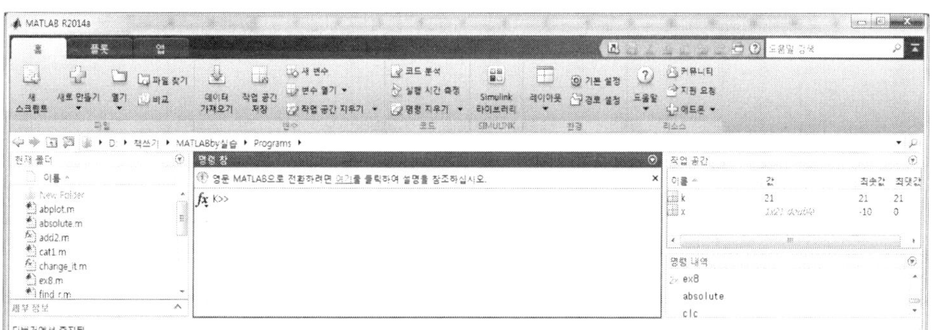

MATLAB은 프로그램의 시행을 시작하고 라인 1에서 멈춘다.

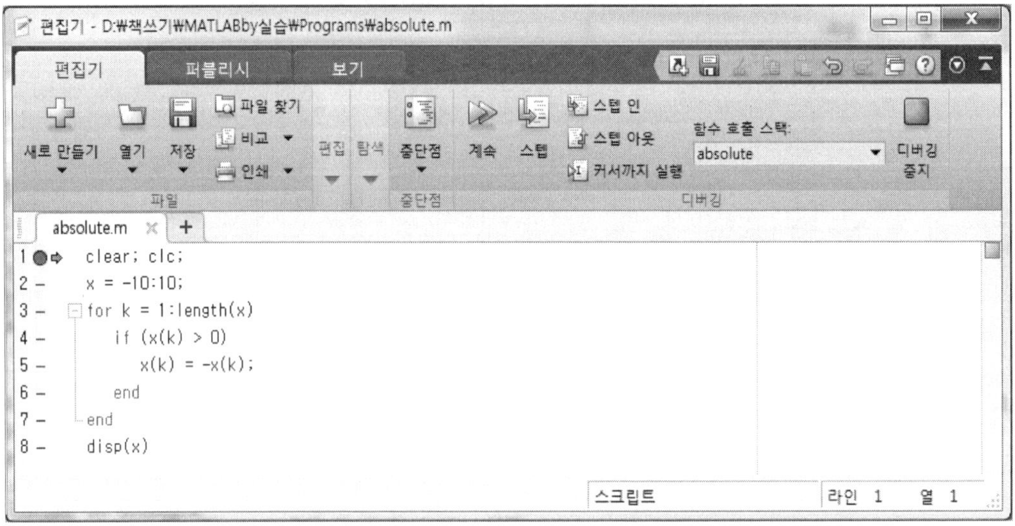

8.1.2.2 프로그램을 단계별로 살펴보기

MATLAB이 라인 1의 명령어를 수행하도록 유도하려면 메뉴 바의 스텝 아이콘을 클릭한다.

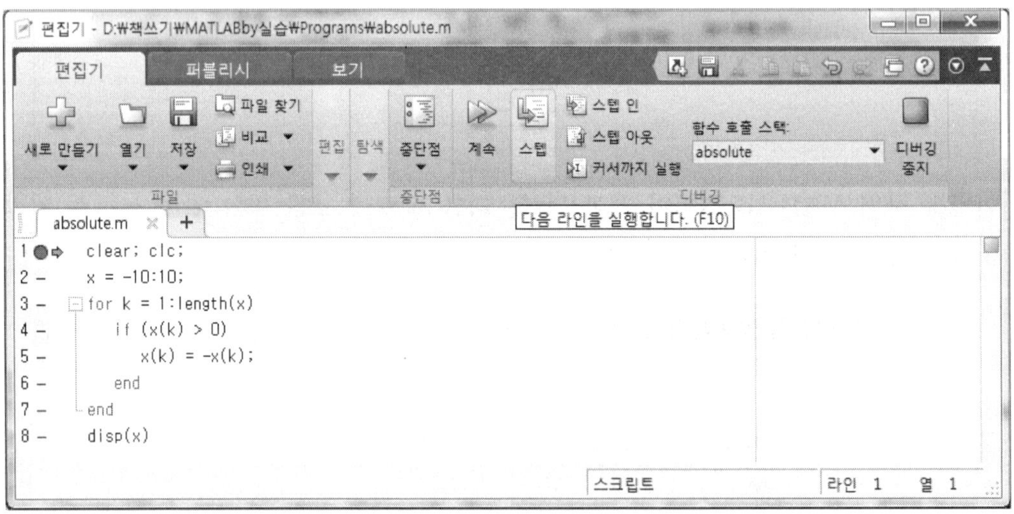

MATLAB은 첫 번째 라인을 수행한 다음 라인 2로 진행한다.

프로그램을 단계별로 살펴보는 또 다른 방법은 키보드에서 F10 키를 누르는 것이다. F10 키를 눌러 MATLAB이 라인 2를 수행하도록 하여 보자.

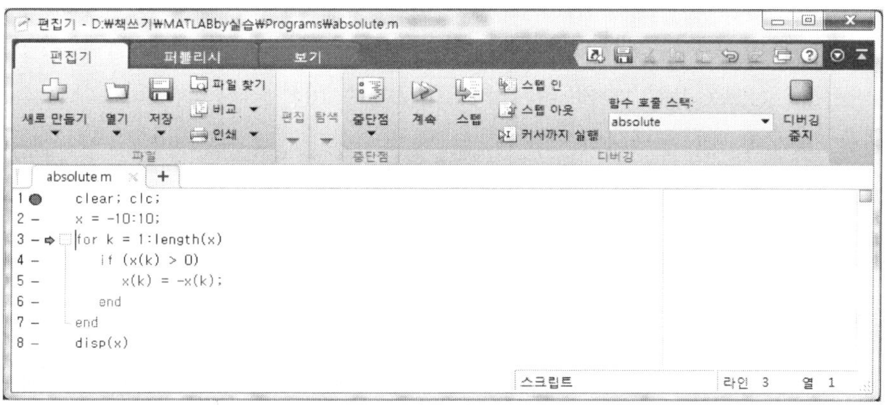

마우스를 이동하여 커서를 변수 x바로 위에 위치시켜 보자. 그러면 노란 상자가 나타나고 x의 값을 보여준다.

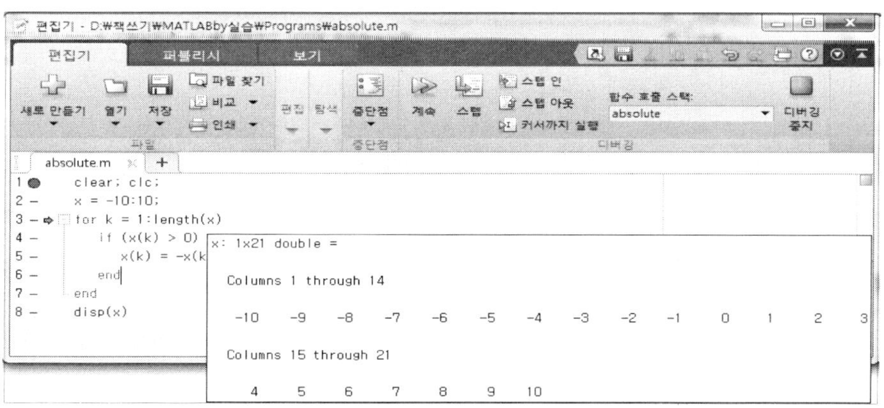

이와 달리 작업공간 창에서 x를 더블 클릭하여 이 벡터변수의 값을 얻을 수 있다.

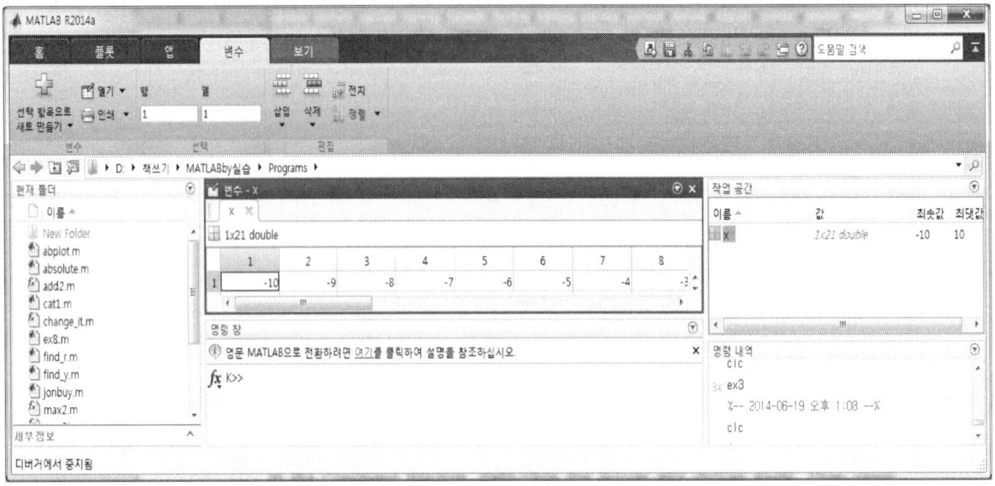

F10을 눌러 라인 3을 수행하자. 마우스를 이용하여 표현 (x(k) > 0)을 강조하자. 마우스 커서를 강조된 부분 위에 위치시키고 오른쪽 버튼을 클릭한 다음 나타나는 팝업 메뉴에서 "복사(C)"를 선택한다.

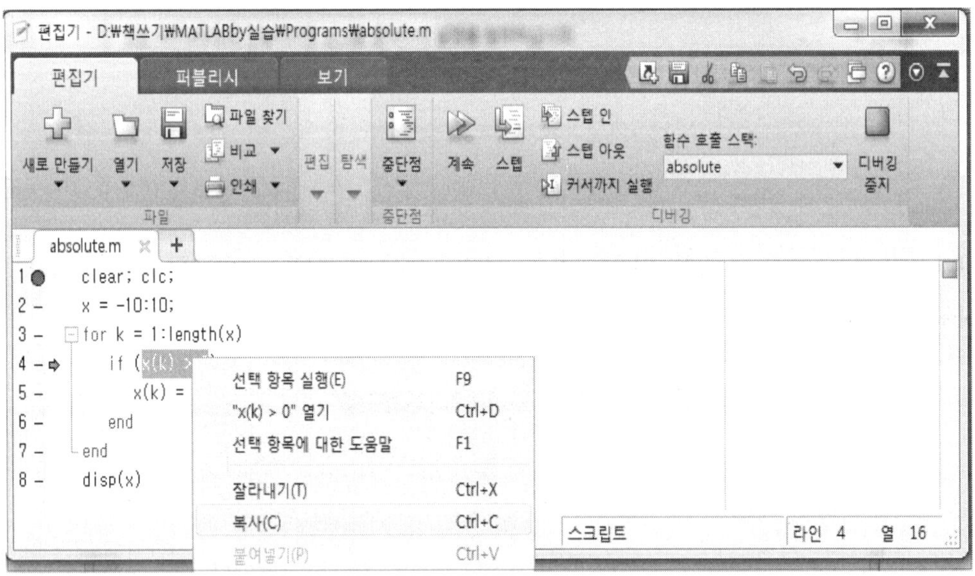

명령 창에서 마우스 오른쪽 버튼을 클릭하고 "붙여넣기(P)"를 선택한 다음 키보드에서 Enter 키를 누른다. MATLAB은 그 표현을 수행하고 그 값이 0임을 알려준다. 이런 방법으로 임의의 표현이나 변수의 값을 알아볼 수 있다.

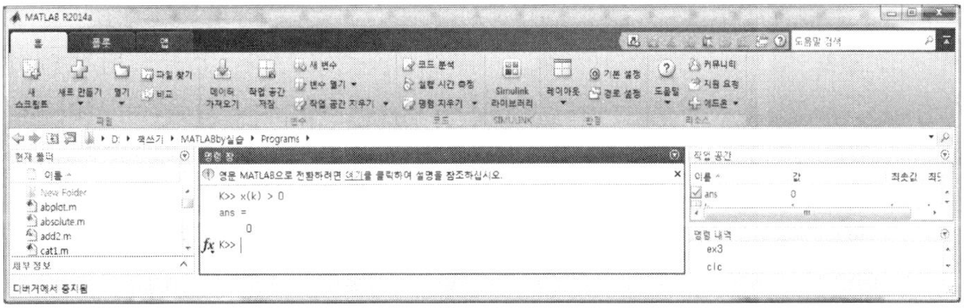

변수 x의 첫 번째 원소의 값은 -10이다. F10을 누르자. 코드는 라인 7로 진행한다. 첫 번째 원소의 부호를 바꾸려면 if문을 입력하고 라인 5로 가야 했으나 그렇지 못했으며 대신 라인 7로 이동하였다. 이로부터 if문에 대한 조건부분에 프로그래밍 오류가 존재함을 알게 되었다. "~보다 큰"을 나타내는 기호 ">"는 "~보다 작은"을 나타내는 기호 "<"로 변경되어야 한다.

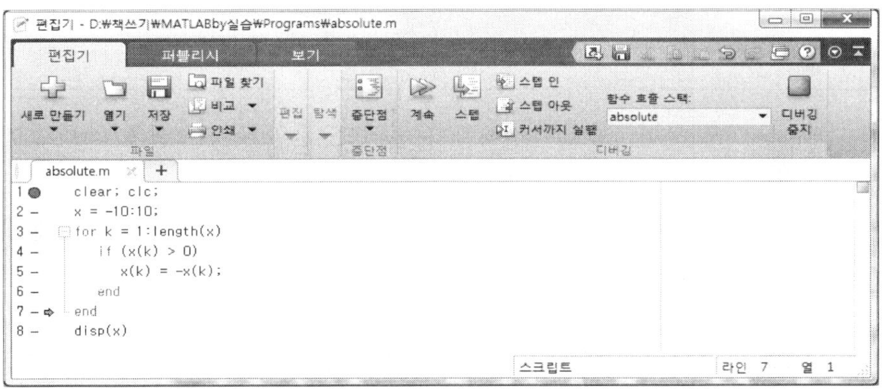

">"를 "<"로 변경시켜 이 버그를 수정하자. 다음에 메뉴 바 상단 오른쪽의 "디버깅 중지" 메뉴를 선택한다. 이로써 MATLAB의 디버거가 종료된다.

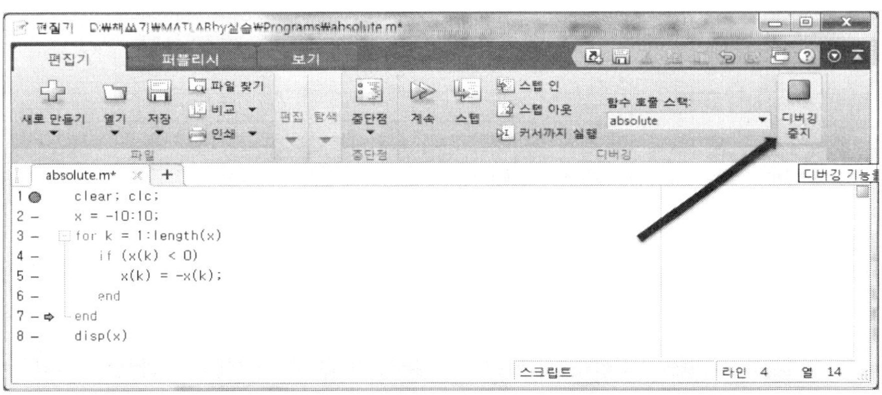

이제 버그는 수정되었다. 분기점을 제거하자. 이는 마우스를 이용하여 수행할 수 있다. 코드와 라인번호 1 사이의 공간(아래 그림에서 화살표가 가리키는 위치)에서 마우스 왼쪽 버튼을 클릭하여 분기점을 비활성화시킨다. 이로써 붉은 색 원이 사라진다.

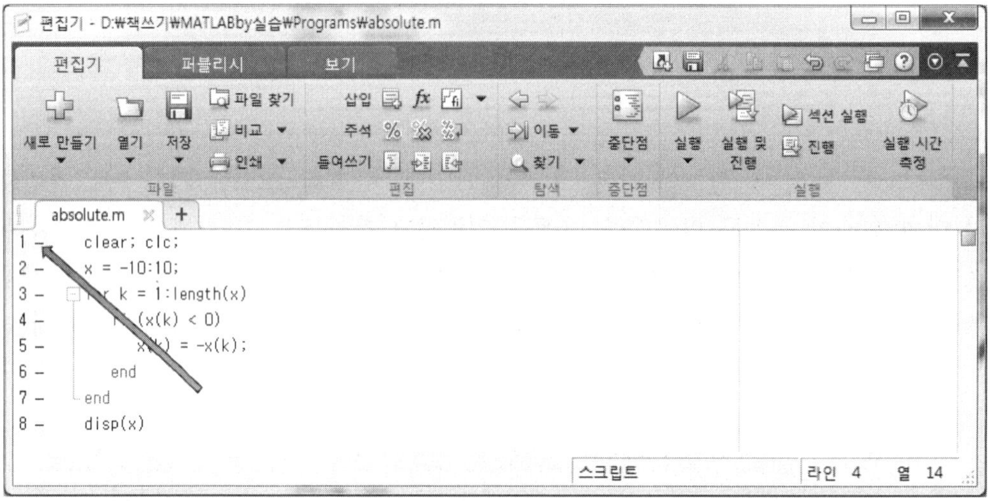

"실행" 메뉴를 클릭하여 코드를 실행하자. MATLAB은 프로그램을 실행하고 올바른 결과를 제시한다.

Lesson 8.2 MATLAB® 함수의 디버깅

목표

1. 스크립트 파일과 함수들을 디버깅하는 방법을 학습
2. 함수의 디버깅에 스텝인 툴을 사용하는 방법을 학습
3. 함수의 실행에 스텝아웃 툴을 사용하는 방법을 학습

주제

8.2.1 MATLAB® 함수의 디버깅
- 8.2.1.1 함수를 호출하는 스크립트 파일의 생성
- 8.2.1.2 함수의 생성
- 8.2.1.3 함수의 디버깅
  - 8.2.1.3.1 스텝 인 툴
  - 8.2.1.3.2 스텝 아웃 툴

8.2.1 MATLAB® 함수의 디버깅

lesson 8.1에서 스크립트 M-파일의 디버깅에 대한 기초 사항들을 학습하였다. 이 lesson에서는 M-파일 함수에서의 버그를 추적하는 데에 수반되는 단계들을 살펴볼 것이다. 함수의 디버깅 과정은 보기에 의해 가장 잘 예시된다. 여기에서 우리는 어떤 수의 팩토리얼을 계산하는 함수를 작성하고 이름을 `factorialN`이라고 붙일 것이다. 숫자 n의 팩토리얼은

$$n! = n\times(n-1)\times(n-2)\times(n-3)\times\cdots\cdots\times(3)\times(2)\times(1)$$

와 같이 정의된다.

숫자 1의 팩토리얼은 정의에 의해 1이다.

2의 팩토리얼은 2x1=2이다.

3의 팩토리얼은 3x2x1=6이다.

8.2.1.1 함수를 호출하는 스크립트 파일의 생성

함수를 디버깅하려면 먼저 스크립트 M-파일로부터 이를 호출하여야 한다. 따라서 이 보기에서는 두 개의 M-파일들을 작성할 필요가 있다. 첫 번째 파일은 스크립트 M-파일로서 함수를 호출하는 것이 목적이며 두 번째 파일은 팩토리얼 함수 자체를 포함하는 M-파일이다. MATLAB에서 함수를 호출할 스크립트 파일을 위한 새로운 M-파일을

생성하자. M-파일을 생성하려면 메뉴 바의 "새 스크립트" 메뉴를 클릭하거나 혹은 "새로 만들기" 메뉴에서 "스크립트"를 선택한다. 편집기 창에서 다음 코드를 타이프한다. lesson 1.2에서 학습한 바 대로 이 파일에 대한 적절한 이름을 정하고 파일을 저장한다. 예를 들면 파일 이름을 *callfun.m*이라고 정할 수 있다.

```
% 이 스크립트 파일은 factorialN 함수를 호출한다.
clear; clc;
n = 3;
factorial_of_n = factorialN(n)
```

8.2.1.2 함수의 생성

이제 factorialN함수를 위한 새로운 M-파일을 생성한다("새로 만들기" 메뉴에서 "함수"를 선택). 다음 코드를 M-파일에 타이프하고 *factorialN.m*이라는 이름으로 저장한다.

```
% 이 함수는 숫자 n의 팩토리얼을 계산한다.
function fact_of_n = factorialN(n)
fact_of_n = 0;
for i = 2:n
   fact_of_n = fact_of_n * i;
end
end
```

스크립트 파일 *callfun.m*과 함수 파일 *factorialN.m*을 모두 동일한 폴더에 저장한다.

8.2.1.3 함수의 디버깅

스크립트 M-파일 *callfun.m*을 실행한다. 이 스크립트 M-파일의 실행 결과는 3의 팩토리얼인 6($3! = 3 \times 2 \times 1$)이어야 한다. 실제로 얻어진 결과는 다음에 보인 바와 같으며 이는 기대했던 바가 아님을 알 수 있다.

```
fact_of_n =
          0
```

그렇다면 우리는 어떤 실수를 한 것일까? 단계별로 프로그램을 디버깅하여 보자. 파일 *callfun.m*으로 가서 다음 그림에 보인 바와 같이 이전 lesson에서 소개한 방법에 따라 라인 3에 분기점을 설정한다.

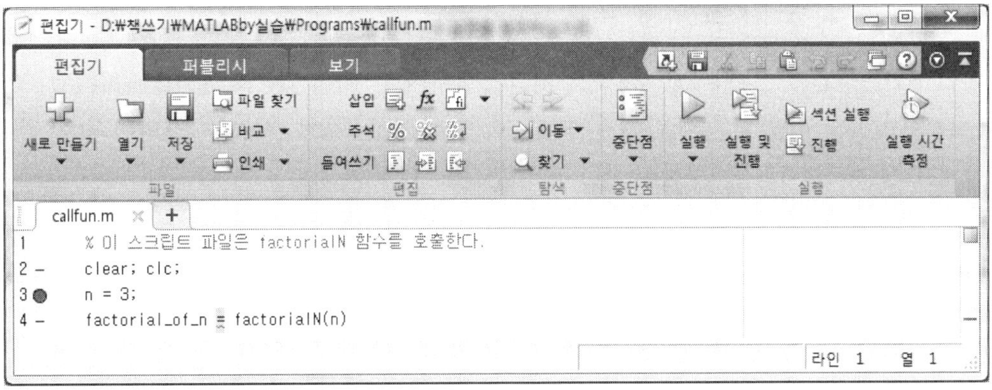

디버깅 과정을 시작하려면 키보드 상에서 실행을 의미하는 단축 키인 F5 키를 누르거나 메뉴 바에서 "실행"을 의미하는 녹색 삼각형 아이콘을 클릭한다.

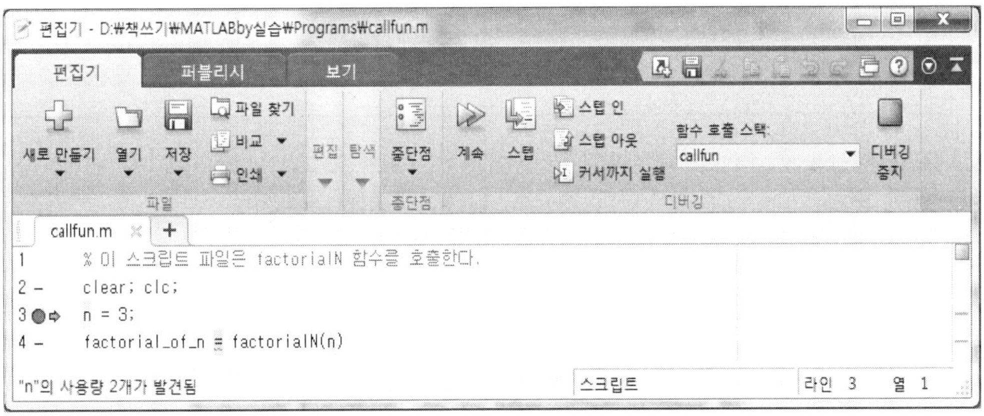

라인 4로 진행하려면 메뉴 바의 "스텝"을 선택하거나 F10 키를 누르는데 이는 스텝에 대한 단축 키이다.

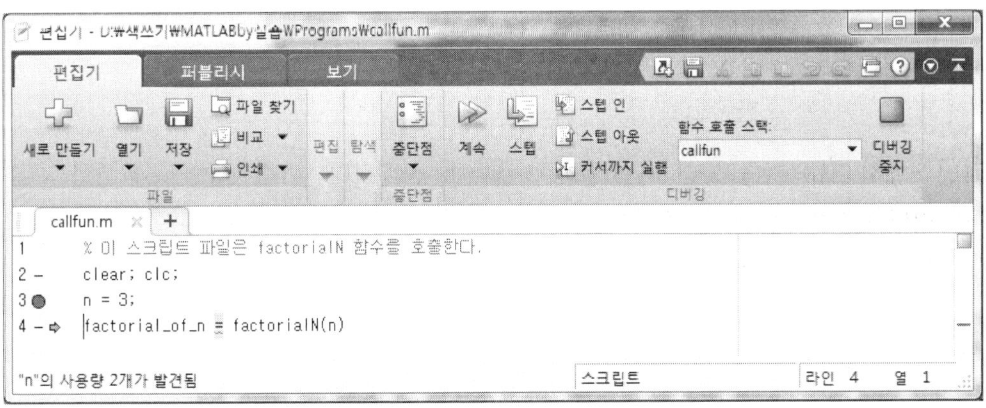

8.2.1.3.1 스텝 인 툴

MATLAB은 함수 내에 존재하는 버그를 추적할 수 있는 기능을 지니고 있다. `factorialN` 함수로 들어가려면 메뉴 바에서 "스텝 인" 메뉴를 선택하거나 키보드 상에서 단축키인 F11을 누른다.

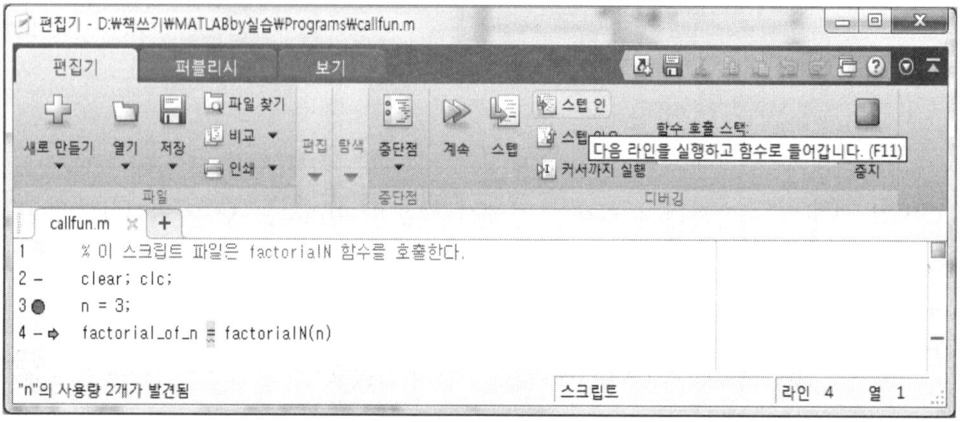

MATLAB은 `factorialN.m` 파일로 들어가서 `factorialN` 함수의 첫 번째 라인을 실행하기 전에 멈추는데 이는 다음 그림에서 라인 3에 해당된다.

라인 3에서 F10 키를 눌러 라인 3의 명령어를 실행한다. 변수 `fact_of_n`의 값을 알아보려면 먼저 마우스로 그 변수를 강조한 다음 마우스 오른쪽 버튼을 눌러 그림에 보인 바와 같이 "선택항목 실행"을 선택한다.

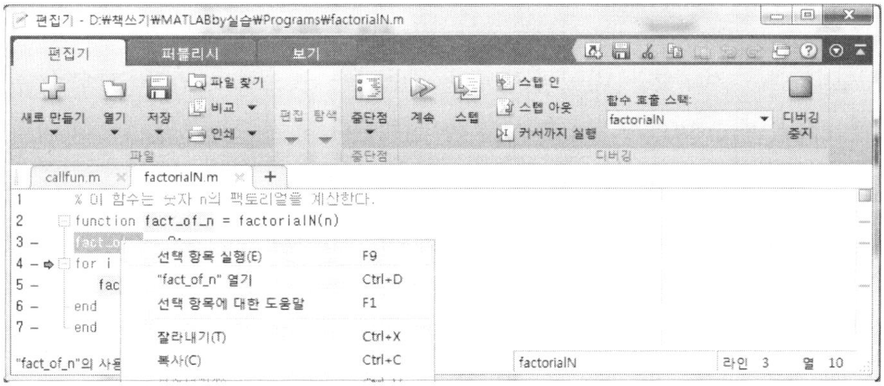

MATLAB은 다음 그림에 보인 바와 같이 명령 창에 `fact_of_n`변수의 값을 보여준다.

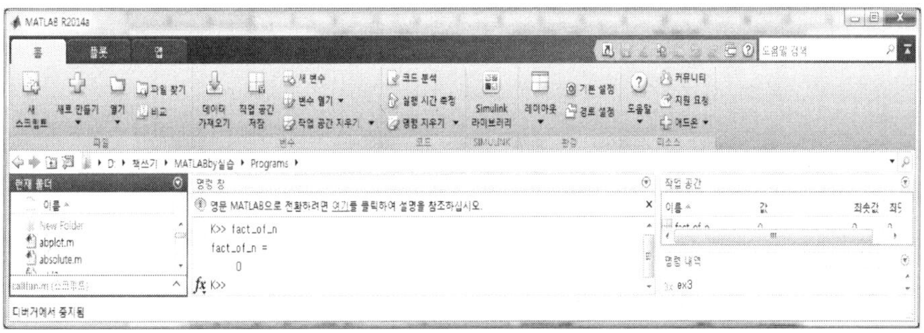

F10 키를 눌러 스텝 인을 한 다음 `for`루프로 들어간다. 루프 안의 첫 번째 명령어를 실행하려면 다시 F10 키를 누른다. `fact_of_n`변수값을 확인하여 보자. 여전히 0임을 알게 될 것이다. 그러나 이 변수값은 2이어야 한다. 이는 라인 3에서 `fact_of_n` 변수값이 처음에 0으로 설정되었기 때문이다. `fact_of_n`변수값은 1로 설정되어야 프로그램에 제대로 작동할 수 있다. 어떤 수에 0을 곱하면 그 결과는 언제나 0이 되기 때문이다.

이제 MATLAB의 디버깅 모드를 빠져 나온다. 이는 편집기 창 메뉴 바의 오른쪽에 있는 "디버깅 중지" 메뉴를 선택하면 가능하다. `factorialN`함수의 라인 3으로 가서 fact_of_n 변수값을 0에서 1로 바꾸어 준 다음 이 함수를 저장한다. 다시 *callfun.m* 파일로 가서 메뉴 바의 "실행"을 선택하거나 F5 키를 눌러 이 파일을 실행한다. F10 키를 눌러 라인 3의 명령어를 실행한다. F11 키를 눌러 `factorialN`함수 안으로 스텝 인을 한 다음 MATLAB이 `factorialN`함수 안의 라인 5를 실행할 때까지 F10 키를 누른다. `fact_of_n`변수의 값을 확인하여 보자. 이제 변수값은 기대했던 바와 같이 2임을 알게 될 것이다. 이 라인의 코드는 2×1의 값에 해당된다.

8.2.1.3.2 스텝 아웃 툴

이제 프로그램은 기대했던 대로 올바르게 작동하는 것으로 보인다. 함수를 한 단계만에 실행하려면 메뉴 바에서 "스텝 아웃"을 선택한다.

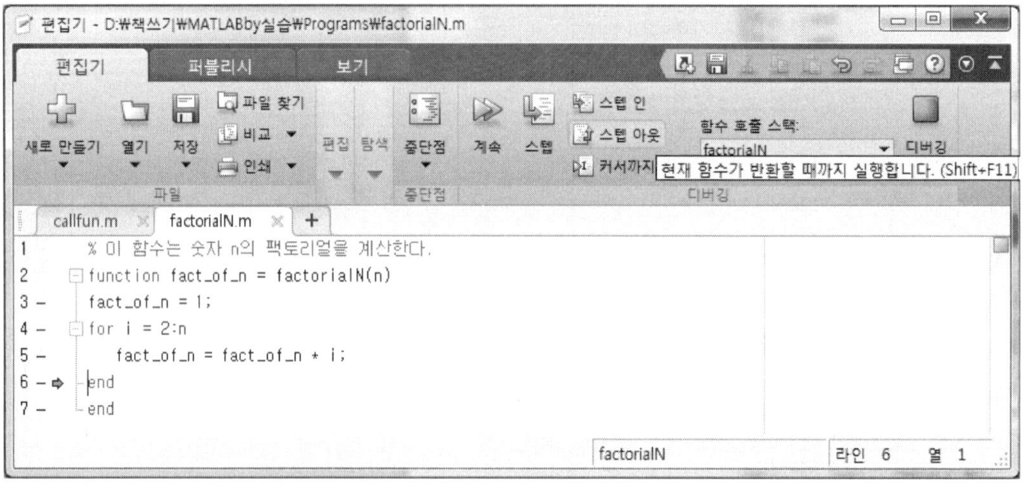

이에 따라 factorialN함수의 나머지 명령어들이 실행되고 컨트롤은 *callfun.m* 파일로 반환된다. 이 스크립트 파일은 이제 기대했던 결과를 제시하여 준다.

```
factoriai_of_n=0
```

Lesson 8.3 MATLAB® 디버깅 툴

목표

1. 조건 분기점 디버깅 툴의 사용방법을 학습
2. Go Until 커서 디버깅 툴의 사용방법을 학습
3. Continue 디버깅 툴의 사용방법을 학습

주제

8.3.1 서론
8.3.2 조건 분기점 디버깅 툴
8.3.3 Go Until 커서 디버깅 툴
8.3.4 Continue 디버깅 툴

8.3.1 서론

lesson 8.1과 8.2의 MATLAB 디버깅에서는 스크립트 및 함수 M-파일의 디버깅에 대한 기초사항들을 학습하였다. 앞의 두 lesson에서는 스텝, 스텝 인, 그리고 스텝 아웃 디버깅 기법들을 이용하여 MATLAB 코드의 수행시간 오류를 찾았다. 이 lesson에서는 프로그램의 디버깅을 위한 몇 가지의 다른 고급 기법들을 다루게 되는데 보기를 제시하는 것으로 시작하는 것이 아마 가장 좋을 것이다.

다음과 같은 합을 구하는 프로그램을 작성한다고 하자.

$$S(n) = \sum_{n=-100}^{100} \frac{n+1}{n} \quad (n \neq 0)$$

위에서 n은 0이 아닌 정수이다. 프로그램 코드는 아래에 주어져 있다. 이 스크립트를 PartIII.m이라는 이름으로 저장하자.

```
% 이 프로그램은 n이 -100부터 100까지 변할 때 (n+1)/n의 합을 계산한다.
% n은 0이 아닌 정수이다.
clear; clc
summation = 0;
N = 100;
for n = -N:N
  if (n ~= 0)
    summation = summation + (n+1)/n;
  end
end
disp('The Summation is')
disp(summation)
```

n=0인 경우가 합에 포함되지 않도록 하고 if 문이 적절하게 작용하는지를 조사하고자 한다.

8.3.2 조건 분기점 디버깅 툴

MATLAB 디버깅 툴의 조건설정 메뉴를 이용하여 n=0일 경우의 프로그램의 수행 여부를 조사할 수 있다. 마우스를 라인 7로 이동시키고 n을 강조하자. 아래 그림에 보인 바와 같이 메뉴 바의 중단점 메뉴에서 "조건설정"메뉴를 선택한다.

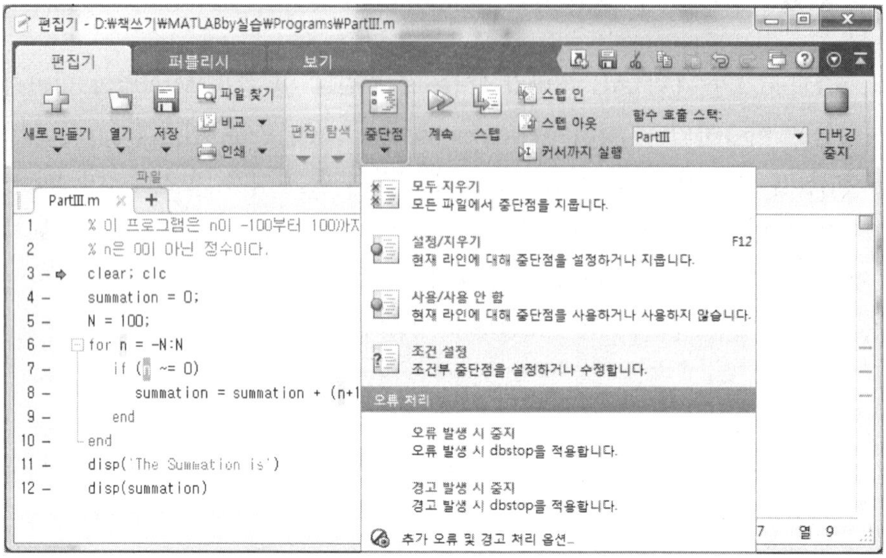

그러면 다음에 보인 편집기 창이 뜬다. 조건 n=0을 설정하려면 텍스트 상자에서 n==0이라고 타이프한다.

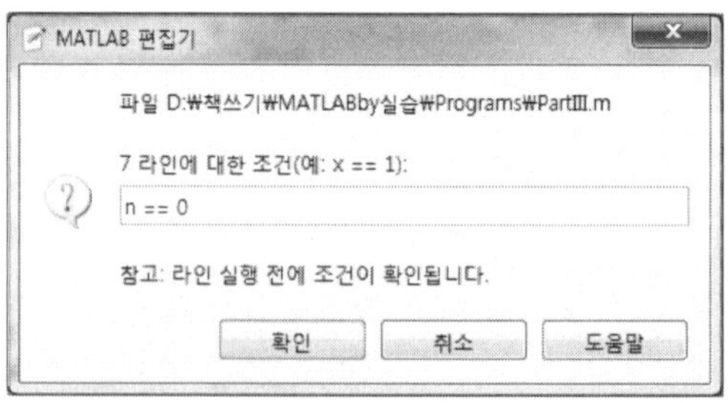

키보드에서 F5 키를 눌러 코드를 수행한다. MATLAB은 스크립트 M-파일의 실행을 시작하고 n이 0과 같게 되는 라인 7에서 멈춘다. n의 값을 조사하자. 기대했던 바와 같이 n=0인가?

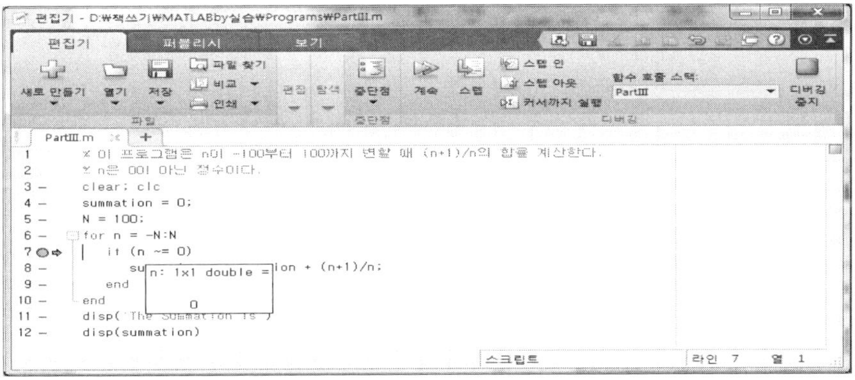

여기에서 조건 분기점의 색상은 노란색임을 주목하자. F10 키를 누르면 MATLAB은 라인 7로부터 라인 10으로 점프한다. 라인 8과 라인 9는 실행되지 않는다. 이는 `if`문이 존재하기 때문이며 따라서 코드는 n이 0과 같지 않은(~=) 경우에만 실행된다. 따라서 n=0이면 합계를 나타내는 변수의 값은 변하지 않는다. 그러므로 n=0인 경우 프로그램은 적절하게 수행됨을 알 수 있다.

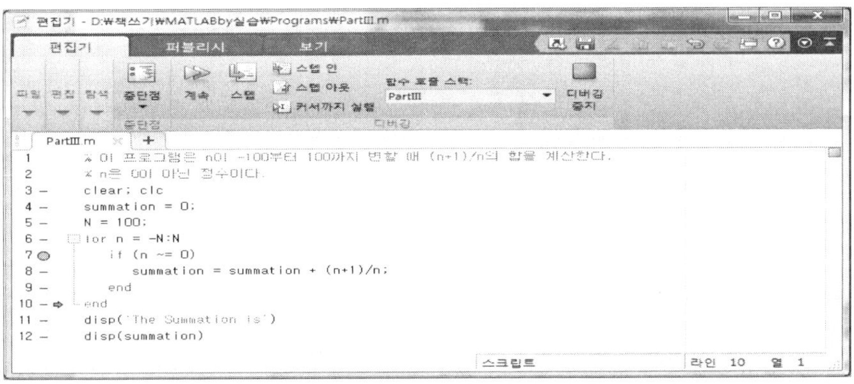

8.3.3 Go Until 커서 디버깅 툴

`for`루프 전체를 실행한다고 하자. 이를 위해서는 라인 11의 코드 상에 커서를 위치시키고 메뉴 바에서 "커서까지 실행" 옵션을 선택한다. n의 값을 살펴보자. 이 값은 100이어야 한다.

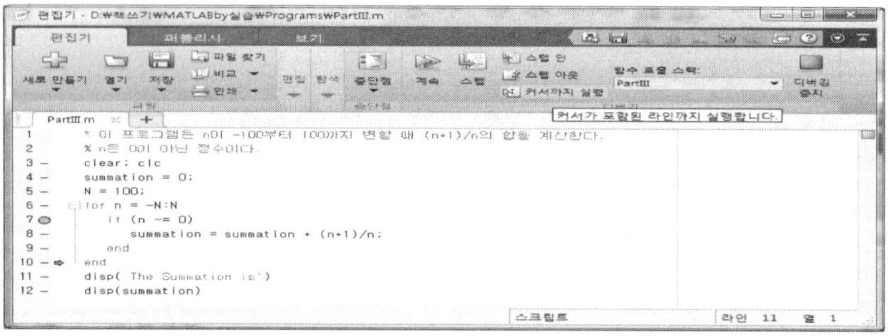

8.3.4 Continue 디버깅 툴

프로그램이 종료될 때까지 end에 이르도록 프로그램을 실행하고자 한다. 이를 위해서는 메뉴 바에서 "계속" 메뉴를 선택하거나 단축키인 F5를 누른다.

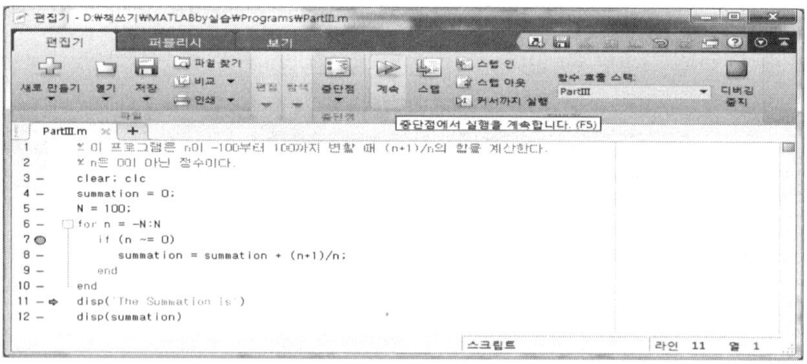

프로그램은 완전하게 실행되고 다음과 같이 결과를 보여준다.

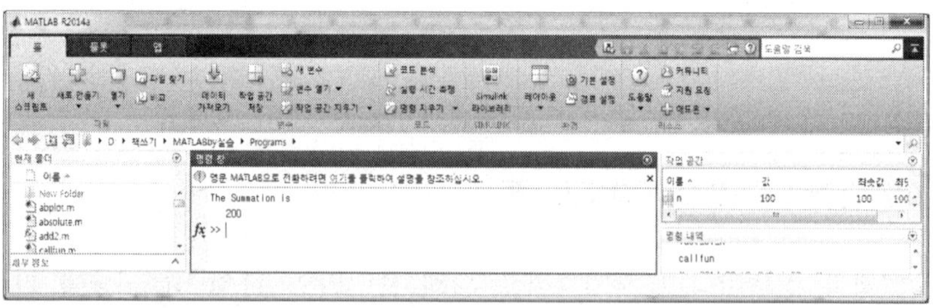

연습문제 1²

다음 합에서 이용될 수 있으며 합 s가 100 미만인 가장 큰 n 값을 찾아보라.

$$s = 1^2 + 2^2 + 3^2 + \cdots + n^2$$

s와 n을 계산하기 위하여 다음과 같이 MATLAB 프로그램을 작성하였다.

```
clear; clc
s = 1;
n = 0;
while (s < 100)
   n = n+1;
   s = s + n^2;
end
s
n
```

마지막 두 라인들에서는 세미콜론(;)이 생략되었으므로 s와 n의 값들이 스크린에 나타날 것이다. 이 코드를 수행하면 다음 결과가 얻어진다.

```
s = 141
n = 7
```

그러나 올바른 값들은 다음과 같다.

```
s = 91
n = 6
```

위에 주어진 MATLAB 코드는 제대로 기능을 수행하지 못했다. MATLAB의 디버깅 툴을 이용하여 이 프로그램을 수정하여 보라.

Lesson 8.4 MATLAB® 프로파일러 툴

목표

1. MATLAB® 프로파일러 툴을 이용하여 스크립트 파일과 함수들에서의 코드의 수행시간을 측정하는 방법을 학습
2. 컴퓨터를 벤치마킹하는 방법을 학습

주제

8.4.1 MATLAB® 프로파일러
  8.4.1.1 MATLAB® 프로파일러 띄우기
8.4.2 MATLAB® 코드 시간측정
8.4.3 컴퓨터의 벤치마킹

8.4.1 MATLAB® 프로파일러

MATLAB 프로그래머로서 우리의 목표는 언제나 단순히 당면한 문제를 올바르게 해결하여 주는 MATLAB 프로그램을 작성하는 것만은 아니다. 때로는 코드가 메모리 사용 및 계산능력에 있어서 컴퓨터가 갖는 가용 자원을 가능한 한 가장 적게 사용하도록 하는 것도 매우 중요하다. 이 lesson에서 우리는 MATLAB 프로그램을 실행하는 데에 소요되는 계산 횟수를 줄일 수 있는지의 여부를 탐색하는 데에 관심이 있다. 달리 말하면 실행시간을 줄이기 위해 MATLAB 프로그램을 최적화 시키고자 한다. 여기에서는 MATLAB 코드를 최적화시키는 데에 사용될 수 있는 다양한 기법들을 논의하지는 않을 것이다. 다만 우리는 MATLAB 툴을 이용하여 코드의 어느 특정 부분이 전체 수행시간의 상당부분을 차지하는지를 결정함으로써 그 코드부분의 최적화 가능성을 알아보고자 한다.

MATLAB 프로그램은 다수의 상이한 MATLAB 함수들을 호출할 수 있는 스크립트 M-파일로 구성된다. 스크립트 및 그 스크립트가 호출하는 모든 함수들을 실행하는 데에 소요되는 시간을 알아보기로 한다. 이 정보를 이용하여 코드를 최적화시키고 이 코드가 더 신속하게 수행되도록 할 수 있다. MATLAB은 이 정보를 우리에게 제공하여 주는 프로파일러라고 불리는 툴을 지니고 있다.

이 lesson에서는 보기 프로그램을 이용하여 MATLAB 프로파일러 툴의 사용을 소개할 것이다. MATLAB에서 새로운 스크립트 파일을 생성하여 보자. 다음 코드를 이 파일에 타이프하고 *main.m*이라는 이름으로 저장한다.

```
% Code for Lesson 4: 프로파일링
clear; clc;
t = 0:0.01:100000;
x = log10(t);
y2 = power2(x);
y3 = power3(x);
```

새로운 M-파일을 생성하자. 다음 코드를 이 파일에 타이프하고 *power2.m*이라는 이름으로 저장한다.

```
% 이 함수는 입력값의 제곱을 계산한다.
function result = power2(y)
result = (y.^2);
end
```

새로운 M-파일을 생성하자. 다음 코드를 이 파일에 다이프하고 *power3.m*이라는 이름으로 저장한다.

```
% 이 함수는 입력값의 세제곱을 계산한다.
function result = power3(y)
result = (y.^3);
end
```

8.4.1.1 MATLAB® 프로파일러 띄우기

MATLAB 프로파일러를 띄우려면 명령 창에서 profile viewer를 입력한다.

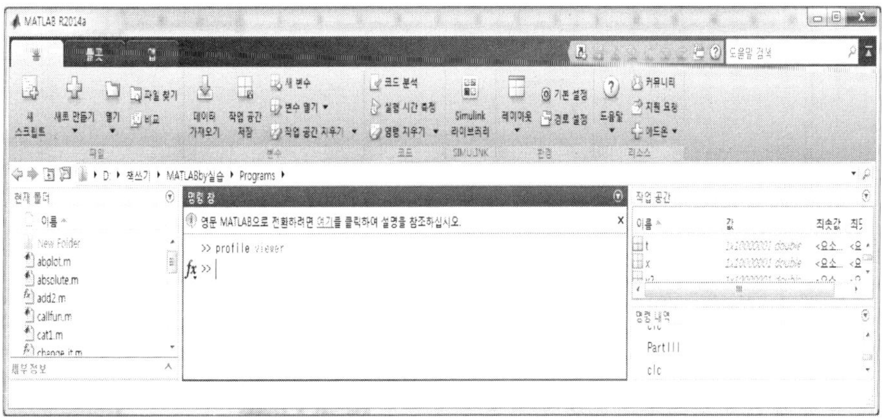

이로부터 프로파일러 창이 새로 열린다. 다음 그림에 보인 것처럼 프로파일링을 시작한다.

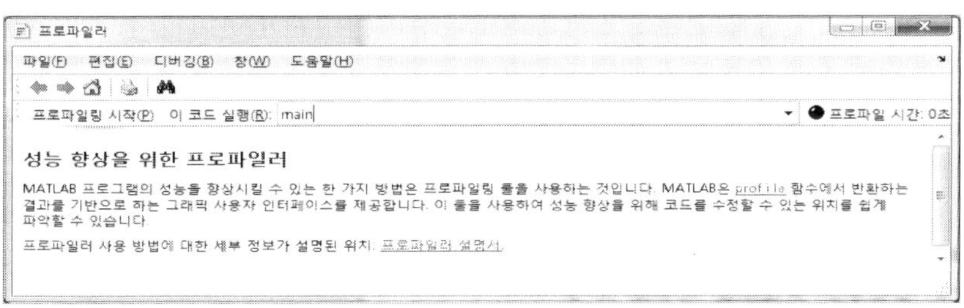

MATL은 main프로그램의 실행을 시작하고 이 프로그램의 수행 및 함수의 호출 등에 소요되는 시간에 대한 정보를 수집한다. MATLAB은 프로파일러 툴에 의해 수집된 이 정보를 그래프로 보여준다. 이 프로파일 요약 그래프로부터 다음 정보를 얻을 수 있다.

전체 main프로그램의 실행에 소요된 시간은 0.542 초이다.

함수를 제외한 main프로그램의 실행에 소요된 시간은 0.208 초이다.
함수 자체의 호출에 소요된 시간은 0.334 초(0.542-0.208=0.334)이다.
함수 power3의 호출에 소요된 시간은 0.319 초이다.
함수 power2의 호출에 소요된 시간은 0.015 초이다.
이 수치들은 코드가 수행되는 컴퓨터 하드웨어에 따라 다르며 컴퓨터 종류에 따라서도 물론 달라질 것이다.

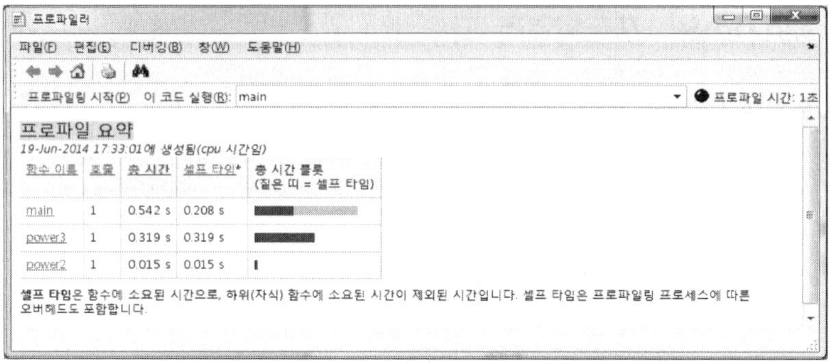

프로파일러에 의해 수집된 이 정보로부터 main프로그램에 의해 소요되는 전체 계산 능력 가운데 가장 큰 부분이 실제로는 특정함수 power3에 의해 소모됨을 알 수 있다. 이런 방식으로 우리는 이 함수와 같이 특별히 계산이 집중되는 코드 부분들을 알아낼 수 있다. 그러므로 함수 power3를 최적화시킬 수 있다면 소요되는 전체 수행시간을 상당히 줄일 수 있다. 다음은 power3함수의 코드를 최적화시키고자 하는 코드이다. 이 부분을 power3.m파일에 타이프하여 넣고 이 파일을 저장하자.

```
% 이 함수는 입력값의 세제곱을 계산한다.
function result = power3(y)
result = y.*y.*y;
end
```

프로파일러를 수행하고 power3함수의 최적화 영향을 살펴보자. 프로파일러는 다음 그림에 보인 형태의 그래프를 생성한다. 이 그래프로부터 power3함수의 수행에 소요되는 시간이 0.319 초로부터 0.014 초로 감소되었음을 알 수 있다. 이 함수의 수행시간은 대략 20분의 1 정도로 감소되었다. 아울러 main프로그램의 전체 수행시간은 0.542 초로부터 0.192 초로 감소되었다. 따라서 프로그램 내의 가장 느린 함수를 최적화시킴으로써 main프로그램의 전체 수행시간은 약 절반 이하로 줄어들었음을 알 수 있다.

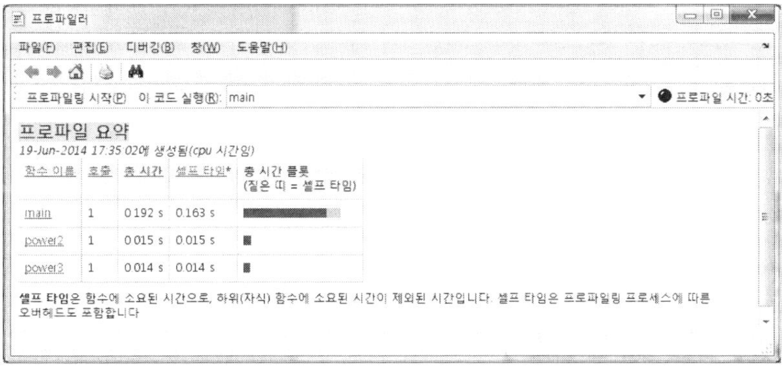

8.4.2 MATLAB® 코드 시간측정

MATLAB 명령어 tic과 toc을 이용하여 M-파일의 수행시간을 측정할 수 있다. 이는 명령어 tic을 코드의 시작부분에 삽입하고 명령어 toc을 코드의 말미에 삽입함으로써 가능하다. 위의 main프로그램에 대한 실행시간을 측정하기 위해서 이 파일을 다음과 같이 수정하여 보자.

```
% Code for Lesson 4: 프로파일링
clear; clc;
tic
t = 0:0.01:100000;
x = log10(t);
y2 = power2(x);
y3 = power3(x);
toc
```

이 파일을 실행하여 보자. MATLAB은 main.m파일의 수행에 소요된 시간을 다음과 같이 보여준다.

```
경과 시간은 0.169247초입니다.
```

8.4.3 컴퓨터의 벤치마킹

벤치마킹 소프트웨어는 컴퓨터의 계산 성능을 측정하기 위한 일련의 표준 테스트들을 실행하는 컴퓨터 프로그램을 포함한다. 컴퓨터의 성능은 프로세서 형태, 메모리 속도와 크기, 버스 스피드, 그래픽 카드 등과 같은 다수의 다양한 요소들에 따라 좌우된다.

MATL은 컴퓨터의 성능을 측정하고 그 결과를 다른 표준 컴퓨터들과 비교하는 데에 이용되는 bench 툴을 내장하고 있다. MATLAB을 이용하여 자신의 컴퓨터를 벤치마킹하려면 명령어 프롬프트에서 다음을 입력한다.

```
>> bench
```

MATLAB은 다수의 테스트들을 수행하여 컴퓨터의 성능을 평가한다. MATLAB은 벤치마킹 결과를 다음에 보인 바와 같이 별도의 두 창에 그래프 및 수치들로 보여준다. 물론 여러분의 컴퓨터의 벤치마킹은 특정 컴퓨터 하드웨어에 의존하며 아마도 여기에 보인 것과는 다를 것이다.

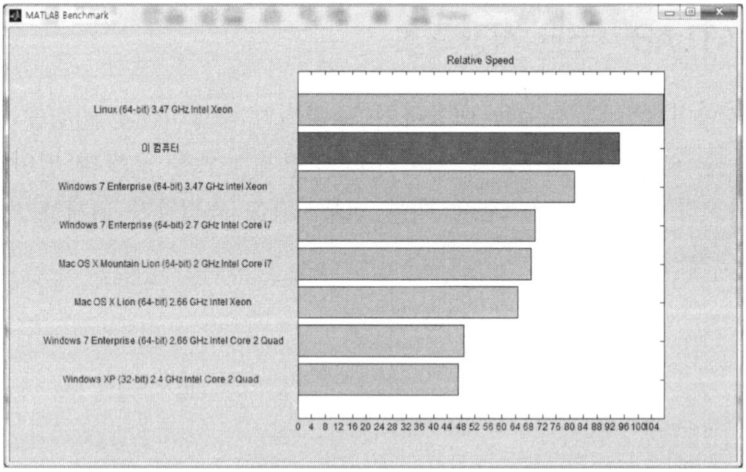

MATLAB Benchmark (times in seconds)

컴퓨터 유형	LU	FFT	ODE	Sparse	2-D	3-D
Linux (64-bit) 3.47 GHz Intel Xeon	0.0595	0.0766	0.1675	0.1173	0.2062	0.0931
이 컴퓨터	0.0303	0.0757	0.1028	0.0800	0.2590	0.8375
Windows 7 Enterprise (64-bit) 3.47 GHz Intel Xeon	0.0676	0.0721	0.1170	0.1300	0.3224	0.7238
Windows 7 Enterprise (64-bit) 2.7 GHz Intel Core i7	0.1052	0.1008	0.1028	0.1413	0.3389	0.8357
Mac OS X Mountain Lion (64-bit) 2 GHz Intel Core i7	0.0826	0.1302	0.1886	0.1689	0.4159	0.3661
Mac OS X Lion (64-bit) 2.66 GHz Intel Xeon	0.0628	0.1353	0.1926	0.1805	0.3883	0.6549
Windows 7 Enterprise (64-bit) 2.66 GHz Intel Core 2 Quad	0.1249	0.2296	0.1523	0.2474	0.5186	0.7731
Windows XP (32-bit) 2.4 GHz Intel Core 2 Quad	0.1521	0.2406	0.1601	0.2867	0.4080	0.7325

시스템과 버전 세부 정보를 보려면 컴퓨터 이름 근처에 커서를 위치시킵니다. 이 데이터를 사용하여 MATLAB의 다른 버전을 비교하거나 업데이트된 타이밍 데이터 파일을 다운로드하기 전에 MATLAB 프롬프트에 "help bench"를 입력하여 벤치 함수 도움말을 참조하십시오.

Lesson 8.5 MATLAB® 코드 들여쓰기

목표

1. 들여쓰기를 이용하여 코드의 가독성을 향상시키는 방법을 학습
2. MATLAB® 의 스마트 인덴트(Smart Indent) 툴의 사용방법을 학습

주제

8.5.1 MATLAB® 코드 들여쓰기
8.5.2 스마트 코드 들여쓰기

8.5.1 MATLAB® 코드 들여쓰기

키보드 상의 탭(Tab) 키를 이용하여 MATLAB 코드를 말끔하게 정돈시킬 수 있다. 다음 보기는 들여쓰기를 하지 않은 코드보다 더 읽기가 쉬운 깔끔한 MATLAB 코드를 작성하는 방법을 예시하고 있다.

보기 1

좋은 프로그래밍 습관은 몇 가지 보기들에 의해 가장 잘 습득될 수 있다. 다음과 같이 주어진 수학함수 y를 계산하는 MATLAB 프로그램을 작성하여 보자.

$$y=\begin{cases}2x & : & x<3\\3x & : & x=3\\5x & : & x>3\end{cases}$$

풀이

입력벡터를 x = 0:1:10라고 하면(이는 0부터 10까지 인덱스가 부여되며 1씩 증가하는 벡터를 생성한다)

```
x=[0 1 2 3 4 5 6 7 8 9 10];
```

이에 상응하는 벡터변수 y는 다음과 같다.

```
y=[0 2 4 9 20 25 30 35 40 45 50];
```

다음 MATLAB 프로그램은 수학함수 y를 계산한다. 여기에서는 코드의 적절한 코멘트, 코드에 대한 적절한 들여쓰기, 그리고 코드를 읽을 수 있는 일반적인 용이함

들을 주목하자.

```
%{
이 프로그램은 다음 식에 따라 y를 계산한다.
y = 2x: x<3, 3x: x=3; 5x: x>3.
위에서 x=0:1:10;
%}
x = 0:1:10;
% n은 벡터 x의 원소 수이다.
n = length(x);
for k = 1:n
   if (x(k) < 3)
      y(k) = 2*x(k);
   elseif (x(k) == 3)
      y(k) = 3*x(k);
   else
      y(k) = 5*x(k);
   end
end
disp(y)
```

다음 두 코드 집합들의 가독성을 비교하여 보자. 왼쪽에 보인 코드가 들여쓰기를 잘한 프로그램이다. 오른쪽의 코드는 들여쓰기를 전혀 하지 않았다. 두 경우 모두 내용은 동일하다. 유일한 차이는 명령어들이 나열된 방식이다. 어느 코드가 추적하기에 더 쉽다고 여겨지는가?

```
clear; clc;                          clear; clc;
x = 0:1:10;                          x = 0:1:10;
n = length(x);                       n = length(x);
for k = 1:n                          for k = 1:n
   if (x(k) < 3)                     if (x(k) < 3)
      y(k) = 2*x(k);                 y(k) = 2*x(k);
   elseif (x(k) == 3)                elseif (x(k) == 3)
      y(k) = 3*x(k);                 y(k) = 3*x(k);
   else                              else
      y(k) = 5*x(k);                 y(k) = 5*x(k);
   end                               end
end                                  end
disp(y)                              disp(y)
```

다음의 12개 보기들은 MATLAB 코드를 적절하게 들여쓰기하는 방법을 보여주고 있다. 이는 여러분의 프로그램의 가독성을 향상시킬 것이다.

보기 2

if 문의 경우

```
z = 2;
r = 0;
if z > 1
   r = 2*z;
end
```

보기 3

if else 문의 경우

```
z = 2;
r = 0;
if z > 1
   r = 2*z;
else
   r = 3*z;
end
```

보기 4

if elseif else 문의 경우

```
z = 2;
r = 0;
if z > 1
   r = 2*z;
else
   r = 4*z;
end
```

보기 5

switch 문의 경우

```
n = 4;
x = 1;
r = 0;
j = 0;
switch j
   case 1
      x = x+1;
   case 2
      r = x+2;
      n = 5;
   otherwise
```

```
    n = 6;
end
```

보기 6

for 루프 문의 경우

```
n = 3;
r = 0;
for k = 1:n
   x(k) = 3.^k;
   r = r+1;
end
```

보기 7

while 루프 문의 경우

```
n = 4;
r = 0;
while (r < n)
   r = r+1;
end
```

보기 8

중첩된 for 루프 문의 경우

```
n = 2;
r = 0;
for k = 1:n
   for j = k:n
      x(k,j) = 3.^(k+j);
      r = x(k,j);
   end
end
```

탭(Tab) 키를 이용한 들여쓰기는 for 루프들의 내용을 더 쉽게 알아볼 수 있도록 하여준다.

보기 9

중첩된 if 문의 경우

```
z = 2;
r = 0;
if z > 3
   r = 2*r;
   if r > 4
      s = z.^3;
   end
end
```

보기 10

if 문 안에 for 루프가 있는 경우

```
z = 2;
r = 0;
if z < 3
   r = 2*r;
   for j=1:2
      r = r+2.^r;
   end
end
```

보기 11

for 루프 안에 if 문이 있는 경우

```
n = 4;
x = 1:1:n;
r = 0;
for k = 1:n
   if (x(k) < 3)
      y(k) = 2*x(k);
      r = y(k)+1;
  end
end
```

보기 12

for 루프 안에 if else 문이 있는 경우

```
n = 4;
x = 1:1:n;
r = 0;
for k = 1:n
   if (x(k) < 3)
      y(k) = 2*x(k);
   else
      y(k) = 5*x(k);
      r = 1;
   end
end
```

보기 13

for 루프 안에 if elseif else 문이 있는 경우

```
n = 4;
x = 1:1:n;
r = 0;
for k = 1:n
   if (x(k) < 3)
      y(k) = 2*x(k);
   elseif (x(k) == 3)
      y(k) = 3*x(k);
   else
      y(k) = 5*x(k);
      r = 2;
   end
end
```

연습문제 1²

앞의 보기 2에서 보기 13까지에서 MATLAB을 이용하지 않고 r의 값을 구하여라. 얻은 결과를 MATLAB을 이용하여 확인하여 보라.

8.5.2 스마트 코드 들여쓰기

위의 규칙들이 너무 길고 따라하기가 어렵다면 MATLAB의 스마트 들여쓰기 툴을 이용하여 다음과 같이 코드를 말끔하게 정돈할 수 있다. 다음 코드를 편집기 창에서 타이프하자.

```
% 이 프로그램은 다음 식에 따라 y를 계산한다.
%   y = 2x ; x<3
%   y = 3x ; x=3
%   y = 5x ; x>3
% 위에서 x=0:1:10;
% MATLAB 메모리와 명령창을 지운다.
clear; clc;
x = 0:1:10;
N = length(x);
for k = 1:N
```

```
if (x(k) < 3)
y(k) = 2*x(k);
elseif (x(k) == 3)
y(k) = 3*x(k);
else
y(k) = 5*x(k);
end
end
disp(y)
```

마우스를 이용하여 타이프한 코드를 모두 선택하여 강조한 다음 메뉴 바에서 "들여쓰기" 메뉴를 선택한다.

스마트 들여쓰기 툴을 이용한 결과는 다음 그림에 나타나 있다.

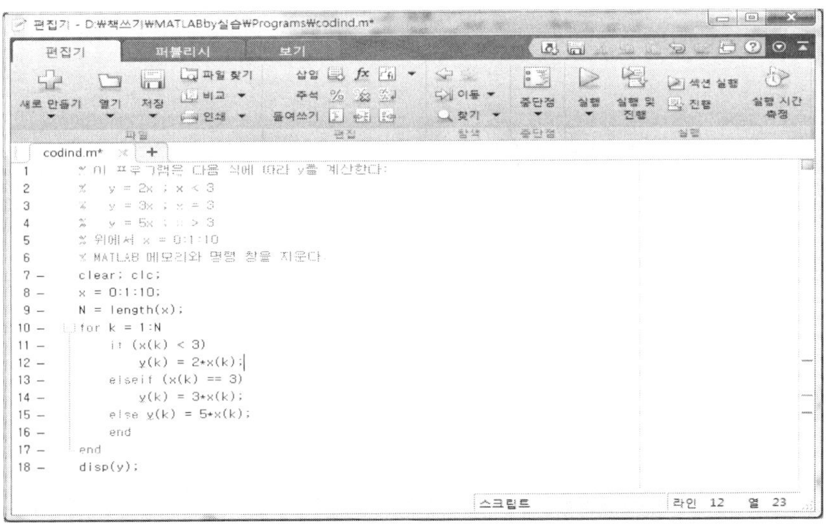

코드는 좀 더 깔끔해 졌고 읽기가 더 쉬워진 MATLAB 코드가 되었다.

연습문제 2[1]

다음 코드들 가운데 어느 부분이 들여쓰기를 제대로 하지 않았는지를 알아내고 이를 올바르게 들여쓰기하여 보자. 얻은 결과에 대하여 설명하여라.

a.

```
x = 1;
y = 2;
r = 0;
if x == 1
   if y == 2
      r = 3;
   end
end
```

b.

```
x = 1;
y = 2;
r = 0;
if x == 1
   if y == 2
   r = 3;
   end
end
```

c.

```
x = 1;
y = 2;
r = 0;
if x == 1
   if y == 2
   end
      r = 3;
end
```

d.

```
n1 = 10;
n2 = 20;
r = 0;
for i=1:n1
   x = i;
   for j = 1:n2
      y = j;
      if x == y
         break;
      else
         r = 1;
      end
   end
end
```

e.

```
n1 = 10;
n2 = 20;
r = 0;
for i=1:n1
   x = i;
   for j = 1:n2
   y = j;
      if x == y
         break;
      else
         r = 1;
      end
   end
end
```

f.

```
n1 = 10;
n2 = 20;
r = 0;
for i=1:n1
   x = i;
   for j = 1:n2
      y = j;
      if x == y
         switch i
            case 1
            r = 2;
         end
      else
         r = 1;
      end
   end
end
```

g.

```
n1 = 10;
n2 = 20;
r = 0;
while(n1<n2)
   r = r+1
   n1 = n1+1;
   switch r
   case r
      r = r+1;
   end
end
```

연습문제 3[2]

앞의 연습문제 2에서 MATLAB을 이용하지 않고 r의 값을 구하여라. 얻은 결과를 MATLAB을 이용하여 확인하여 보라

일부 연습문제에 대한 풀이

Lesson 8.3

연습문제 1

```
clear; clc
s = 0;
n = 0;
while (s <100)
n = n+1;
s = s+n^2;
end
s = s-n^2;
n = n-1;
s
n
```

구조체 9

이 장의 구성

Lesson 9.1 MATLAB® 구조체

목표

1. MATLAB® 에서 구조체를 구성하는 방법을 학습
2. MATLAB® 에서 구조체 함수를 작성하는 방법을 학습

주제

9.1.1 구조체 클래스의 필요성
9.1.2 구조체를 위한 함수

9.1.1 구조체 클래스의 필요성

이 책에서 여러분은 벡터와 배열을 학습하였다. 벡터와 배열들을 이용하여 동일한 클래스들의 집합을 저장할 수 있다. 예를 들면 벡터 x는 다음에 보인 바와 같이 double 클래스 숫자들의 집합을 저장한다.

```
>> x=1:9;
```

다음의 두 번째 보기에서 배열 Y는 logical클래스 숫자들의 집합을 저장한다.

```
>> Y=reshape(x,3,3)>5;
```

다음의 세 번째 보기에서 변수 z는 각각 char클래스인 문자들의 집합을 저장한다.

```
>> z='hello world';
```

연습문제 1[1]

MATLAB 명령어 whos를 이용하여 위의 x, y, 그리고 z변수들의 클래스를 규명하여라. 하나의 변수를 사용하여 형태가 동일하지 않은 데이터의 집합을 저장할 필요가 있을 수 있다. 예를 들어 하나의 변수를 사용하여 반경, 중심점, 그리고 색상과 같은 원의 파라미터들을 저장할 필요가 있다고 하자. MATLAB은 이를 위해 structure클래스를 제공하고 있다. 이를테면 원의 파라미터들은 MATLAB에서 두 가지 방법들을 이용하여 나타낼 수 있다. 첫 번째 방법은 클래스 형태가 각기 다른 세 개의 상이한 변수들을 이용하여 원의 다양한 파라미터들을 저장하는 것이다. 두 번째 방법은 하나의 structure클래스 변수를 이용하여 원의 다양한 파라미터들을 저장하는 것이다.

방법 ①

이 방법에서는 각기 다른 세 개의 상이한 변수들을 이용하여 원의 다양한 파라미터들을 저장한다. 예를 들면 다음 코드는 반경이 5이고 중심이 (1,2)이며 색상이 빨강인 원을 나타낸다. 이들 3개의 파라미터들은 스칼라, 벡터, 그리고 문자열 변수로 정의되어 있다.

```
circle_radius = 5;
circle_centre = [1,2];
circle_color = 'red';
```

circle_radius변수를 보이려면 MATLAB 명령어 프롬프트에서 다음을 입력한다.

```
>> circle_radius
```

MATLAB은 다음과 같이 응답한다.

```
circle_radius =
              5
```

circle_center변수를 보이려면 MATLAB 명령어 프롬프트에서 다음을 입력한다.

```
>> circle_center
```

MATLAB은 다음과 같이 응답한다.

```
circle_center =
   1     2
```

circle_color변수를 보이려면 MATLAB 명령어 프롬프트에서 다음을 입력한다.

```
>> circle_color
```

```
circle_color =
           red
```

방법 ②

이 방법에서는 structure클래스를 이용하여 원의 3개 파라미터들을 하나의 변수에 저장한다. MATLAB 명령어 프롬프트에서 다음을 입력한다.

```
circle.radius = 5;
circle.center = [1,2];
circle.color = 'red';
```

circle변수의 내용을 보이려면 MATLAB 명령어 프롬프트에서 다음을 입력한다.

```
>> circle
```

MATLAB은 다음과 같이 응답한다.

```
circle =
        radius:5
        center:[1 2]
        color:'red'
```

질문: 여러분 생각에는 어느 방법이 원의 파라미터들을 저장하는 데에 더 편리하다고 여겨지는가?

circle변수의 클래스는 struct이다. circle변수의 클래스를 알아보려면 MATLAB 명령어 프롬프트에서 다음을 입력한다.

```
>> whos circle
```

MATLAB은 다음과 같이 응답한다.

```
Name    Size  Bytes  Class   Attributes
circle  1x1   402    struct
```

circle구조체는 radius, center, 그리고 color와 같은 3개의 필드를 갖는다. MATLAB에서는 다수의 개별적인 변수들을 저장하는 경우보다 구조체 변수를 저장하는 경우에 더 많은 메모리가 소요된다. 예를 들어 이전의 보기에서 원의 세 파라미터들을 3개의 스칼라 변수들로 저장하면 24 바이트의 메모리가 소요된다. 반면에 원의 파라미터들을 필드가 3개인 구조체 변수로 나타내면 실제로 402 바이트의 메모리가 소요된다.

9.1.2 구조체를 위한 함수

구조체 클래스를 호출하고 이를 처리하기 위한 함수를 작성할 수 있다. 이는 다음의 두 보기들에 의해 예시되어 있다.

보기 1

사각형은 너비, 높이, 중심, 그리고 색상의 4가지 파라미터들을 갖는다. 이 파라미터들의 값이 너비=200, 높이=100, 중심=(250, 150), 그리고 색상은 빨강(red)이라고 하자. MATLAB에서 이 사각형은 다음과 같이 나타낼 수 있다.

```
rect.width = 200;
rect.height = 100;
rect.centre = [250,150];
rect.colour = 'red';
```

다음 그림은 이 사각형과 4개 꼭지점 북서(NW), 북동(NE), 남서(SW), 그리고 남동(SE)들을 보여주고 있다. 이 사각형을 그리는 MATLAB 함수를 작성하여라.

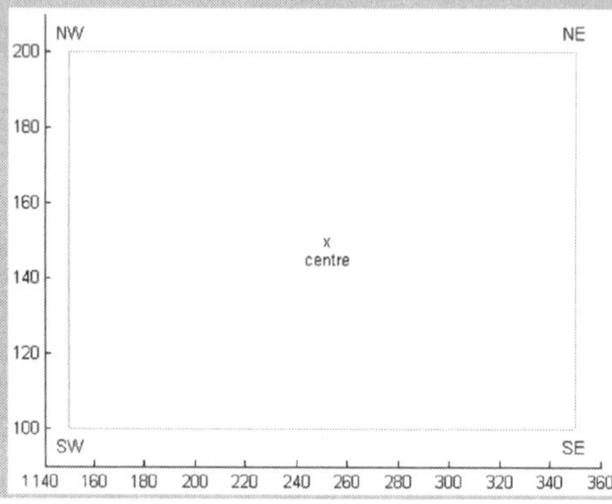

풀이

사각형을 그리는 함수와 이 함수를 호출하는 코드는 다음과 같다. 여기에서 수평 방향은 x축으로 간주되며 수직방향은 y축으로 간주된다.

```
clc; close all
rectangle.width = 200;
rectangle.height = 100;
rectangle.center = [250,150];
rectangle.color = 'red';
x = draw_rectangle(rectangle);
function state1 = draw_rectangle(rect)
if (isstruct(rect) ~= 1)
  state1 = 'The argument is not a structure';
  return;
end
switch rect.color
  case 'red'
    clr = 'r';
  case 'green'
```

```
  clr = 'g'
   otherwise
      clr = 'b'
 end
 NW_x = rect.center(1) - rect.width/2;
 NW_y = rect.center(2) + rect.height/2;
 SW_x = rect.center(1) - rect.width/2;
 SW_y = rect.center(2) - rect.height/2;
 NE_x = rect.center(1) + rect.width/2;
 NE_y = rect.center(2) + rect.height/2;
 SE_x = rect.center(1) + rect.width/2;
 SE_y = rect.center(2) - rect.height/2;
 n = 10; % margin
 figure
 hold on
 plot([NW_x, NE_x], [NW_y, NE_y], clr)
 plot([SW_x, SE_x], [SW_y, SE_y], clr)
 plot([NW_x, SW_x], [NW_y, SW_y], clr)
 plot([NE_x, SE_x], [NE_y, SE_y], clr)
 hold off
 axis([NW_x-n, NE_x-n, SE_y-n, NE_y-n])
 state1 = 'The argument is a structure';
 end
```

연습문제 2[2]

MATLAB 함수 rectangle()을 이용하여 보기 1에 보인 사각형을 그려보라. 사각형의 색상은 검정이어야 한다.

보기 2

어떤 학생은 17세이다. 이 학생은 수학, 물리, 그리고 영어과목을 수강하였다. 이 세 가지 과목들에서 이 학생의 성적은 각각 70, 80, 그리고 90점이었다. 구조체를 이용하여 이 학생의 나이와 성적을 나타내는 MATLAB 코드를 작성하여라.

풀이

```
student.age= 17;
student.math= 70;
student.physics= 80;
student.English= 90;
```

보기 3

이 학생의 평균성적을 계산하는 MATLAB 함수를 작성하여라.

풀이

```
function mark_average = student_average(student)
if (isstruct(student) ~= 1)
  disp('The argument is not a structure');
  return;
end
mark_average = (student.math+student.physics+student.English) / 3;
end
```

student_average() 함수를 호출하려면 MATLAB 명령어 프롬프트에서 다음을 입력한다.

```
>> student_average(student)
```

MATLAB은 다음과 같이 응답한다.

```
ans =
   80
```

연습문제 3[1]

보기 3에서 이 학생의 성적의 표준편차를 계산하는 MATLAB 함수를 작성하여라.

Lesson 9.2 구조체들의 벡터

목표

1. MATLAB® 에서 구조체들의 벡터를 구성하는 방법을 학습

주제

9.2.1 구조체들의 벡터

9.2.1 구조체들의 벡터

MATLAB을 이용하여 구조체들의 벡터를 생성할 수 있다. 보기를 통하여 이 개념을 살펴보기로 한다.

보기 1

3명의 학생들이 대학에서 공부하고 있다. 다음 표는 이들의 나이 및 3과목들에 대한 이들의 성적을 보인 것이다. 구조체 벡터를 이용하여 주어진 학생들의 정보를 나타내어 보라.

이름	나이	수학	물리	영어
Alex	25	70	55	58
John	23	77	90	75
Mike	24	80	64	87

풀이

```
student(1).name = 'Alex';
student(1).age = 25;
student(1).math = 70;
student(1).physics = 55;
student(1).English = 58;
student(2).name = 'John';
student(2).age = 23;
student(2).math = 77;
student(2).physics = 90;
student(2).English = 75;
student(3).name = 'Mike';
student(3).age = 24;
student(3).math = 80;
student(3).physics = 64;
student(3).English = 87;
```

벡터의 필드들을 보이려면 MATLAB 명령어 프롬프트에서 다음을 입력한다.

```
>> student
```

MATLAB은 다음과 같이 응답한다.

```
student =
1x3 struct array with fields:
    name
    age
    math
    physics
    English
```

벡터에서 첫 번째 구조체의 내용을 보이려면 MATLAB 명령어 프롬프트에서 다음을 입력한다.

```
>> student(1)
```

MATLAB은 다음과 같이 응답한다.

```
ans =
      name: 'Alex'
       age: 25
      math: 70
   physics: 55
   English: 58
```

Alex의 수학성적을 보이려면 MATLAB 명령어 프롬프트에서 다음을 입력한다.

```
>> student(1).math
```

MATLAB은 다음과 같이 응답한다.

```
ans =
   70
```

벡터의 모든 학생들의 수학성적을 보이려면 MATLAB 명령어 프롬프트에서 다음을 입력한다.

```
>> a=[student.math]
```

MATLAB은 다음과 같이 응답한다.

```
a =
    70 77 80
```

보기 2

보기 1의 학생들에 대한 수학성적의 평균을 계산하는 MATLAB 프로그램을 작성하여라.

풀이

MATLAB 명령어 프롬프트에서 다음을 입력한다.

```
mathMarks= [student.math];
meanMathMarks= mean(mathMarks)
```

보기 3

보기 1의 학생들에 대한 모든 과목 성적들의 평균을 계산하는 MATLAB 프로그램을 작성하여라.

풀이

MATLAB 명령어 프롬프트에서 다음을 입력한다.

```
mathMarks= [student.math];
physicsMarks= [student.physics];
```

```
EnglishMarks= [student.English];
AllMarks= [mathMarks,physicsMarks,EnglishMarks];
meanAllMarks= mean(AllMarks)
```

보기 4

보기 1에 보인 벡터 구조체로부터 수학성적을 제거하는 MATLAB 명령어를 써보라.

풀이

MATLAB 명령어 프롬프트에서 다음을 입력한다.

```
>> rmfield(student,'math')
```

MATLAB은 다음과 같이 응답한다.

```
ans =
  1x3 struct array with fields:
  name
  age
  physics
  English
```

보기 5

보기 1에 보인 벡터 구조체로부터 Alex 학생을 제거하는 MATLAB 명령어를 써보라.

풀이

Alex는 벡터의 첫 번째 구조체이다. 그를 제거하려면 MATLAB 명령어 프롬프트에서 다음을 입력한다.

```
>> student=student(1:2);
```

일부 연습문제에 대한 풀이

Lesson 9.1

연습문제 2

```
clc; close all
rect.width = 200;
rect.height = 100;
rect.center = [250,150];
SW_x = rect.center(1) - rect.width/2;
SW_y = rect.center(2) - rect.height/2;
rectangle('Position',[SW_x, SW_y, rect.width, . . .
rect.height],'Curvature',[0,0])
n = 10; % margin
axis([SW_x-n, SW_x+rect.width+n, SW_y-n, SW_y+rect.height+n])
```

연습문제 3

```
function stddev_marks = student_stddev(student)
if (isstruct(student) ~= 1)
  disp('The argument is not a structure');
  return;
end
marks = [student.math, student.physics, student.English];
stddev_marks = std(marks);
end
```

student_stddev() 함수를 호출하려면 MATLAB 명령어 프롬프트에서 다음을 입력한다.

```
student.age= 21;
student.math= 70;
student.physics= 80;
student.English= 90;
student_stddev(student)
```

MATLAB은 다음과 같이 응답한다.

```
ans =
  10
```

Projects

- 프로젝트: 여우와 토끼 게임

여우와 토끼 게임은 플레이어가 없는 게임이다. 이 게임은 5x5 정사각형 셀 격자에서 진행된다. 이 격자는 정글을 나타내며 다음 그림에 나타나 있다. 게임에는 토끼와 여우가 한 마리씩 포함되는데 토끼는 초록색 셀로 나타나 있으며 여우는 붉은색 셀로 나타나 있다. 이 그림을 생성하는 MATLAB 코드는 다음과 같다.

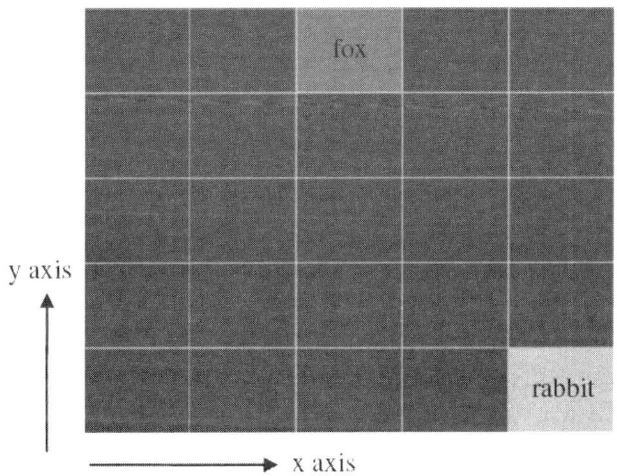


```
clear; clc; close all;
X=zeros(5,5);
X(1,3)=1;
X(5,5)=2;
imagesc(X), colormap([0,0,1; 1,0,0; 0,1,0])
hold on
% horizontal lines
plot([0.5, 5.5], [1.5, 1.5],'g')
plot([0.5, 5.5], [2.5, 2.5],'g')
plot([0.5, 5.5], [3.5, 3.5],'g')
plot([0.5, 5.5], [4.5, 4.5],'g')
% vertical lines
plot([1.5, 1.5], [0.5, 5.5],'g')
plot([2.5, 2.5], [0.5, 5.5],'g')
```

```
plot([3.5, 3.5], [0.5, 5.5],'g')
plot([4.5, 4.5], [0.5, 5.5],'g')
axis off
```

게임은 다음과 같이 진행된다.

1. 토끼를 격자상의 임의의 위치에 놓아둔다.
2. 여우를 격자상의 임의의 위치에 놓아둔다.
3. 게임은 5스텝으로 진행된다.
4. 각 스텝에서
   a. 토끼를 8가지 상이한 방향들 가운데 임의로 어느 한 방향으로 한 스텝 이동시킨다.
   b. 여우를 8가지 상이한 방향들 가운데 임의로 어느 한 방향으로 한 스텝 이동시킨다.
   c. 여우와 토끼가 이웃하게 되면 여우는 토끼를 잡아먹게 되어 여우가 이기고 게임은 종료된다.
5. 스텝들의 수가 5에 이르고 토끼가 이들 5스텝을 거치면서 살아남게 되면 토끼가 이기고 게임은 종료된다.
6. 격자의 가장자리는 말려있다. 이에 대해서는 제 7장의 프로젝트 2에서 설명한 바와 같다.

다음 그림은 3스텝 만에 여우가 이기는 게임의 시나리오를 보여준다.

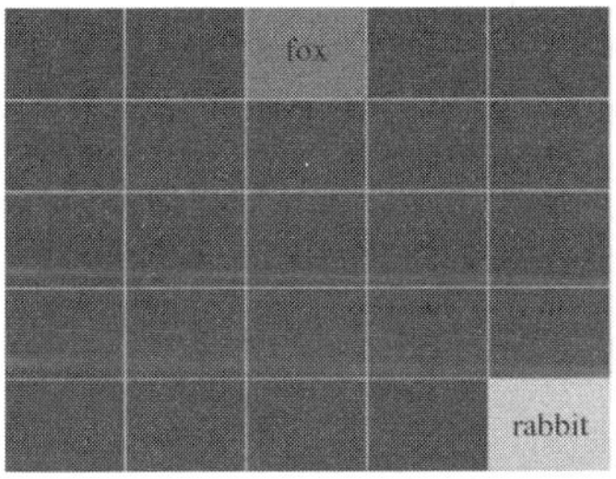

Step 1

Step 2

Step 3

다음 그림은 여우가 다시 이기는 게임의 시나리오를 보여 주는데 이번에는 4스텝만에 이기고 있다. 말려진 방향으로의 이동 및 여기에서는 가장자리를 따른 말린 부분에서 이기고 있음을 주목하자.

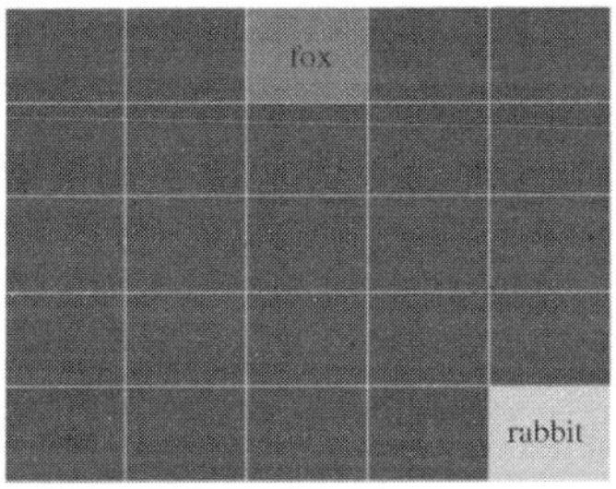

Step 1

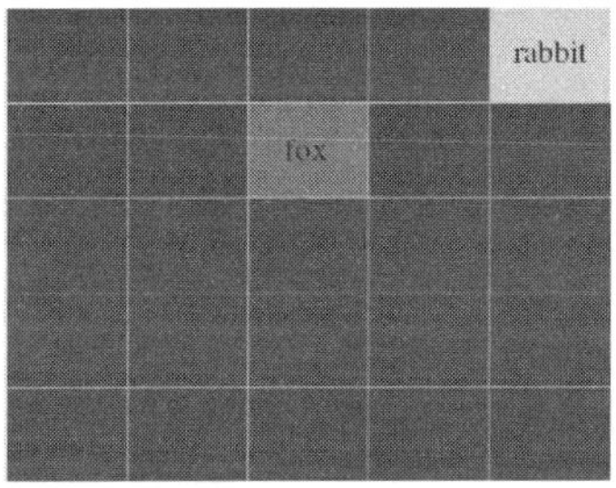

Step 2

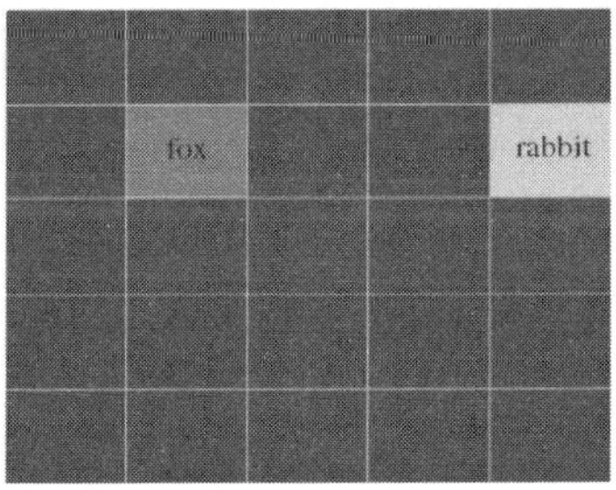

Step 3

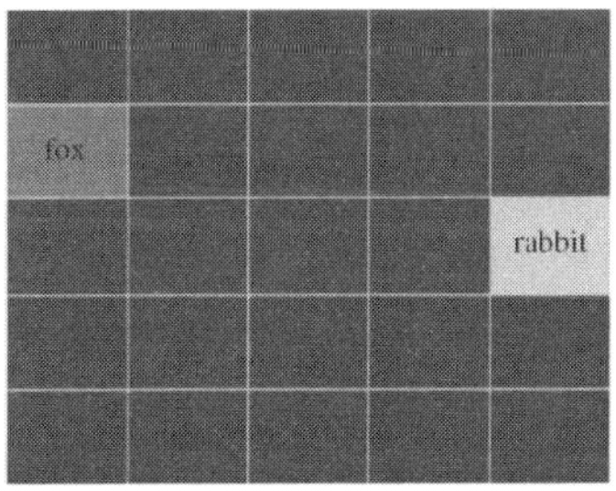

Step 4

다음 그림은 5스텝 동안에 토끼가 살아남아서 게임을 이기는 세 번째 시나리오를 보여준다.

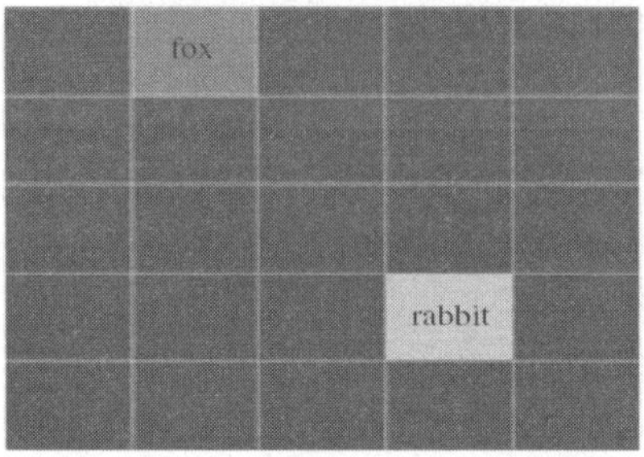

Step 1

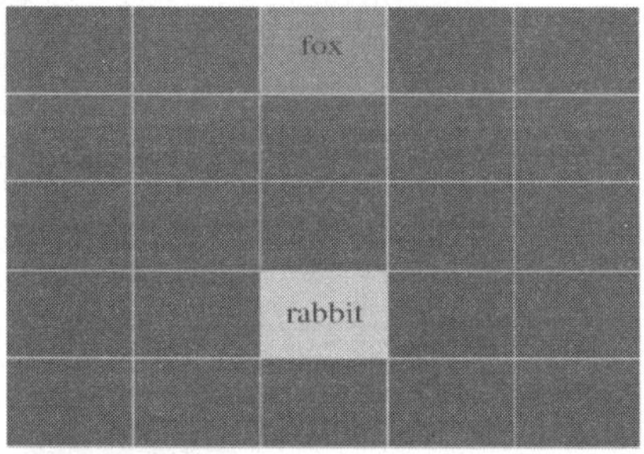

Step 2

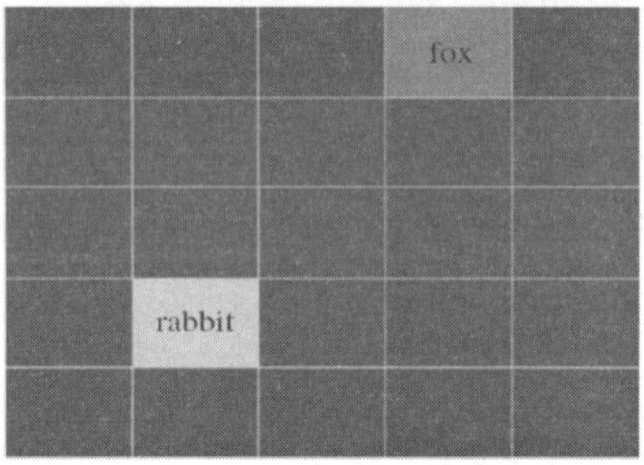

Step 3

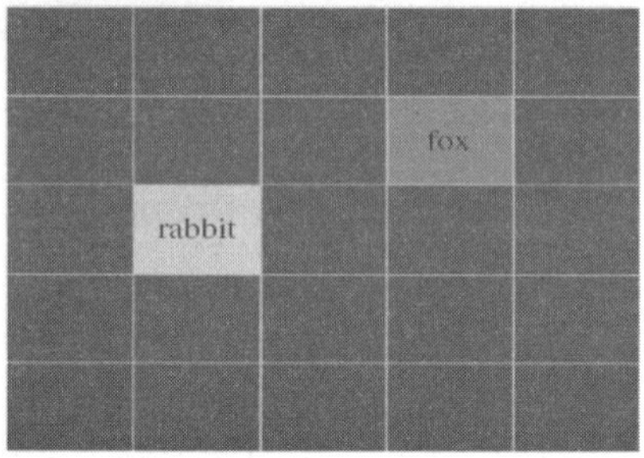

Step 4

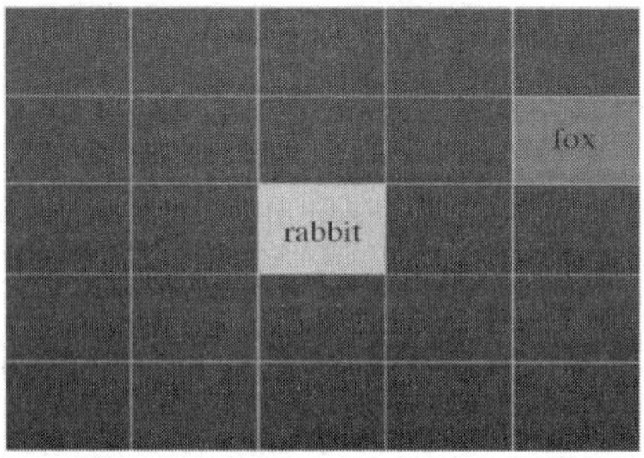

Step 5

여러분 스스로 게임을 프로그램하는 데에 있어서 다음 조건들이 충족되어야 한다.

1. 두 개의 구조체들을 사용하여 여우와 토끼를 나타낸다.
2. 프로그램으로부터 다음 결과가 생성되어야 한다.
   a. 스텝 수
   b. 게임의 승자
   c. 게임의 각 스텝을 보여주는 그림

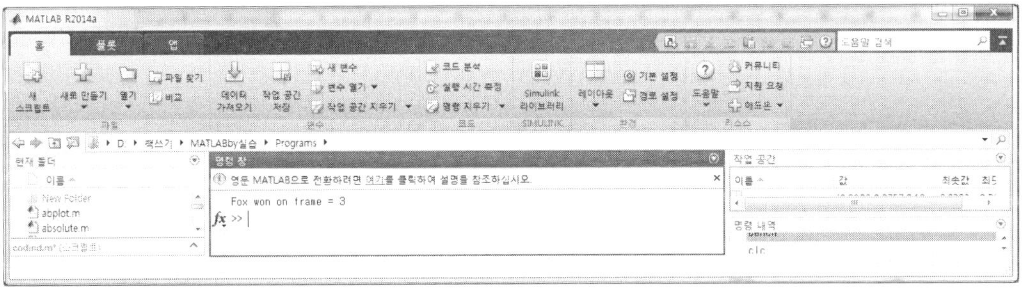

다음은 게임으로부터 생성된 그림들의 보기이다.

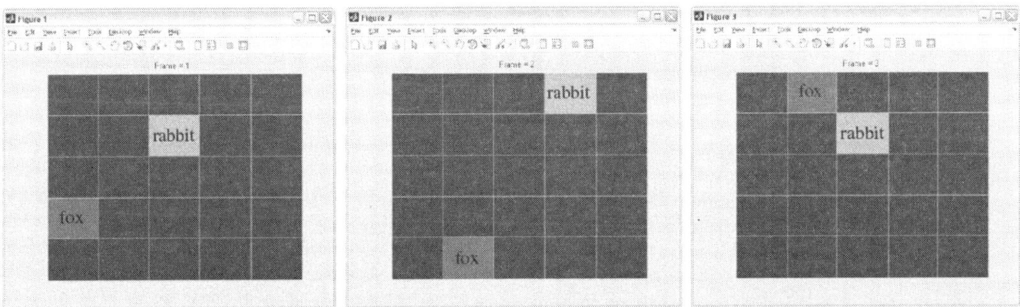

MATLAB® 미적분 10

이 장의 구성

Lesson 10.1 심볼수학 툴박스(Symbolic Math Toolbox) 입문

목표

1. MATLAB® 사용자들이 심볼수학 툴박스에 익숙해 지도록 함
2. MATLAB® 에서 `sym` 클래스를 학습
3. MATLAB® 에서 심볼 방정식을 구성하는 방법을 학습
4. pretty 명령어를 이용하여 심볼 방정식을 보여주는 방법을 학습
5. MATLAB® 에서 `ezplot`함수를 사용하여 심볼 방정식의 그래프를 작성하는 방법을 학습

주제

10.1.1 심볼수학 툴박스(Symbolic Math Toolbox)
10.1.2 `sym`변수의 생성
10.1.3 심볼 표현의 구성
10.1.4 심볼 표현의 값을 구하기
10.1.5 MATLAB® 에서 `ezplot`함수를 이용한 심볼 표현의 그래프 작성

10.1.1 심볼수학 툴박스(Symbolic Math Toolbox)

MATLAB은 특수한 함수들을 포함하는 다수의 툴박스들을 지니고 있다. 자신의 컴퓨터에 설치되어 있는 툴박스들을 알아보려면 명령어 프롬프트에서 다음을 입력한다.

```
>> ver
```

MATLAB은 설치되어 있는 툴박스들의 목록과 그들의 버전들을 제시한다.

```
MATLAB                        Version: 8.1.0.604  (R2014a)
Symbolic Math Toolbox         Version 5.10        (R2014a)
```

이는 심볼수학 툴박스(Symbolic Math toolbox)가 컴퓨터에 설치되어 있음을 의미한다. 이 책의 제 10장을 학습하기 위해서는 이 툴박스가 여러분의 MATLAB 소프트웨어 시스템에 설치되어 있어야 한다.

10.1.2 sym 변수의 생성

지금까지 여러분은 MATLAB에서 double, logical, string, 그리고 struct와 같은 다수의 다양한 데이터 클래스들을 학습하여 왔다. 여기에서는 sym 클래스를 학습하게 된다. 심볼수학 툴박스를 이용하려면 이 클래스가 필요할 것이다. 보기로서 명령어 프롬프트에서 다음을 입력하여 보자.

```
>> x=sym(1/2)
```

MATLAB은 다음과 같이 응답한다.

```
x =
   1/2
```

MATLAB은 하나의 sym변수를 생성하고 그 값을 1/2로 설정한다. 여기에서 x변수의 값은 0.5가 아닌 1/2 임을 유의하자.

두 번째 sym변수를 생성하고 그 값을 1/4로 설정하여 보자. 명령어 프롬프트에서 다음을 입력한다.

```
>> y=sym(1/4)
```

MATLAB은 다음과 같이 응답한다.

```
y =
   1/4
```

x와 y변수들의 값을 더하고 그 결과를 같은 sym데이터 클래스 변수인 제 3의 변수에 할당하여 보자.

```
>> z=x+y
```

MATLAB은 다음과 같이 응답한다.

```
z =
```

```
    3/4
```

여기에서 z변수의 클래스는 sym임을 주목하자. z변수의 값을 double값으로 전환하고 이를 다른 변수에 할당하려면 명령어 프롬프트에서 다음을 입력한다.

```
>> r=double(z)
```

MATLAB은 다음과 같이 응답한다.

```
r =
    0.7500
```

MATLAB의 변수들과 그들의 클래스를 보이려면 명령어 프롬프트에서 다음을 입력한다.

```
>> whos
```

MATLAB은 다음과 같이 응답한다.

```
  Name      Size      Bytes   Class     Attributes
    r       1x1         8     double
    x       1x1        60     sym
    y       1x1        60     sym
    z       1x1        60     sym
```

MATLAB에서는 또한 아무런 값도 부여하지 않고도 sym변수를 생성할 수 있다. 예를 들어 다음을 입력하여 보자.

```
>> syms s
```

MATLAB은 다음과 같이 응답한다.

```
s =
    s
```

10.1.3 심볼 표현의 구성

MATLAB에서는 sym표현을 구성하고 이를 sym변수에 할당할 수 있다. 예를 들어 심볼 표현 $y=x^2+3x+2$를 구성하려면 명령어 프롬프트에서 다음을 입력한다.

```
>> syms x
>> y=x^2+3*x+2
```

MATLAB은 다음과 같이 응답한다.

```
y =
x^2 + 3*x + 2
```

심볼 표현을 수학적 포맷으로 보이려면 명령어 프롬프트에서 다음을 입력한다.

```
>> pretty(y)
```

MATLAB은 다음과 같이 응답한다.

```
  2
 x  + 3 x + 2
```

10.1.4 심볼 표현의 값을 구하기

$y=x^2+3x+2$에 대한 심볼 표현을 구상하였으며 x=1이라고 하자. 심볼 표현에서 $y(1)=1^2+3\times1+2=6$과 같이 x의 값을 대입하여 y를 구할 수 있다. y(1)의 값은 MATLAB을 이용하여 구할 수 있다. 명령어 프롬프트에서 다음을 입력한다.

```
>> d=subs(y,1)
```

MATLAB은 다음과 같이 응답한다.

```
d =
    6
```

10.1.5 MATLAB® 에서 ezplot 함수를 이용한 심볼 표현의 그래프 작성

위에서 얻은 심볼 표현 $y=x^2+3x+2$의 그래프를 작성하려면 명령어 프롬프트에서 다음을 입력한다.

```
>> ezplot(y)
```

MATLAB 명령어 ezplot은 "easy plot"으로 읽는다. MATLAB은 다음 그림을 생성하는 것으로 응답한다.

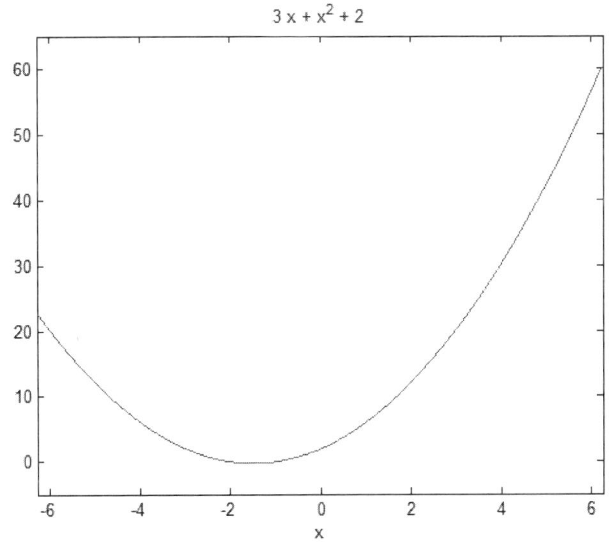

함수 $y = x^2 + 3x + 2$의 영역을 지정할 수 있다. 예를 들어 x의 범위를 −5〈x〈2로 하려면 명령어 프롬프트에서 다음을 입력한다.

```
>> ezplot(y,[-5,2])
```

MATLAB은 다음과 같이 응답한다.

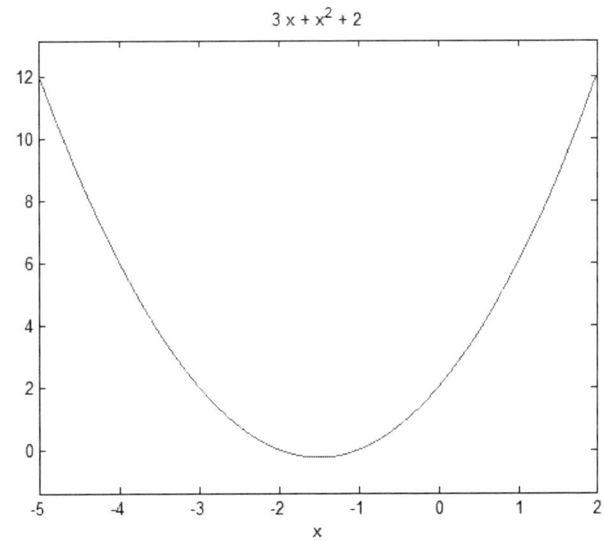

Lesson 10.2 대수방정식

목표

1. solve 함수를 이용하여 심볼 표현식의 근을 구하는 방법을 학습
2. factor 함수를 이용하여 심볼 표현식을 인수분해하는 방법을 학습
3. expand 함수를 이용하여 심볼 표현식을 전개하는 방법을 학습
4. simplify 함수를 이용하여 심볼 표현식을 간단하게 하는 방법을 학습

주제

10.2.1 solve 함수를 이용한 대수방정식의 풀이
10.2.2 factor 함수를 이용한 대수식의 인수분해
10.2.3 expand 함수를 이용한 대수식의 전개
10.2.4 simplify 함수를 이용한 대수식의 단순화

10.2.1 solve 함수를 이용한 대수방정식의 풀이

대수식 $y=x^2+3x+2$를 고려하여 보자. 이를 다음과 같이 MATLAB에서 심볼 표현으로 나타낼 수 있다.

```
>> syms x
>> y=x.^2+3*x+2;
```

이 심볼 표현의 근을 구하려면 명령어 프롬프트에서 다음을 입력한다.

```
>> r=solve(y)
```

MATLAB은 다음과 같이 응답한다.

```
r =
    -2
    -1
```

이 식의 그래프를 작성하려면 명령어 프롬프트에서 다음을 입력한다.

```
>> ezplot(y, [-3,0])
>> grid on
```

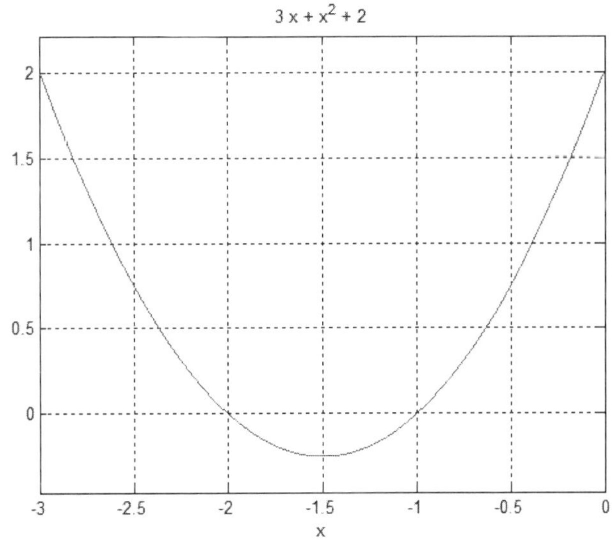

심볼 표현 $y=x^2+3x+2$는 x가 −2 및 −1일 때 그림에 보인 바와 같이 0의 값을 가짐을 주목하자.

연습문제 1[2]

MATLAB 함수 `roots`를 사용하여 $y=x^2+3x+2$의 근을 구하여라.

10.2.2 factor 함수를 이용한 대수식의 인수분해

MATLAB 명령어 `factor`를 이용하여 대수식을 인수분해할 수 있다. 예를 들어 대수식 x^2+3x+2를 인수분해하려면 명령어 프롬프트에서 다음을 입력한다.

```
>> syms x
>> y=x^2+3*x+2;
>> f=factor(y)
```

MATLAB은 다음과 같이 응답한다.

```
f =
   (x + 2)*(x + 1)
```

연습문제 2[1]

대수식 $y = x^3 + 6x^2 + 11x + 6$을 인수분해하여라

10.2.3 expand 함수를 이용한 대수식의 전개

MATLAB 명령어 expand는 대수식을 전개하는 데에 이용된다. 예를 들어 대수식 (x+1)(x+2)(x+3)을 전개하려면 명령어 프롬프트에서 다음을 입력한다.

```
>> syms x
>> g=(x+1)*(x+2)*(x+3);
>> h=expand(g)
```

MATLAB은 다음과 같이 응답한다.

```
h =
    x^3+6*x^2+11*x+6
```

심볼 표현 h를 표준적인 수학적 포맷으로 나타내려면 명령어 프롬프트에서 다음을 입력한다.

```
>> pretty(h)
```

MATLAB은 다음과 같이 응답한다.

```
3    2
x + 6x +11x+6
```

10.2.4 simplify 함수를 이용한 대수식의 단순화

MATLAB 명령어 simplify는 대수식을 간단히 하는 데에 이용된다. 예를 들어 대수식 $\dfrac{x^3 + 6x^2 + 11x + 6}{x^2 + 3x + 2}$를 간단히 하려면 명령어 프롬프트에서 다음을 입력한다.

```
>> syms x;
>> m=(x^3+6*x^2+11*x+6)/(x^2+3*x+2);
>> n=simplify(m)
```

MATLAB은 다음과 같이 응답한다.

```
n =
    x+3
```

위에서

$$\frac{x^3+6x^2+11x+6}{x^2+3x+2}=\frac{(x+1)(x+2)(x+3)}{(x+1)(x+2)}=x+3$$

임을 알 수 있다.

Lesson 10.3 미분과 적분

목표

1. diff 함수를 이용하여 수학적 표현의 미분을 구하는 방법을 학습
2. int 함수를 이용하여 수학적 표현의 적분을 구하는 방법을 학습

주제

10.3.1 diff 함수를 이용한 수학적 표현의 미분

MATLAB을 이용하여 수학적 표현의 1차, 2차, 3차 미분 등을 구할 수 있다. 예를 들어 함수 $y=x^2+3x+2$의 1차 미분을 구하려면 명령어 프롬프트에서 다음을 입력한다.

```
>> syms x
>> y=x^2+3*x+2;
>> df1=diff(y)
```

MATLAB은 다음과 같이 응답한다.

```
df1 =
```

```
2*x+3
```

함수 $y = x^2 + 3x + 2$의 2차 미분을 구하려면 명령어 프롬프트에서 다음을 입력한다.

```
>> df2=diff(y,2)
```

MATLAB은 다음과 같이 응답한다.

```
df2 =
   2
```

함수 $y = e^{x^2} + \cos(x)$의 3차 미분을 구하려면 명령어 프롬프트에서 다음을 입력한다.

```
>> syms x
>> z=exp(x^2)+cos(x);
>> df3=diff(z,3)
```

MATLAB은 다음과 같이 응답한다.

```
df3 =
   sin(x)+12*x*exp(x^2)+8*x^3*exp(x^2)
```

연습문제 1[1]

식 $y = \ln(x)$의 1차 미분을 구하여라.

10.3.2 int 함수를 이용한 수학적 표현의 적분

적분에는 부정적분과 정적분의 두 가지가 있다. 여기에서는 두 가지 모두를 살펴보기로 한다.

10.3.2.1 int 함수를 이용한 수학적 표현의 부정적분

심볼 수학 툴박스를 이용하여 수학적 표현의 부정적분을 구할 수 있다. 부정적분에서는 수학식이 생성됨을 유의하자.

보기 1

함수 $y = x^2 + 3x + 2$의 적분을 구하여라.

풀이

명령어 프롬프트에서 다음을 입력한다.

```
>> syms x
>> y=x^2+3*x+2;
>> int1=int(y)
```

MATLAB은 다음과 같이 응답한다.

```
int1 =
(x*(2*x^2 + 9*x + 12))/6
```

변수 int1에 저장된 심볼 표현을 전개하려면 명령어 프롬프트에서 다음을 입력한다.

```
>> int1 = expand(int1)
```

MATLAB은 다음과 같이 응답한다.

```
int1 =
x^3/3 + (3*x^2)/2 + 2*x
```

심볼 표현 int1을 수학적 포맷으로 보여주려면 명령어 프롬프트에서 다음을 입력한다.

```
>> pretty(int1)
```

MATLAB은 다음과 같이 응답한다.

```
 3      2
 x    3 x
 -- + ---- + 2 x
 3      2
```

연습문제 2[1]

식 $y = \dfrac{1}{x}$의 적분을 구하여라.

10.3.2.2 int 함수를 이용한 수학적 표현의 정적분

심볼 수학 툴박스를 이용하여 수학적 표현의 정적분을 구할 수 있다. 정적분에서는 숫자가 생성됨을 유의하자.

보기 2

다음 함수의 정적분을 구하여라.

$$a = \int_{-3}^{4} (x^2 + 3x + 2)dx$$

풀이

명령어 프롬프트에서 다음을 입력한다.

```
>> syms x
>> y=x^2+3*x+2;
>> a=int(y,-3,4)
```

MATLAB은 다음과 같이 응답한다.

```
a =
   329/6
```

변수 a의 클래스는 sym이다. 이를 double로 바꾸려면 명령어 프롬프트에서 다음을 입력한다.

```
>> a=double(a)
```

MATLAB은 다음과 같이 응답한다.

```
a =
   54.8333
```

보기 3

다음 함수의 정적분을 구하여라.

$$z = \int_{0}^{\infty} e^{-x} dx$$

풀이

명령어 프롬프트에서 다음을 입력한다.

```
>> syms x
>> z=exp(-x);
>> b=int(z,0,Inf)
```

MATLAB은 다음과 같이 응답한다.

```
b =
   1
```

연습문제 3[1]

식 $r=\int_{-\infty}^{\infty} e^{-x^2}dx$의 적분을 구하여라.

연습문제 4[1]

MATLAB의 quad함수를 이용하여 식 $d=\int_{-10}^{10} e^{-x^2}dx$의 적분을 구하여라.

Lesson 10.4 미분방정식

목표

1. dsolve함수를 이용한 미분방정식의 풀이방법을 학습
2. 초기조건을 이용한 미분방정식의 풀이방법을 학습

주제

10.4.1 dsolve함수를 이용한 1차 미분방정식의 풀이
10.4.2 dsolve함수를 이용한 2차 미분방정식의 풀이

10.4.1 dsolve 함수를 이용한 1차 미분방정식의 풀이

수학 심볼 툴박스(Math Symbolic toolbox)를 이용하여 1차 미분방정식의 해를 구할 수 있다.

보기 1

다음 미분방정식의 해를 구하여라.

$$\frac{dy}{dt}+2y=3$$

풀이

이 미분방정식의 해를 구하려면 명령어 프롬프트에서 다음을 입력한다.

```
>> s=dsolve('Dy+2*y=3')
```

MATLAB은 다음과 같이 응답한다.

```
s =
(C2*exp(-2*t))/2 + 3/2
```

C2 변수의 값을 조사하려면 명령어 프롬프트에서 다음을 입력한다.

```
>> C2
```

MATLAB은 다음과 같이 응답한다.

```
Undefined function or variable 'C2'.
```

C2의 값을 계산하려면 미분방정식의 초기조건이 필요하다.

심볼 표현 s를 표준적인 수학적 포맷으로 나타내려면 명령어 프롬프트에서 다음을 입력한다.

```
>> pretty(s)
```

MATLAB은 다음과 같이 응답한다.

```
 C2 exp(-2 t)
------------ + 3/2
      2
```

보기 2

다음 미분방정식의 해를 구하여라.

$$\frac{dy}{dt}+2y=3, \quad y(0)=10$$

풀이

이 미분방정식의 해를 구하려면 명령어 프롬프트에서 다음을 입력한다.

```
>> s=dsolve('Dy+2*y=3','y(0)=10')
```

MATLAB은 다음과 같이 응답한다.

```
s =
(17*exp(-2*t))/2 + 3/2
```

미분방정식의 해의 그래프를 그리려면 명령어 프롬프트에서 다음을 입력한다.

```
>> ezplot(s)
```

MATLAB은 다음 그림을 생성한다.

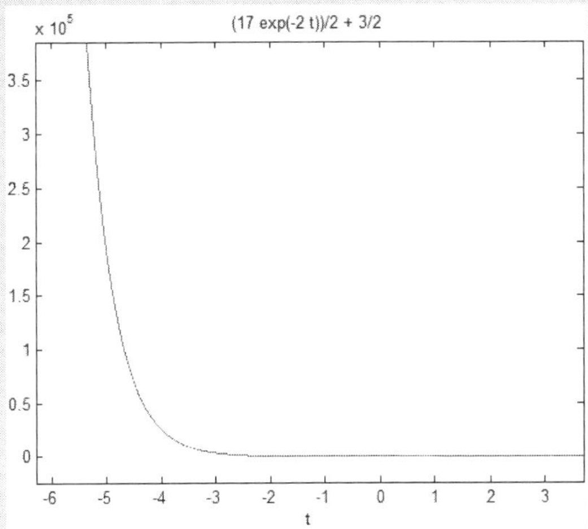

보기 3

다음 미분방정식의 해를 구하여라.

$$\frac{dy}{dt} + 2y = 3x, \quad y(0) = 10$$

풀이

이 미분방정식의 해를 구하려면 명령어 프롬프트에서 다음을 입력한다.

```
>> s=dsolve('Dy+2*y=3*x','y(0)=10')
```

MATLAB은 다음과 같이 응답한다.

```
s =
(3*x)/2 - (exp(-2*t)*(3*x - 20))/2
```

10.4.2 dsolve 함수를 이용한 2차 미분방정식의 풀이

수학 심볼 툴박스(Math Symbolic toolbox)를 이용하여 2차 미분방정식의 해를 구할 수 있다. 아울러 수학 심볼 툴박스를 이용하여 보다 고차 미분방정식의 해를 구할 수 있다.

보기 4

다음 미분방정식의 해를 구하여라.

$$\frac{d^2y}{dt^2}+2\frac{dy}{dt}+3y=4x$$

풀이

이 미분방정식의 해를 구하려면 명령어 프롬프트에서 다음을 입력한다.

```
>> s=dsolve('D2y+2*Dy+3*y=4*x')
```

MATLAB은 다음과 같이 응답한다.

```
s =
(4*x)/3 + C8*exp(-t)*cos(2^(1/2)*t) + C9*exp(-t)*sin(2^(1/2)*t)
```

보기 5

다음 미분방정식의 해를 구하여라.

$$\frac{d^2y}{dt^2}+2\frac{dy}{dt}+3y=4x,\quad y(0)=1,\ y'(0)=2$$

풀이

이 미분방정식의 해를 구하려면 명령어 프롬프트에서 다음을 입력한다.

```
>> s=dsolve('D2y+2*Dy+3*y=4*x','y(0)=1','Dy(0)=2')
```

MATLAB은 다음과 같이 응답한다.

```
s =
(4*x)/3 - exp(-t)*cos(2^(1/2)*t)*((4*x)/3 - 1) -
(2^(1/2)*exp(-t)*sin(2^(1/2)*t)*(4*x - 9))/6
```

연습문제 1[1]

다음 미분방정식의 해를 구하여라.

$$\frac{d^3y}{dt^3}+4\frac{d^2y}{dt^2}+5\frac{dy}{dt}+10y=4x$$

Lesson 10.5 라플라스(Laplace) 및 푸리에(Fourier) 변환

목표

1. `laplace`함수를 이용하여 어떤 함수의 라플라스(Laplace) 변환을 구하는 방법을 학습
2. `laplace`함수를 이용하여 어떤 함수의 역 라플라스(Inverse Laplace) 변환을 구하는 방법을 학습
3. `fourier`함수를 이용하여 어떤 함수의 푸리에(Fourier) 변환을 구하는 방법을 학습
4. `ifourier`함수를 이용하여 어떤 함수의 역 푸리에(Inverse Fourier) 변환을 구하는 방법을 학습

주제

10.5.1 라플라스(Laplace) 변환
10.5.2 역 라플라스(Inverse Laplace) 변환
10.5.3 푸리에(Fourier) 변환
10.5.4 역 푸리에(Inverse Fourier) 변환

10.5.1 라플라스(Laplace) 변환

수학 심볼 툴박스(Math Symbolic toolbox)를 이용하여 어떤 수학함수의 라플라스(Laplace) 변환을 구할 수 있다.

보기 1

다음 함수의 라플라스 변환을 구하여라.

$$y = e^{-3t}$$

풀이

명령어 프롬프트에서 다음을 입력한다.

```
>> syms t
>> y=exp(-3*t);
>> Lap_y=laplace(y)
```

MATLAB은 다음과 같이 응답한다.

```
Lap_y =
        1/(s + 3)
```

10.5.2 역 라플라스(Inverse Laplace) 변환

수학 심볼 툴박스(Math Symbolic toolbox)를 이용하여 어떤 수학함수의 역 라플라스(Inverse Laplace) 변환을 구할 수 있다.

보기 2

다음 함수의 역 라플라스 변환을 구하여라.

$$\frac{1}{s+3}$$

풀이

명령어 프롬프트에서 다음을 입력한다.

```
>> syms s
>> d=1./(s+3);
>> inv_d=ilaplace(d)
```

MATLAB은 다음과 같이 응답한다.

```
Lap_y =
         1/(s + 3)
```

10.5.3 푸리에(Fourier) 변환

수학 심볼 툴박스(Math Symbolic toolbox)를 이용하여 어떤 수학함수의 푸리에(Fourier) 변환을 구할 수 있다.

보기 1

다음 함수의 푸리에 변환을 구하여라.

$$y = e^{-3t^2}$$

풀이

명령어 프롬프트에서 다음을 입력한다.

```
>> syms t
>> y=t.*exp(-3*t^2);
>> Fourier_y=fourier(y)
```

MATLAB은 다음과 같이 응답한다.

```
Fourier_y =
            -(3^(1/2)*pi^(1/2)*w*exp(-w^2/12)*i)/18
```

10.5.4 역 푸리에(Inverse Fourier) 변환

수학 심볼 툴박스(Math Symbolic toolbox)를 이용하여 어떤 수학함수의 역 푸리에(Inverse Fourier) 변환을 구할 수 있다.

보기 2

다음 함수의 역 푸리에 변환을 구하여라.

$$e^{-w^2}$$

풀이

명령어 프롬프트에서 다음을 입력한다.

```
>> syms w
>> dw=exp(-w^2);
>> inv_dw=ifourier(dw)
```

MATLAB은 다음과 같이 응답한다.

```
inv_dw =
exp(-x^2/4)/(2*pi^(1/2))
```

일부 연습문제에 대한 풀이

Lesson 10.2

연습문제 1

```
>> r=roots([1,3,2])
```

Lesson 10.3

연습문제 1

```
>> syms x
>> y=log(x);
```

```
>> df1=diff(y)
```

연습문제 2

```
>> syms x
>> y=1./x;
>> int1=int(y)
```

연습문제 3

```
>> syms x
>> y=exp(-x.^2);
>> r=int(y,-Inf,Inf)
```

연습문제 4

```
>> d=quad('exp(-x.^2)',-10,10)
```

Lesson 10.4

연습문제 1

```
>> s=dsolve('D3y+4*D2y+5*Dy+10*y=4*x')
```

찾아보기

ㅇ

ㅈ

ㅊ

ㅋ

ㅌ

ㅍ

ㅎ

저자 약력

여 영구

1972년 : 서울대학교 화학공학과(공학사)
1982년 : 서울대학교 화학공학과(공학석사)
1986년 : AUBURN대학교 화학공학과(공학박사)
1993년 : KIST 책임연구원
현 재 : 한양대학교 화학공학과 교수

주요저서

MATLAB 패턴인식 (아진출판사)
MATLAB 활용3판 (아진출판사)
쉽게배우는 MATLAB 입문과 활용 (아진출판사) 외 다수

" 실습을통한 " MATLAB® 입문

A-JIN

인　　쇄 : 2015년 3월 15일
발　　행 : 2015년 3월 20일
역　　자 : 여영구
발 행 처 : 도서출판 아진
437-120
경기도 의왕시 이미로40 (포일동 653번지)
인덕원 IT밸리 A동 1019호
TEL:02-737-0663 FAX:02-6499-0669
Homepage:ajin.to
E-mail:kgb@ajin.to
발 행 인 : 김 근 배
등록번호 : 제330-1995-56호
I S B N : 978-89-5761-374-0　　93560

이 도서의 국립중앙도서관 출판예정도서목록(CIP)은 서지정보유통지원시스템 홈페이지(http://seoji.nl.go.kr)와 국가자료공동목록시스템(http://www.nl.go.kr/kolisnet)에서 이용하실 수 있습니다.(CIP제어번호: CIP2015001804)

가격 25,000원